ANDROPOV AU POUVOIR

DANS LA MÊME COLLECTION

HÉLÈNE CARRÈRE D'ENCAUSSE

Lénine, La Révolution et le pouvoir
Staline, L'ordre par la terreur

MARC FERRO

La Révolution russe de 1917.

JAURÈS MEDVEDEV

ANDROPOV AU POUVOIR

Traduit de l'anglais
par Anne BEAUPRÉ

FLAMMARION

Ce livre a paru en anglais sous le titre
Andropov : The rise to power

PREFACE A L'EDITION FRANÇAISE

Deux mois seulement séparent l'édition française de ce livre de son édition anglaise originale, deux mois qui ont vu la tendance principale de « l'ère Andropov » telle que la troisième partie de ce livre la décrit recevoir une claire confirmation. Andropov a rapidement consolidé son pouvoir et son influence en assumant le poste de président du Conseil militaire suprême, et celui de président du Soviet suprême d'URSS. Il a également réussi à faire progresser la politique anti-corruption en expulsant du Parti, lors du plénum du Comité central en juin, deux proches amis de Brejnev, l'ancien ministre de l'Intérieur Nicolaï Tschelokov et l'ancien secrétaire du Parti de Krasnodar Sergueï Medounov. Il a aussi continué à modifier principalement la composition du gouvernement plutôt que les structures conservatrices et rigides du Parti. Les changements économiques très modestes et essentiellement administratifs et disciplinaires ont montré leur efficacité, au moins à court terme. Le déclin du taux de croissance industrielle et de productivité, qui était bien inférieur au Plan durant les dernières années de « l'ère Brejnev », a vu sa tendance renversée dans les six premiers mois de 1983. La situation de l'agriculture est également bien meilleure en 1983 qu'elle ne le fut en 1980-1982. En même temps, le puritanisme idéologique a été souligné encore plus fermement, l'émigration a été complètement gelée et on a averti les intellectuels qu'ils devaient se consacrer essentiellement à aider le Parti pour l'édification d'un système communiste efficace.

Andropov, comme tous ses prédécesseurs, a lié les faibles performances de l'économie soviétique aux erreurs et à la mauvaise gestion de l'administration précédente. Il avait apparemment de bonnes raisons pour le faire. La mort de Brejnev n'était pas imprévisible, sa mauvaise santé était devenue évidente depuis de nombreuses années. Mais la vitesse de sa « mort politique » était inattendue si l'on prend en considération le culte énorme de sa personnalité qu'a connu l'Union soviétique durant la dernière décade et sa stature internationale (qui, en fait, reflétait davantage le pouvoir de l'Etat que la puissance de sa personnalité). Après Staline et Khrouchtchev, l'élite du Parti souhaitait une vie plus tranquille et un leader moins imposant : Brejnev leur convenait parfaitement. En politique internationale, l'Union soviétique a connu de nombreux gains, mais ils furent dus au hasard, et ils n'étaient pas les résultats d'une politique active et audacieuse. La réaction soviétique à une crise internationale quelconque était généralement prévisible. La longévité de « l'ère Brejnev » a amené le monde hors d'URSS à y voir le reflet de qualités organiques du régime soviétique, et non simplement celui de la personne de Brejnev et de son équipe bureaucratique d'administrateurs médiocres au Parti et au gouvernement. L'attitude occidentale envers l'Union soviétique n'a pratiquement pas changé depuis la mort de Brejnev et ni les Etats-Unis, ni l'Europe, ni le Japon n'ont essayé d'évaluer sérieusement les qualités de la nouvelle équipe au Kremlin, le nouveau style de l'administration soviétique, sa politique internationale bien plus active et plus hardie et sa disponibilité à prendre des risques bien calculés.

Ce livre n'a pas été écrit comme un essai de biographie politique d'Andropov — sa vie en tant que leader soviétique suprême vient juste de commencer. Il a été écrit au contraire pour expliquer le caractère réel des changements intervenus dans la vie politique soviétique : distribution du pouvoir, nouvelles priorités, nouveaux défis que ces changements proposent à l'Ouest. La nature des relations Est/Ouest a été un facteur dominant de l'histoire depuis la guerre ; l'inertie occidentale, la répugnance à modifier une politique pour faire face à de nouveaux défis, puissants et complexes, pourraient avoir de très grandes conséquences politiques et économiques.

Jaurès MEDVEDEV
Londres.

PREFACE

Ce livre analyse les événements survenus récemment en Union soviétique, mais il est essentiellement le fruit d'informations accumulées sur plusieurs années. Quand, en 1975, Brejnev commença à présenter des signes de dépérissement, on aborda le problème de sa succession, ouvertement en Occident et officieusement en Union soviétique. Or le changement, en bonne et due forme, d'un dirigeant est un phénomène encore irrésolu en Union soviétique comme dans tous les autres pays communistes. A l'exception de Khrouchtchev, les chefs d'Etat soviétiques sont décédés dans l'exercice de leur fonction. Et ils ont tous fait leurs plus mauvaises interventions et leurs plus graves erreurs à la fin de leurs vies naturelles ou politiques. Cette remarque s'applique même à Lénine qui savait qu'il ne fallait pas nommer Staline au poste de secrétaire général du Parti en 1922. Mais, quand il voulut le limoger, il n'était plus en mesure de faire respecter ses recommandations. Il le réclama dans son testament politique, mais ses souhaits ne furent pas entendus.

Staline exerça sa tyrannie pendant tout son mandat, mais sa paranoïa s'accrut pendant les dernières années de sa vie. C'est à cette époque qu'il lança une nouvelle vague de terreur, à l'intérieur du pays, et s'embarqua dans des aventures périlleuses à l'étranger : le blocus de Berlin et la guerre de Corée. Khrouchtchev fut limogé par une révolution de palais, car les mesures politiques et économiques qu'il avait prises entre 1962 et 1964 menaçaient de provoquer une crise. Il est également vrai que les dernières années du régime de Brejnev furent les plus médiocres. La croissance économique se ralentit, la production agricole déclina et la cote internationale de l'URSS était faible, en raison de l'invasion en Afghanistan et des événements de Pologne. Les relations avec l'Occident s'étaient dégradées et la politique de détente semblait évoluer vers une nouvelle Guerre froide. Brejnev n'était pas entièrement responsable de cette situation, mais son mauvais état de santé le rendit incapable de réagir de façon énergique et efficace.

Les changements de direction sont si rares en Union soviétique qu'ils sont considérés comme des révolutions. Brejnev avait été au pouvoir pendant dix-huit ans. Au cours de cette période, il eut affaire à cinq présidents américains, à quatre Premiers ministres britanniques et quatre Présidents français. Ce long exercice du pouvoir confère à l'Union soviétique une solidité internationale. Les Etats-Unis constituent peut-être la nation la plus puissante sur le plan économique et militaire, mais les présidents américains ont un mandat trop court pour pouvoir mener un programme de bout en bout. Cet énorme pouvoir explique pourquoi les changements de direction en Union soviétique ont une incidence internationale.

Ce changement eut finalement lieu le 10 novembre 1982, au décès de Brejnev. Sa mort ne fut certes pas une surprise, mais l'on ne s'attendait pas que son successeur au poste de secrétaire général du Parti communiste de l'Union soviétique fût Youri Vladimirovich Andropov, l'ancien chef du KGB, certainement pas choisi par Brejnev. Depuis quelques années, il était évident qu'Andropov ne serait pas choisi par Brejnev. J'essaierai, dans cet ouvrage, d'expliquer les circonstances de cette succession et d'indiquer les perspectives de la politique soviétique.

J'aimerais remercier mon frère Roy, dont les ouvrages sur Staline et Khrouchtchev et les articles sur le gouvernement de Brejnev ont contribué à nourrir mon analyse politique. Roy a aussi rectifié certains de mes jugements sur les événements de ces derniers mois. Il m'aiderait certainement davantage si nous pouvions communiquer autrement que par la voie de la correspondance, censurée entre Londres et Moscou, et par de pénibles conversations téléphoniques écoutées et enregistrées par les autorités soviétiques.

Il est difficile pour un ex-citoyen soviétique et pour un dissident d'écrire sur l'ancien chef du KGB. Je me suis efforcé d'écrire un ouvrage aussi objectif que possible, sans mentionner mes émotions personnelles. Mais j'ai eu le même problème que ceux (quelle que soit leur nationalité) qui ont écrit sur les services de sécurité : une réticence à révéler le sujet de ma recherche, avant que le manuscrit ne soit en sécurité chez l'éditeur. Aussi ai-je moins consulté mes amis et collègues que je ne l'aurais souhaité. Je remercie néanmoins tous ceux qui ont eu la gentillesse de lire cet ouvrage.

JAURÈS MEDVEDEV

PREMIERE PARTIE

LA LUTTE POUR LE POUVOIR AU KREMLIN

CHAPITRE PREMIER

LE DEBUT DE LA LUTTE POUR LE POUVOIR

Staline, Khrouchtchev et Brejnev ne se mirent réellement à lutter pour le pouvoir qu'une fois élus au poste suprême du Parti communiste. Youri Andropov, lui, débute peu avant qu'il ne soit promu au poste de secrétaire général.

On commença à évoquer la question de la succession au Kremlin en 1975, lorsque Brejnev fut victime d'un infarctus qui le maintint à l'écart de la vie politique pendant plusieurs mois. Durant sa longue convalescence, Mikhaïl Souslov et Andreï Kirilenko assurèrent la direction du Parti. Alexeï Kossyguine assuma à lui seul les fonctions de chef de gouvernement, tandis que Nikolaï Podgorny dirigeait le Praesidium du Soviet suprême. Toutes ces personnalités, bien qu'âgées d'environ soixante-dix ans, étaient capables de constituer une nouvelle direction collégiale au cas où Brejnev décéderait. Le poste essentiel étant, bien sûr, celui de secrétaire général. Souslov, âgé déjà de soixante-treize ans, était trop vieux pour instaurer une nouvelle ère ; le plus important était d'organiser une succession raisonnable, par le biais du Secrétariat.

Composé de dix secrétaires du Comité central du Parti, le Secrétariat assure la gestion quotidienne des affaires du pays et de l'Etat, et effectue quelques nominations importantes. Le poste de secrétaire général fut créé en fait en 1922 pour le Secrétariat, et non pour le Politburo, comme on l'a souvent laissé entendre en Occident.

En 1922, il existait un poste séparé de président du Politburo qui fut aboli par la suite. Les comités régionaux du Parti sont aussi dotés d'un secrétariat, et l'ancienneté des divers secrétaires est clairement indiquée puisqu'ils portent le titre de premier, deuxième et troisième secrétaire. Le Secrétariat du Comité central comporte aussi une hiérarchie, mais l'ancienneté n'est pas expressément reconnue.

Le deuxième secrétaire assure la direction du Secrétariat quand le secrétaire général est souffrant, en vacances, à l'étranger ou absent de Moscou pour une raison quelconque. Avant 1976, Andreï Kirilenko fit office de deuxième secrétaire et Mikhaïl Souslov le remplaça cinq ou six ans avant sa mort. Après 1964, lorsque Souslov et Alexandre Chelepine réussirent à organiser la démission de Khrouchtchev, Souslov fut considéré comme le rival de Brejnev et son éventuel successeur en cas de défection. Mais, lorsque Chelepine fut renvoyé du Politburo en 1975, Souslov fut tenu à l'écart et ne constitua donc plus une menace pour Brejnev. Comme il était le membre le plus ancien du Comité central (il avait été élu à la commission centrale de contrôle au XVIIIe Congrès du Parti en 1933 et promu membre du Comité central en 1941), il fut naturellement choisi pour occuper la deuxième position au sein du Secrétariat. Chaque secrétaire du Comité central a une « sphère d'influence » spécifique. Ainsi, Mikhaïl Gorbatchev est actuellement secrétaire à l'Agriculture, et Vladimir Dolgikh secrétaire à l'Industrie. Konstantin Roussakov supervise les relations avec les partis communistes des pays socialistes, alors que Boris Ponomarev assure la même fonction, mais avec le monde capitaliste. Souslov était, lui, généralement qualifié de « secrétaire à l'Idéologie » ou d' « idéologue en chef ». En réalité, il se devait de superviser plusieurs secteurs et était ainsi à la tête d'une grande pyramide composée des départements du Comité central relatifs à la propagande, la culture, les sciences et l'éducation, ainsi que des deux départements internationaux. Il contrôlait aussi la direction politique de l'Armée et de la Marine, le Komsomol, les médias et la censure, les agences de presse Tass et Novosti, le ministère de la Culture, la radio et la télévision, le Syndicat des écrivains et les autres syndicats « artistiques » (compositeurs, artistes, journalistes, etc.), toutes les associations « amies » d'autres pays, les comités pour la paix de tous les syndicats, l'Académie des sciences, les institutions d'enseignement primaire, secondaire et supérieur, les relations de l'Etat avec les diverses religions et églises, ainsi que quelques autres organisations. Dans ces filières, aucune nomination importante n'était possible sans l'accord de Souslov.

Quand Brejnev reprit ses activités après une absence prolongée, il présentait encore des signes de mauvaise santé et il n'était plus capable de travailler aussi durement qu'auparavant. Néanmoins, il s'efforça de consolider sa position de dirigeant. En 1977, il devint inopinément président du Praesidium du Soviet suprême. Son prédécesseur, le vieux Nicolaï Podgorny, se vit offrir le poste de vice-président afin de remplacer V. V. Kouznetsov, alors âgé de soixante-seize ans. Podgorny, qui émit de sérieuses objections à la nomination de Brejnev, fut donc simplement mis à la retraite. En outre, Brejnev profita de ce poste de président (qui auparavant n'avait qu'un rôle formel et rituel) comme un moyen d'accroître son influence. En vieillissant, Brejnev, qui avait été plutôt modeste, devint jaloux de sa place dans l'Histoire. Il voulait créer des conditions de pouvoir telles que son nom passe à la postérité tant sur le plan de la politique nationale que sur celui des affaires extérieures. En 1976, à l'issue du XXVe Congrès du Parti, il décida de porter le nombre des membres du Politburo à quatorze au lieu de onze, afin d'y nommer quelques amis intimes. Konstantin Tchernenko, qui avait été son collaborateur personnel, fut présenté comme membre candidat du Politburo, et d'autres collaborateurs personnels devinrent membres titulaires et membres candidats du Comité central.

En 1978, la santé de Brejnev se dégrada encore et la presse étrangère commença sérieusement à spéculer sur la succession au Kremlin ; le nom d'un éventuel successeur fut souvent avancé, bien que rien ne permît de préciser son identité. Même Edmund Stevens, journaliste britannique depuis longtemps en poste à Moscou (il assista, à titre de correspondant du *Manchester Guardian,* aux procès de 1937 et de 1938), informé de toutes les rumeurs circulant dans l'appareil du Parti et réfléchissant depuis le début de 1978 sur l'identité du successeur de Brejnev, ne put fournir de nom précis. Rien ne laissait présager des préférences de Brejnev (Tchernenko n'était à l'époque qu'un membre candidat du Politburo) et Stevens en déduisit le plus simplement que « la logique consisterait à proposer l'un des membres les plus jeunes du Politburo ». En 1978, il s'agissait de Romanov.

> « Romanov entra au Politburo en 1976, et l'on pensait à l'époque que cette nomination le préparait à la succession. C'est un bel homme, affable et bien éduqué, un orateur éloquent et fort d'une carrière militaire impressionnante. Chef du Parti à Leningrad, vieille ville impériale réputée aujourd'hui comme le berceau de la Révolution, il occupe donc l'un des postes les plus éminents de la hiérarchie [1]. »

Lorsque Tchernenko devint membre à part entière du Politburo, en 1979, Brejnev révélait clairement à sa propre préférence. Un autre « observateur du Kremlin » très expérimenté, Victor Zorza, était convaincu que Tchernenko était « un collaborateur fidèle qui était ainsi dressé pour la succession » [2].

A l'époque, je ne partageais pas cet avis ; voici l'article que je fis paraître en 1979 relatif à ceux que je pensais être les principaux challengers du pouvoir :

> « Si Brejnev décidait de lui-même de se retirer et de désigner son successeur, c'est Tchernenko qui prendrait la place de dirigeant. Mais si ce dernier est un

proche collègue de Brejnev, il est par contre totalement inconnu du pays et du Parti dans son ensemble. C'est l'exemple même d'un homme d'appareil, dépourvu de crédibilité, d'une réelle autorité ou d'une base de pouvoir (il appartient à la sphère de pouvoir de Brejnev). Je ne pense donc pas que cette personnalité sera très soutenue. Il m'est très difficile actuellement d'indiquer le choix le plus probable, mais il me semble qu'Andropov a plus de chances, car c'est lui qui a dirigé les Affaires étrangères au sein du Secrétariat avant d'être responsable de la Sécurité ; il a de fait cumulé un réel pouvoir dans les quelques dernières années[3]. »

Mon frère Roy Medvedev, qui vit à Moscou, partageait ce point de vue et l'exprima souvent lors de conversations privées entre journalistes.

A la mort de Souslov, en janvier 1982, les observateurs du Kremlin s'efforcèrent de déceler une indication quelconque (souvent insignifiante) permettant de révéler l'identité du successeur éventuel de Brejnev. La méthode favorite des Kremlinologues consiste à analyser le comportement des dirigeants au cours des cérémonies officielles. Au début du mois de mars, le *Time* relatait :

« Alors qu'ils observaient la file des membres du Politburo, prêts à accueillir le général Wojciech Jaruzelski, les kremlinologues décelèrent un léger changement, mais sans doute significatif. Konstantin Tchernenko (soixante-dix ans), personnage corpulent et vieil intime du chef d'Etat Brejnev, occupait la troisième position. Seul le Premier ministre, Nikolaï Tikhonov, se devait, suivant le protocole, d'être juste à côté du chef d'Etat malade. La position clé de Tchernenko (l'homme aux cheveux blancs) suscita des spéculations quant à son avancement dans la lutte pour la succession du vieux Brejnev (soixante-quinze ans). »

L'article continuait en ces termes :

« Mais, si Kirilenko ou Tchernenko est désigné, l'un des septuagénaires pourrait finir sa carrière en faisant office de concierge, alors que des membres " plus jeunes " du Politburo, tels que Victor Grichine (soixante-sept ans) et Grigori Romanov (cinquante-neuf ans), rivalisent pour parvenir à une position[4]. »

D'autres correspondants à Moscou firent différentes prédictions. Ceux qui fondaient leurs jugements sur les discours officiels penchaient en général pour Tchernenko. Mais une minorité de journalistes investigateurs faisait état d'une lutte pour le pouvoir beaucoup plus subtile. En effet, la succession de Souslov au Secrétariat fut l'objet presque immédiatement d'un conflit et, d'après une forte rumeur circulant à Moscou, c'est Andropov qui devait obtenir ce poste. L'on savait aussi que Brejnev favorisait Tchernenko. Kirilenko ne participait plus activement aux affaires du Comité central depuis qu'il souffrait d'une artériosclérose qui s'aggravait progressivement. En mars, il y eut quelques changements politiques dans les rangs inférieurs de la hiérarchie, destinés surtout à remplacer les hommes de Souslov en poste dans le secteur des sciences sociales, dans l'Académie, dans les médias et dans les syndicats. La démission de Alexeï Chibaïev (survenue le 5 mars) de son poste de président du Conseil des syndicats n'était pas liée aux événements de Pologne, comme on l'avait soupçonné, mais constituait bien l'amorce de modifications du personnel au sein du Kremlin. Chibaïev était un protégé de Saulov et un partisan loyal de Brejnev, mais c'était un syndicaliste inexpérimenté et inefficace ; et des pressions s'exerçaient, au sommet comme à la base, pour qu'il soit remplacé.

A partir de 1977, les médecins de Brejnev lui prescrirent deux congés par an, dont l'un en mars, période difficile pour les personnes âgées cardiaques. Il passait donc tous les mois de mars dans sa résidence de Sotchi, dans la région de Krasnodar, et rentrait à Moscou en avril, lorsque le temps était meilleur en Russie centrale. Pour ses vacances d'été, il préférait sa résidence de Crimée et c'est là qu'il rencontrait les dirigeants d'Europe de l'Est. Mais le décès de Souslov modifia la routine, car il fallut déterminer qui, à Moscou, se chargerait du vaste appareil idéologique et politique de Souslov. Oustinov, Chtcherbitski et quelques autres membres du Politburo souhaitaient la promotion d'Andropov, cependant que Brejnev et Tikhonov appuyaient sérieusement Tchernenko. En ces circonstances, le départ traditionnel de Brejnev pour son séjour d'été pouvait influencer la situation et ses partisans décidèrent qu'il valait mieux qu'il restât à Moscou pour présider le Politburo et l'ensemble des affaires de l'Etat. En guise de prétexte pour annuler ses vacances, Brejnev décida de remettre personnellement l'Ordre de Lénine, décerné à la République ouzbèque pour ses bons résultats dans l'agriculture et dans l'industrie. En fait, en 1982, date du soixantième anniversaire de la création de l'Union des Républiques socialistes soviétiques, toutes les républiques reçurent l'Ordre de Lénine. Bien que président du Soviet suprême, Brejnev n'était pas censé remettre personnellement toutes ces médailles ; c'était simplement un prétexte pour aller à Tachkent. Ce déplacement avait aussi pour but de prouver son bon état de santé ; il se préparait à prononcer à Tachkent un discours important sur une nouvelle ouverture à la Chine. Il y avait même des rumeurs indiquant qu'il aurait un entretien secret avec une haute personnalité chinoise, ce qui était peu vraisemblable puisque le protocole diplomatique prévoit qu'il rencontre le chef d'Etat chinois ; or, même des négociations secrètes auraient entraîné la présence de collaborateurs et d'aides. Ces rumeurs ne furent apparemment émises que pour justifier un voyage imprévu.

Ce déplacement si prometteur se révéla catastrophique pour les partisans de Brejnev. Son départ de Tachkent fut relaté dans tout le pays et des équipes de télévision l'attendaient à son retour à Moscou. Peu avant l'atterrissage, Brejnev fut victime d'une légère attaque. La foule qui s'était rassemblée à l'aéroport fut priée de se disperser. Lorsque l'appareil atterrit, l'on transporta sur une civière Brejnev inconscient dans une voiture spécialement équipée, apparemment identique à sa voiture officielle mais pourvue des appareils de réanimation (pendant quelques années, ces deux voitures roulèrent toujours à proximité, en cas de besoin). Le chef d'Etat fut transporté dans le coma dans un service spécial de l'hôpital du Kremlin et demeura inconscient pendant plusieurs jours, dans un état critique. Inévitablement, des rumeurs annoncèrent sa mort. En fait, il se rétablit, mais il perdit l'usage de la parole pendant plusieurs semaines.

Le plénum du Comité central, prévu pour avril, fut ajourné. Et cette maladie permit à Andropov de renforcer sa position.

En avril, pendant la madalie de Brejnev, on évoqua plus sérieusement encore sa succession. Pour bien des journalistes étrangers, Tchernenko paraissait encore le candidat le plus probable. *Time Magazine* affirmait que :

> « Le candidat le plus en vue du moment semble être le collaborateur de Brejnev, Konstantin Tchernenko, soixante-dix ans, qui figure désormais sur les photos officielles aux côtés de Brejnev. Selon certains témoignages, c'est Tchernenko qui assure la marche quotidienne des affaires du Kremlin. Les autres membres du Politburo, candidats à la succession, sont Victor Grichine, chef de l'organisation du Parti de Leningrad, et Youri Andropov, chef du KGB[5]. »

Alors que les journalistes de *Newsweek,* spécialistes des questions soviétiques, penchaient en premier lieu pour Konstantin Tchernenko, ils croyaient tout de même :

> « que le pouvoir puisse être transmis directement à une génération plus jeunes de dirigeants du Kremlin ; ainsi, Mikhaïl Gorbatchev, cinquante et un ans, secrétaire du Parti, chargé de l'Agriculture, semble être le candidat de première ligne. Mais, au moins dans la période qui suivra le décès de Brejnev, les chances pèsent lourdement en faveur d'un gouverne-

ment de gardiens assuré par des hommes de la génération de Brejnev[6] ».

Cependant, la commémoration de la naissance de Lénine, célébrée à la fin du mois d'avril, fournit une meilleure indication quant à la personne détenant réellement les rênes du pouvoir. Andropov avait déjà commencé à diriger l'empire idéologique de Souslov pendant l'absence de Brejnev et c'est lui qui fut désigné pour prononcer le discours traditionnel commémorant l'anniversaire de Lénine, le 21 avril. Brejnev était présent lors de cette manifestation, mettant ainsi fin aux rumeurs concernant son incapacité. Bien qu'officiellement chef du KGB, Andropov préférait passer la plupart de son temps de travail dans les bureaux du Comité central, situés presque en face du célèbre bâtiment du KGB, place Dzerjinski. De source moscovite, le nouveau chef du KGB serait très vraisemblablement Gueïdar Aliyev d'Azerbaïdjan, membre candidat du Politburo et qui avait été officier du KGB avant 1969.

Différée en raison de la maladie de Brejnev, la réunion du Comité central eut lieu fin mai. Aucun des proches collaborateurs de Brejnev n'ignorait bien sûr que ce dernier avait été en état de « mort clinique » dans les minutes qui suivirent son attaque et ressuscité uniquement grâce au matériel de réanimation. Il devait quitter Moscou pour se reposer en Crimée, après le plénum. Celui-ci avait essentiellement pour but d'élire un nouvel « idéologue en chef » et cette élection s'avéra en fait la répétition générale pour l'élection du successeur de Brejnev.

Tchernenko ne pouvait accéder à ce poste que s'il était appuyé par Brejnev. C'était en effet son principal collaborateur et directeur de son cabinet personnel. Mais il entra au Politburo beaucoup plus tard que les autres membres, et des amis aussi intimes de Brejnev que Dinmukhamed Kouneïev et Vladimir Chtcherbitski rechignaient à travailler au service de quelqu'un qu'ils considéraient comme leur cadet. Gorbatchev,

Gromyko et Oustinov étaient aussi opposés à la nomination de Tchernenko. Certes, ils étaient tous loyaux envers Brejnev, mais leur loyauté ne s'étendait pas à ses protégés, et Brejnev n'était personnellement pas assez puissant pour imposer une pression qui n'était, de toute évidence, pas inspirée par le mérite. Le seul candidat capable d'assumer la tâche de Souslov, c'était Youri Andropov, qui avait travaillé sous la direction de Souslov entre 1957 et 1967 comme chef du département des Affaires étrangères du Comité central avant de devenir membre du Politburo. En octobre 1956, Khrouchtchev avait envoyé Souslov en Hongrie pour y superviser les événements et Andropov, y étant ambassadeur, avait donc travaillé pendant deux mois sous les ordres directs de Souslov. D'ailleurs, en 1957, ce dernier recommanda Andropov pour le poste de chef du département des Affaires étrangères du Comité central. Quand Andropov devint chef du KGB, une partie des membres de la Commission idéologique du Comité central fut transférée au KGB, qui commença donc à jouer un rôle plus important dans la sphère idéologique. Certains organismes chargés de la censure, du contrôle de la correspondance, etc., ainsi que les instituts officiels, tels que l'*Institut de recherche sur les Etats-Unis et le Canada* et l'*Institut de recherche sur l'Extrême-Orient,* furent placés sous un système complexe de surveillance émanant de l'appareil de Souslov, du KGB et de l'Académie des sciences de l'URSS.

Parmi les membres du Politburo il n'y avait aucun autre candidat valable pour la succession de Souslov. A soixante-quinze ans, Andreï Kirilenko était déjà trop âgé et malade. Des personnalités plus jeunes telles que Victor Grichine et Grigori Romanov, respectivement dirigeants du Parti de Moscou et de Leningrad, avaient la réputation de vivre dans l'opulence et la corruption ; ils étaient donc mal placés pour donner des instructions idéologiques aux autres. De plus, il était peu probable que fût choisi un membre non russe du Politburo. Andropov n'avait donc pas de concurrent sérieux pour la deuxième place dans la hiérarchie du Parti.

Néanmoins, la réunion du Politburo au cours de laquelle la décision fut prise fut plutôt animée et la discussion dura six heures. Brejnev ne pouvait émettre aucune objection valable à l'élection d'Andropov ; ils avaient eu, en effet, de bons rapports jusqu'à la fin de 1981. Les raisons de leur éloignement (que j'exposerai par la suite) pouvaient difficilement être invoquées comme motifs d'opposition.

Une fois Andropov promu au Secrétariat, il fallut nommer un nouveau chef du KGB. Brejnev avait une préférence pour Gueïdar Aliyev, mais une fois de plus sa proposition ne reçut pas l'adhésion nécessaire. Andropov était habilité à recommander son successeur, et il suggéra Vitali Fedortchouk, le chef peu connu du KGB en Ukraine ; cette proposition fut appuyée par Chtcherbitski, premier secrétaire du Comité central ukrainien. Fedortchouk était un militaire qui s'était distingué en supprimant le nationalisme dans sa république natale. On pouvait être sûr qu'il ne jouerait pas un rôle politique, alors que Aliyev, depuis longtemps membre candidat du Politburo, devait être promu comme membre à part entière, notamment parce qu'il s'était distingué comme premier secrétaire du Parti d'Azerbaïdjan. Les autres nominations entérinées au plénum de mai furent moins controversées. Vladimir Dolgikh, âgé de cinquante-sept ans, fut élu membre candidat du Politburo, mesure qui fut généralement perçue comme un signe de son éventuelle promotion au poste de président du Conseil des ministres. Nikolaï Tikhonov, ami de Brejnev depuis 1930 et nommé Premier ministre peu avant la mort d'Alexis Kossyguine à la fin de 1980, était, à soixante-dix-sept ans, trop âgé et trop affaibli. Brejnev réussit à mettre en avant l'un de ses hommes : le professeur Evguéni Chazov, cardiologue éminent, médecin chef de l'hôpital du Kremlin et gardien du cœur de Brejnev, fut promu membre à part entière du

Comité central ; il avait été membre candidat depuis le XXVIe Congrès du Parti.

Pour les citoyens soviétiques, la nomination d'Andropov, anciennement chef du KGB, au poste de Souslov au Secrétariat du Parti, était un signe sur lequel ils ne pouvaient se méprendre. Celui-ci était en effet passé de la sixième position dans la hiérarchie du Parti à la seconde. Des journalistes étrangers en poste à Moscou réalisèrent, à leur grande surprise, que les Moscovites espéraient vivement un nouveau dirigeant, malgré le passé d'Andropov dans le KGB. Les Russes n'étaient pas seulement disposés au changement, ils désiraient aussi être dirigés par une forte personnalité. Pendant un certain temps, les visiteurs étrangers avaient été frappés par un renouveau manifeste de la popularité de Staline. On ressortit ses photos dans les appartements et, publiquement, sur les vitres des taxis. En Géorgie, où il ne perdit jamais sa popularité, des photos de Staline pouvaient être proposées au marché noir pour la modique somme d'un rouble, et de là étaient exportées dans d'autres parties du pays. C'était une façon silencieuse de manifester contre le régime inefficace de Brejnev et le « culte artificiel de la personnalité ». Un correspondant de *Newsweek,* Andrew Nagorsky, était l'un des quelques correspondants étrangers à pouvoir parler parfaitement russe. C'était aussi un investigateur et il décida d'obtenir l'avis, non pas uniquement des officiels, mais aussi d'individus ayant une autre position sociale. En juin 1982, il écrivit :

> « Les Russes, qu'ils soient dissidents acharnés ou fervents apparatchiks, ont dépeint Andropov comme un réformateur, à l'esprit libéral. “ Les Occidentaux ne voient en lui que l'individu du KGB ”, déclare justement un officiel soviétique de Moscou. “ Mais nous estimons qu'il est intelligent, ouvert aux idées nouvelles et plus progressiste que l'actuel organe dirigeant. ”
>
> « Ce style de remarque, très répandue actuellement à Moscou, est doublement étonnante. En effet, il y a

deux ans, peu de Russes au sein du KGB osaient parler ouvertement du départ imminent de Brejnev. Aujourd'hui la ville en parle et le favori actuel, Andropov du KGB, est décrit en des termes généralement positifs. D'après les intellectuels, il est plus enclin à accroître leur rôle dans les instances politiques. Certains dissidents juifs pensent qu'il n'est pas aussi antisémite que d'autres dirigeants soviétiques. Et pour quelques membres du Parti, l'inexpérience totale d'Andropov en matière de planification agricole et industrielle peut s'avérer positive, étant donné les maigres progrès économiques réalisés sous Brejnev. Certains Soviétiques disent même que son passage au KGB lui donna une étiquette libérale.

« " Il n'a pas procédé aux terribles répressions semblables à celles du passé, dit un spécialiste en sciences sociales. Andropov se contente de faire ce que tout chef du KGB aurait fait à sa place. " [7] »

Les informateurs de Nagorsky provenaient bien sûr de milieux cultivés et ils étaient en mesure de percevoir les différences entre Andropov et Tchernenko. Le Moscovite moyen et le provincial connaissaient très peu Andropov, ignoraient les rumeurs circulant à Moscou et ne percevaient en lui que l'homme du KGB. Cependant, ils détenaient encore moins d'informations sur Tchernenko ou sur d'autres membres du Politburo.

Malheureusement, Nagorsky venait d'arriver à Moscou et il ne s'était pas rendu compte qu'aucun dirigeant, qu'il fût pour Andropov ou pour Tchernenko, ne tolérerait qu'un correspondant étranger mène un vrai sondage d'opinion publique. Quelques semaines après la parution de cet article, Nagorsky fut déclaré *persona non grata* et reçut l'ordre de quitter Moscou en quelques jours. Le département d'Etat américain répliqua en renvoyant le correspondant des *Izvestia* de Washington.

CHAPITRE II

ANDROPOV, « IDEOLOGUE EN CHEF » MAI-NOVEMBRE 1982

Peu après le plénum de mai, Brejnev partit pour sa résidence d'été en Crimée. Andropov dirigeait alors le Secrétariat et était le membre le plus influent du Politburo. Il n'y aurait vraisemblablement pas de réunions du Politburo pendant l'été. Le lancement du nouveau « programme alimentaire » avait été différé jusqu'à la fin mai ; les organisations provinciales et les candidats du Politburo tels que Kounaev, Aliyev, Chtcherbitski et Edvard Chevarnadzé devaient améliorer de toute urgence la production agricole. Mikhaïl Gorbatchev, secrétaire du Comité central chargé de l'Agriculture, faisait aussi une tournée dans le pays. Le temps fut mauvais au printemps 1982 et il y avait déjà des signes de sécheresse dans les régions méridionales, très importantes sur le plan agricole. Or, c'était la quatrième mauvaise saison consécutive. Au début du mois de juin, le département américain de l'Agriculture prévoyait une récolte soviétique de 170 millions de tonnes, soit 70 millions de moins que ce qui était escompté dans le plan annuel. Bien maigre début pour le « programme alimentaire » de Brejnev. Si les pluies des mois de juin et juillet améliorèrent la situation, la récolte de 1982 n'atteignit pas les objectifs.

Comment mieux juger de l'influence d'Andropov, lui qui s'est permis, pendant l'été, de renvoyer, pour corruption, deux secrétaires régionaux du Parti :

E. V. Roussakov, secrétaire de la région de Kouybychev (frère de K. V. Roussakov, secrétaire du Comité central du Parti) et S.F. Medounov, secrétaire de la région de Krasnodar, vieil ami personnel de Brejnev. Les deux personnalités auraient dû être discréditées auparavant, puisque l'enquête menée par le KGB et le cabinet du procureur général avait fourni la preuve qu'elles menaient des activités illégales. Roussakov était impliqué dans la vente irrégulière des voitures Zhigouli et Lada construites dans la principale usine soviétique Fiat, dans la région de Kouybychev. Medounov, lui, était accusé de fautes plus complexes qui seront exposées au chapitre IX. Brejnev avait auparavant empêché le renvoi de ces deux individus, mais en son absence Andropov profita de sa puissance nouvellement acquise pour le faire et donna l'ordre d'arrêter plusieurs personnalités officielles dans ces deux régions.

Après sa convalescence d'été, Brejnev fit, en septembre, une visite à Bakou, capitale de l'Azerbaïdjan. Son discours fut longuement retransmis à la télévision, faisant croire ainsi à sa guérison. Or, au cours de ce même discours, un incident bizarre tendit à démontrer le contraire. Le collaborateur de Brejnev, A. M. Alexandrov-Agentov, lui transmit un texte qui n'était pas le bon. L'erreur ne fut décelée qu'au bout de sept minutes, mais Brejnev ne s'était aperçu de rien. Alexandrov-Agentov vint vers lui, l'interrompit sans s'excuser et lui donna un autre texte en disant : « Tenez ! » Brejnev parut perturbé, se rendit compte de ce qui s'était passé et dit au public : « Ce n'est pas ma faute. Il me faut tout recommencer. » Le reste de son allocution de Bakou fut lu par un présentateur et ne fut pas retransmis en direct. Le lendemain, Brejnev fit une rechute et tous les autres engagements qu'il avait pris en Azerbaïdjan furent annulés. Jamais pareille erreur n'avait été commise, elle était inexcusable de la part d'un collaborateur, et celui-ci devait certainement s'attendre à un limogeage immédiat. Alexandrov-Agentov connut vraisemblablement ce sort après le fiasco de Bakou. Cependant, dans les brefs comptes rendus d'entretien d'Andropov avec les chefs d'Etat étrangers, venus pour l'enterrement de Brejnev en novembre, le nom d'Alexandrov-Agentov figurait à nouveau, mais désormais en qualité de collaborateur du nouveau secrétaire général.

Aucun des collaborateurs de Brejnev ne réussit à garder son poste ; Alexandrov-Agentov fut le seul épargné.

Depuis 1977, Andropov avait à l'Ouest la réputation d'être un libéral, à en juger notamment par les articles de Boris Rabbot, émigré aux Etats-Unis en 1976. Rabbot avait été directeur de recherches à l'Institut de sociologie de Moscou et affirmait qu'il gravitait autour des collaborateurs de Brejnev (on doute quelque peu de sa véritable position dans le cercle de Brejnev). Mais, en tant que membre du personnel de l'Institut de sociologie, il aurait pris part à des débats politiques, et connaissait les rumeurs ambiantes.

Il prétendait que les opinions libérales d'Andropov étonneraient les Occidentaux (celui-ci autorisa les restaurants privés et les instituts de beauté), bien qu'il estimât que son avenir de dirigeant était compromis par une maladie du foie nécessitant un traitement constant [1]. Cependant, en août 1982, la ligne téléphonique directe, qui avait été installée en 1979 entre le réseau international et l'Union soviétique pour les Jeux olympiques de Moscou de 1980, fut brutalement coupée. La liaison téléphonique internationale soviétique fut suspendue et le nombre de lignes non automatiques ne fut pas pour autant ramené à celui de 1979. Il devint très difficile de téléphoner à Moscou (les délais d'attente pouvaient être infiniment longs) et quasi impossible d'appeler les autres villes soviétiques. Le 1er septembre, une nouvelle restriction pénalisa sérieusement l'échange d'informations : il fut interdit d'expédier des imprimés à l'étranger, quels que fussent le sujet ou la date de publication. Seul l'envoi de courrier officiel était librement autorisé. Toute personne, soviétique ou étrangère, qui désirait envoyer des livres à l'étranger devait avoir l'autorisation de la Commission d'échange culturel des bibliothèques publiques et devait verser un droit de douane de cent pour cent. De telles restrictions postales n'avaient pas été appliquées depuis Staline. La censure du courrier fut aussi renforcée et de nombreuses lettres se mirent à disparaître à nouveau, même celles qui avaient été enregistrées. Le nombre des citoyens soviétiques autorisés à voyager à l'étranger diminua et les échanges scientifiques devinrent très difficiles.

Le KGB acquit aussi une nouvelle réputation. Même si, en tant que chef du KGB, Andropov avait été promu général, il ne se considérait pas comme un militaire et ne portait jamais d'uniforme. Ce style fut progressivement adopté par d'autres officiers du KGB. Vitali Fedortchouk, qui avait servi dans les unités de combat du KGB et combattu les nationalistes ukrainiens dans les forêts de l'Ukraine occidentale entre 1944 et 1947, changea immédiatement cette tradition. Il commença par imposer le port de l'uniforme, afin de marquer le statut militaire des hommes du KGB. Certains dirigeants ne possédaient même pas d'uniforme ; désormais ils découvrirent qu'ils devaient en avoir trois différents : un pour la vie quotidienne professionnelle, un autre pour le front, et un autre pour les parades et les jubilés. Cette « militarisation » du KGB réduisit considérablement sa position politique.

La lutte entre les partisans de Tchernenko et ceux d'Andropov reprit au début d'octobre, quand l'état de santé de Brejnev s'améliora après les troubles cardiaques qu'il avait eus en Azerbaïdjan. Elle prenait désormais la forme de petites accusations personnelles. Des rumeurs circulaient à propos de l'éventuelle origine non russe d'Andropov. Le nom de jeune fille de sa mère a une consonance juive, et il est possible qu'Andropov soit, pour un quart, juif. Son patronyme n'est pas un nom russe très répandu, et, comme il était né au nord du Caucase, certaines rumeurs laissaient croire que son véritable nom était Andropian, donc arménien. Sa dernière femme était aussi soi-disant juive. Le nationalisme russe constitue en effet un courant officieux très fort dans les milieux officiels, et ces rumeurs visaient bien sûr à discréditer Andropov. Parallèlement, les partisans de Tchernenko prétendaient fermement que ce dernier était russe à cent pour cent, malgré son nom ukrainien. Un mythe circulait quant aux attitudes libérales de Tchernenko. Ce dernier aurait aussi autorisé la représentation de la pièce, fort critique, de Mikhaïl Chatrov sur Lénine, intitulée *C'est ainsi que nous triompherons,* qui qualifie Staline de brute et de dirigeant impudent. Tous les films, pièces ou ouvrages sur Lénine doivent être approuvés et visés soit par le département idéologique du Comité central, soit par le Politburo ; or, cette œuvre dramatique, présentée en répétition au début de 1981, avait été censurée par Souslov. Quand elle finit par être jouée, elle rencontra un grand succès à Moscou.

En octobre, Andreï Kirilenko connut des difficultés et fut renvoyé du Politburo. A la veille des cérémonies de commémoration de la Révolution d'octobre, où des photos des dirigeants sont traditionnellement affichées à Moscou, il manquait celle de Kirilenko, ce qui suscita bien des conjectures chez les citoyens soviétiques et les correspondants étrangers.

Les journaux étrangers publièrent « des reportages non confirmés » à propos de la défection du fils de Kirilenko, qui était chargé du commerce extérieur (ces rumeurs avaient, semble-t-il, un certain fondement mais, pour des raisons qui restent encore obscures, il ne parvint pas à rester à l'étranger : il fut même ramené au pays et arrêté par le KGB). Ces circonstances améliorèrent la position d'Andropov, puisque Kirilenko faisait partie de la fraction Brejnev dans le Politburo. Même s'il ne se réjouissait pas de la promotion de Tchernenko, il aurait fini par voter en sa faveur et non pour Andropov.

CHAPITRE III

SECRETAIRE GENERAL DU COMITE CENTRAL

Léonide Illitch Brejnev mourut d'une crise cardiaque le 10 novembre 1982 à 8 h 30. Comme de coutume, les circonstances de sa mort furent tenues secrètes. Mais, par la suite, l'information fut révélée progressivement. Brejnev serait décédé au cours de son petit déjeuner, après avoir quitté la table pour aller prendre quelque chose dans son bureau. Restée dans la salle à manger, sa femme commença à s'inquiéter de ne pas le voir revenir après quelques minutes. Elle le trouva inconscient sur le parquet et donna immédiatement l'alarme. Les médecins personnels de Brejnev étaient constamment de garde et maintenaient dans une pièce voisine de son appartement les appareils de réanimation et de premiers soins. C'est ce qui lui avait d'ailleurs sauvé la vie lors d'une attaque en 1975 ; son état de santé resta critique pendant quatre heures et Chélépine lança les premières consultations sur la succession, démarche précipitée qui lui valut d'être exclu du Politburo, quand Brejnev fut rétabli. Cette fois, les docteurs luttèrent sept heures à son chevet, mais sans succès ; les quelques minutes perdues avant de donner l'alarme rendirent la « mort clinique » irréversible. Ce n'est qu'à 12 h 30 qu'une équipe de médecins annonça sa mort et que l'on prit des mesures spéciales d'« alerte » générale. On mobilisa les divisions de la garde de Taman et de Kantemir, basées toujours à l'extérieur de Moscou, et tous les employés du KGB ainsi que les policiers reçurent l'ordre de ne pas quitter leurs bureaux ou postes à la fin de leur journée de travail. Lorsque la deuxième équipe arriva, le nombre de membres du KGB et de policiers mobilisés doubla. Un Politburo élargi (les membres, les candidats, les principaux membres du Comité central et les maréchaux) tint séance à 16 heures. Cette assemblée, présidée par Chtcherbitski, élut quasi immédiatement Andropov au poste de secrétaire général. Ce fut le maréchal Oustinov qui proposa sa candidature. Tchernenko savait déjà que Tikhonov, son plus grand supporter, n'avait aucune chance d'obtenir la majorité pour lui ; quant à Aliyev, considéré auparavant comme un fervent partisan de Brejnev, il avait changé de camp. Bien que non encore membre à part entière du Politburo, son soutien à Andropov était très important. Pour éviter une apparence de discussion, on promit à Tchernenko le poste de président du Soviet suprême. Cependant, deux semaines après la mort de Brejnev, cette situation avait changé et le poste resta vacant : ce qui révélait clairement les réticences à donner un poste important à Tchernenko.

Selon les règles du Parti, le secrétaire général est en fait élu par le plénum du Comité central. A l'époque de Staline, cet organe n'avait qu'une fonction intermédiaire. Cependant, Khrouchtchev lui avait redonné de l'importance car, en 1957, il l'avait sauvé contre le « groupe anti-Parti », qui avait la majorité au Politburo. (Mais, en 1964, ce même organe avait écarté Khrouchtchev du pouvoir.) Le Comité central est une forme de « parlement du Parti », dans lequel domine le bloc des chefs locaux du Parti (secrétaires d'obkom, secrétaires de République et secrétaires des républiques autonomes) puisqu'il est représenté par cent quarante-six membres sur les quatre cent soixante-dix. C'est aussi un groupe très conservateur et il fut certainement opposé à la politique anticorruption d'Andropov et d'Oustinov. Le limogeage récent de

S. F. Medounov, secrétaire de l'obkom de Krasnodar, avait suscité une vague de réactions dans les organisations régionales du Parti. Quand les secrétaires d'obkom arrivèrent à Moscou pour le plénum du 11 novembre, ils essayèrent d'adopter une position commune. Mais ils eurent en fait trop peu de temps pour faire véritablement opposition à Andropov, puisque le plénum avait lieu le lendemain. La vitesse avec laquelle fut organisée la succession ainsi que la proposition d'Andropov par Tchernenko sont la preuve que l'élection se déroula sans discussion.

La réunion du Comité central débuta le 12 novembre, tôt le matin. Le centre de Moscou fut cerné par les troupes et les forces de police pendant environ trois heures. Les membres des organisations régionales, qui arrivèrent le jour même et qui furent conduits au Kremlin en voitures officielles, purent comprendre que la situation était contrôlée.

Andropov présida le plénum du 12 novembre et prononça, en introduction, l'oraison funèbre de Brejnev. Ce ne fut pas le premier discours du nouveau secrétaire général, comme l'indiquèrent plusieurs correspondants étrangers, mais uniquement son premier discours au plénum. Nombreux étaient les membres du Comité central qui s'attendaient qu'Andropov termine en désignant le secrétaire général ; en fait, il conclut par une proposition :

> « Ce plénum doit décider de l'élection du secrétaire général du Comité central du Parti communiste de l'Union soviétique. J'invite donc les camarades à émettre leur avis à ce sujet [1]. »

L'orateur suivant, « représentant du Politburo », est Tchernenko. Il fait un long discours sur Brejnev, le Parti, le pouvoir collégial, l'économie, et fait même référence au désarmement. En dernier lieu, il propose que Youri Andropov, « qui perpétuera le style de pouvoir mené par Brejnev, notamment son intérêt pour le peule ou ses relations de camaraderie avec les cadres du Parti », soit élu secrétaire général.

La première allocution prononcée par Andropov en qualité de secrétaire général et de président de la Commission des funérailles eut lieu sur la place Rouge, le lundi 15 novembre 1982, au matin. Les funérailles officielles soviétiques sont toujours soigneusement orchestrées et se déroulent suivant un rite traditionnel d'une durée de deux heures, même par une rude journée hivernale. Récemment, deux obsèques officielles ont eu lieu sur la place Rouge, celles de Kossyguine en décembre 1980 et celles de Souslov en janvier 1982. Celles de Brejnev furent plus rapides, elles durèrent à peine plus d'une heure. L'atmosphère n'était pas à l'émotion. Andropov fit une petite allocution, puis il déclara que la cérémonie était ouverte. (Ces mots ne figurèrent pas dans le texte publié ; aussi le discours d'Andropov paraissait être lié à l'événement, et non une introduction aux autres allocutions.) Le deuxième orateur fut Dimitri Oustinov et il fut suivi de trois représentants du « peuple », l'académicien A. Alexandrov, président de l'Académie des sciences ; le deuxième fut V. Pouchkarev, un ouvrier ; et le troisième un officiel du Parti de Dneprodzerjinsk, ville dans laquelle Brejnev avait débuté son activité au sein du Parti.

Le communiqué officiel des funérailles, publié le lendemain, déclarait : « 12 h 45. Le cercueil du défunt fut lentement descendu dans la tombe. » Or, curieusement, il n'en fut pas ainsi. Au lieu d'être porté par quatre militaires, comme de coutume (il était maréchal et chef suprême du Conseil militaire), Brejnev fut mis en terre par deux employés des pompes funèbres en civil. Chacun tenait l'extrémité des deux cordes et ils firent maladroitement tomber le cercueil dans la tombe. En regardant la retransmission en direct, depuis Londres, j'ai d'abord pensé que cet acte symbolique était délibéré. Par la suite, j'ai découvert que c'était une preuve accidentelle de la dégradation généralisée à tous les niveaux de la société, lorsque Brejnev était au pouvoir. On dit que, bien que ce cercueil fût conforme aux spécifications du Kremlin, il n'était pas assez solide pour un être aussi corpulent. Quand on souleva le cercueil pour le déposer sur le catafalque le 12 novembre, le fond céda et le corps de Brejnev tomba dans le trou. On le remplaça en quelques heures par un cercueil métallique. C'est ce changement qui provoqua le glissement que des millions de téléspectateurs soviétiques virent avec stupéfaction. Les deux employés des pompes funèbres qui avaient été choisis pour descendre lentement le cercueil dans la tombe réalisèrent tout d'un coup qu'il était trop lourd. L'un d'eux ne put tenir ferme la corde et le cercueil dérapa. Il atteignit le sol dans un bruit d'explosion, au moment même où les premières salves retentissaient.

DEUXIEME PARTIE

VERS LE SOMMET

CHAPITRE IV

ANDROPOV AVANT 1957

Il est presque impossible d'écrire quoi que ce soit sur la personnalité d'Andropov. En Union soviétique, le peuple a très peu d'information sur les membres du Politburo. On ne connaît que les quelques éléments écrits dans les brèves biographies officielles, publiées dans la Grande Encyclopédie soviétique. Seules des personnalités aussi éminentes que Staline, Khroucht-chev et Brejnev font l'objet de biographies détaillées, qui ne circulent que tant qu'ils conservent leurs postes. Et comme ce sont des biographies officielles, rédigées par des commissions spéciales, elles ne comportent pas d'information sur leur vie privée. Parfois, il existe des nécrologies détaillées sur d'autres chefs de parti ou de gouvernement, mais c'est rare. La plupart sont vite oubliés ou deviennent des « non-personnes », comme Trotski, Boukharine, Rykov, Molotov, Malenkov, Beria, Boulganine et bien d'autres qui furent un jour à la tête du Parti ou du gouvernement soviétiques. C'est une façon de maintenir l'intégrité du Parti, indépendamment des erreurs et des excès commis par certains dirigeants. Les nouveaux hommes d'Etat essayent de légitimer leur position en se recommandant directement de Lénine, et sans tenir compte de leurs prédécesseurs immédiats. Il est peu probable qu'Andropov continue de se présenter au peuple soviétique comme quelqu'un qui a l'intention de « perpétuer le style de pouvoir à la Brejnev », car ce style ne fut pas très populaire.

Les membres du Politburo mènent des existences secrètes et la presse n'évoque jamais leurs affaires personnelles. De par la presse étrangère on dispose de très peu d'informations sur Andropov ; on sait tout de même qu'il est veuf, parle anglais, aime la musique et le vin français, et porte de grosses lunettes ; sa fille est mariée à un acteur du théâtre Taganka ou du théâtre Maïakovski et elle travaille pour la revue *Théâtre*. Son fils est délégué de l'Union soviétique à la Conférence sur la sécurité et la coopération européenne à Madrid. En effet, les étrangers qui ont rencontré Andropov à telle ou telle occasion ont toute liberté pour communiquer ces détails. Les citoyens soviétiques ne se forgent un jugement sur les membres du Politburo ou sur les ministres que par leurs apparitions en public, leurs discours officiels, les articles qu'ils écrivent, ou par ce qu'ils savent de leurs actes. Les officiels soviétiques ne sont pas élus par scrutin public : il n'y a donc pas lieu de mener des campagnes de publicité visant à séduire de potentiels électeurs. Le peuple ne les connaît pas et ne s'intéresse à eux que lorsqu'ils ont assumé un poste important.

Il faudra encore attendre quelques années avant que les historiens soviétiques officiels écrivent une biographie détaillée et soigneusement polie sur la personnalité d'Andropov. Il doit d'abord faire quelques interventions en politique nationale et étrangère, de façon que ces mesures puissent constituer le sujet principal d'un ouvrage. Lorsque l'annonce de sa nomination parut dans les journaux soviétiques, la brève note biographique qui y était jointe fournissait peu d'éléments d'information[1]. Il y a aussi un bref article formel dans l'Encyclopédie soviétique qui fut d'ailleurs utilisé par la presse étrangère[2].

Les années du Komsomol

Youri Vladimirovitch Andropov naquit le 15 juin 1914 ; son père était ouvrier des chemins de fer à la gare Nagoutskaya, dans la province de Stavropol. Il commença à travailler à l'âge de seize ans à Mozdok, où il adhéra d'ailleurs au Komsomol (Jeunesses communistes). Il fut ensuite batelier sur la Volga, et il travailla aussi comme télégraphiste. Il poursuivit sa formation, vers 1933, à l'Université technique des transports fluviaux de Ribinsk, dans la région de Yaroslav ; une fois diplômé, en 1936, il y resta et devint secrétaire à plein temps du Komsomol. La biographie publiée ne fournit aucun détail sur les études d'Andropov, mais elle mentionne qu'il acquit une éducation supérieure (ce qui suppose un diplôme d'un institut ou d'une université plutôt que d'une école technique). Mais, si Andropov se mit à travailler à l'âge de seize ans, cela tendrait à signifier qu'il n'était pas qualifié pour accéder à une université ou à un institut supérieur. Apparemment, la formation d'Andropov fut surestimée par les auteurs de sa brève biographie officielle. D'après certaines rumeurs, il aurait reçu, suite à sa nomination au KGB, une bourse lui permettant d'obtenir un diplôme émanant de « l'Académie spéciale du KGB », justifiant ainsi sa formation supérieure. Cependant, cette institution, honorable pour un officier militaire du KGB, inspirerait à peine confiance pour une personnalité politique.

Quant à sa carrière politique professionnelle, il occupa en 1940 un poste qui semble avoir été sous-estimé dans le compte rendu officiel. Andropov devint responsable du Komsomol pour le chantier Volodarsky et Ribinsk en 1936. En effet, toutes les usines qui emploient plus de mille membres du Komsomol ont droit à un secrétaire du Komsomol payé à plein temps, et ce poste est le point de départ traditionnel de quelqu'un qui se destine professionnellement à une carrière politique. Vers 1938, Andropov avait été promu premier secrétaire du Comité du Komsomol de la région de Yaroslav. En 1940, il fut nommé premier secrétaire du Komsomol de la nouvelle République carélo-finnoise, poste que sa biographie officielle appelle secrétaire de Carélie. C'était en fait une affectation importante et très névralgique pour Andropov, alors âgé de vingt-six ans. Après la guerre qui opposa, au cours de l'hiver 1939-1940, l'Union soviétique et la Finlande, ces dernières signèrent un traité de paix le 12 mars 1940, aux termes duquel la Finlande cédait à l'URSS une partie de l'isthme de Carélie, Viborg et d'autres territoires frontaliers. Cette zone devint une république de l'Union des Républiques socialistes soviétiques, et Andropov fut chargé de « soviétiser » ce nouveau territoire. Beaucoup de Finlandais ne souhaitaient pas y vivre et furent rapatriés en Finlande après 1945. Une fois que la « soviétisation » fut achevée, la république fut rebaptisée en 1957 République autonome de Carélie.

La promotion rapide d'Andropov au sein du Komsomol s'explique partiellement par les purges effectuées en 1937 par Staline parmi les cadres les plus expérimentés du Komsomol. Il fait partie de cette génération de dirigeants soviétiques qui vinrent remplacer ceux qui disparurent pendant la Grande Terreur. Brejnev et Kirilenko obtinrent ainsi une promotion rapide dans l'appareil du Parti. Andropov, lui, eut la possibilité de faire une formidable ascension dans le Komsomol.

En 1937, Staline accuse personnellement le premier secrétaire du Comité central de l'Union des Komsomol, A. V. Kosarev, ainsi que d'autres secrétaires du Komsomol, de ne pas aider le NKVD à dépister « les ennemis du peuple ». Kosarev déclara qu'il n'avait pas d'ennemis parmi les jeunes cadres du Komsomol. Pourtant, lui et presque tous les autres dirigeants du Komsomol de Moscou et d'Ukraine furent rapidement arrêtés. Une deuxième vague de terreur déplaça des dirigeants du Komsomol âgés d'environ trente ans dans d'autres républiques et régions. Ainsi, les dix années nécessaires à un membre actif du Komsomol pour parvenir au niveau de secrétaire régional furent nettement réduites entre 1938 et 1940. Andropov devint membre du Parti communiste en 1939, ce qui signifie qu'il n'était encore que candidat au PCUS lorsqu'il devint chef régional du Komsomol en 1938, preuve que la direction précédente avait été éliminée et que le nouvel Obkom avait été élu à la hâte.

Lorsque l'Allemagne attaqua l'Union soviétique en juin 1941, la Finlande déclara aussi la guerre à cette dernière. (Cette déclaration n'était pas liée à la déclaration allemande, et la Finlande capitula avant l'Allemagne.) En 1941, Petrozavodsk, capitale de la République carélo-finnoise, fut occupée par les troupes finlandaises et allemandes. D'après la biographie officielle, Andropov devint « un militant actif dans le mouvement patriotique de Carélie, au tout début de la Grande Guerre patriotique[3] ». Par cette phrase on pourrait comprendre qu'il fut officieusement impliqué dans des activités à l'arrière du front germano-finnois, bien que cela ne soit pas dit expressément. En 1942, Andropov publie un article dans *Smena*[4], la revue du Komsomol de Moscou, dans lequel il décrit les activités des partisans caréliens ainsi que le rôle de la partie non occupée de la république, dans son soutien au front. En 1943, dans un article similaire bien que plus général, paru dans la *Komsomolskaïa Pravda*[5], il parle de l'amour pour sa terre natale. A en juger par ces articles, Andropov était en fait à Belomorsk à l'époque, ville située au nord de Petrozavodsk, non occupée par les troupes allemandes ou finlandaises. Apparemment, les états-majors des partisans caréliens étaient localisés du côté soviétique, là où étaient entreposées les munitions. De son poste de commande, Andropov était sans doute chargé de la partie organisationnelle et politique de certaines opérations menées par les partisans. Il est évident qu'il pouvait, si nécessaire, se rendre dans d'autres parties du pays — notamment à Mourmansk —, reliées à Belomorsk et à Arkhangelsk par le chemin de fer. De fait, sa participation n'est mentionnée dans aucune mission de combat en Carélie.

La carrière d'Andropov au sein du Parti date de la

capitulation de la Finlande et de la libération de Petrozavodsk en 1944 : il devint alors le deuxième secrétaire du Comité du Parti de Petrozavodsk. En 1947, il fut promu deuxième secrétaire du Parti de la République carélo-finlandaise. L'homme le plus influent était alors Otto Kuusinen, un vieux bolchevik de nationalité finnoise. Ce fut Kuusinen, apparemment, qui suscita la promotion d'Andropov dans l'appareil du Comité central et qui, par la suite, soutint son affectation diplomatique. En 1951, il commença par être inspecteur pour les affaires carélo-finlandaises, et il s'occupait surtout de l'industrie du bois et de la cellulose[6]. Cependant, un an plus tard, nommé chef d'une sous-section du Département Administratif, il était déjà responsable de quelques nominations régionales importantes. Peu de temps après, il fut envoyé en Hongrie, d'abord en tant que conseiller et, en 1954, en tant qu'ambassadeur.

Ambassadeur en Hongrie

Si l'insurrection hongroise d'octobre-novembre 1956 n'avait pas eu lieu, Andropov serait sans doute resté diplomate. Il prit sa mission très à cœur et il fut sans doute le seul ambassadeur soviétique capable de bien parler hongrois, ce qui facilita bien sûr ses relations avec les dirigeants de ce pays.

Bien que l'on pense que Kuusinen ait recommandé Andropov pour cette mission diplomatique, l'on ne connaît rien sur sa promotion. Mon frère aurait déclaré à l'éditorialiste américain, Joseph Kraft, que :

> « Georgi Malenkov, qui succéda à Staline comme chef de gouvernement et secrétaire du Parti, dut lutter avec Khrouchtchev pour parvenir à contrôler l'organisation du Parti. Pour renforcer sa position, Malenkov désirait déloger le secrétaire du Parti de la République lituanienne. Andropov fut chargé d'établir un rapport sur son rival, et Malenkov lui fit bien sûr comprendre qu'il le voulait défavorable. En fait,

Andropov remit au secrétaire du Parti lituanien un bulletin de santé positif. Pour se venger, Malenkov envoya Andropov en exil à Budapest[7]. »

Je serais extrêmement surpris d'apprendre que Roy a fourni cette information ainsi que les autres que Kraft lui attribue[8]. Auteur d'un livre sur Khrouchtchev, Roy sait bien sûr que Malenkov ne réussit pas à succéder à Staline comme secrétaire du Parti et qu'il n'y eut aucune lutte entre eux « pour le contrôle de l'organisation du Parti ». Roy signale juste qu'après la mort de Staline :

« l'on admit généralement que Khrouchtchev dut se concentrer sur sa tâche de secrétaire du Comité central... il assuma entièrement la charge du Secrétariat du Comité central, bien que le poste de premier secrétaire n'eût pas été formellement encore institué[9]. »

En tout cas, le poste d'ambassadeur dans un pays du bloc soviétique représentait un avancement par rapport à la position qu'Andropov occupait dans l'appareil du Parti, et non un recul. Ce n'est que par la suite que les missions d'ambassadeur furent synonymes de punition et d'exil, et les pays choisis alors étaient petits et plus lointains.

La biographie officielle fait très peu allusion aux années que passa Andropov en Hongrie mais, de source d'émigrés hongrois et russes, il aurait participé à la répression de la révolte hongroise. Sans doute exagèrent-ils l'importance de son rôle. En effet, toute l'intervention en Hongrie fut minutieusement contrôlée par Khrouchtchev, qui envoya à cet effet deux émissaires, Souslov et Mikoyan. La partie militaire de l'opération fut dirigée par les maréchaux Ivan Konïev et Joukov, tandis que le général Serov, chef du KGB, fort d'une grande expérience en espionnage militaire, assura l'activité du KGB. Néanmoins Andropov, qui était sur place, connaissait la situation locale mieux que quiconque, et il a dû jouer un rôle dans le cours des événements. Son implication n'est pas difficile à deviner, puisqu'il obtint une promotion après l'écrasement de l'insurrection. Il est impensable qu'il ait pu afficher une sympathie vis-à-vis des révolutionnaires hongrois (ou des « contre-révolutionnaires » puisque tel fut le qualificatif que leur donnèrent les autorités soviétiques).

En 1953, quand Andropov fut nommé à l'ambassade soviétique de Hongrie, et en 1954, quand il fut promu ambassadeur, le ministre des Affaires étrangères de l'Union soviétique était encore Viatcheslav Molotov, un conservateur stalinien. Les ambassadeurs soviétiques en pays socialistes ont des contacts avec le Comité central, mais officiellement ils établissent des rapports et reçoivent des instructions du ministre des Affaires étrangères. Molotov fut contraint de démissionner à la fin de 1955 et remplacé par Dimitri Chepilov.

Chepilov, homme modérément libéral, était l'un des protégés de Khrouchtchev, mais en 1957 il s'unit à Molotov, Malenkov et Kaganovitch pour former le groupe anti-Khrouchtchev du Praesidium (nom du Politburo entre 1952 et 1966) dont le but était de le renverser. Il pensait que ce complot pouvait réussir et on lui avait promis le poste de Premier ministre. Mais, quand il échoua, il perdit sa position de dignitaire et devint directeur de l'Institut d'économie de l'Académie des sciences de la République kirghize à Frounzé, où il travaille encore actuellement. Le départ de Chepilov laisse le poste vacant pour Andreï Gromyko, personnage le plus rompu à la politique étrangère soviétique.

Quand Andropov devint ambassadeur en Hongrie en 1954, Mathias Ràkosi, chef du Parti communiste hongrois pendant les années de terreur de 1949 à 1951, venait d'être limogé. Ràkosi était un fervent disciple de Staline, et il avait d'ailleurs passé quelques années à Moscou entre 1920 et 1940. Adjoint de Bela Kun, chef d'un gouvernement communiste de courte durée en 1919, Ràkosi fut compromis dans le procès de Beria en 1953 et perdit donc à cette occasion son poste de

Premier ministre. Cependant, il conserva un pouvoir considérable au sein du Parti communiste hongrois. Il fut remplacé par Imre Nagy, qui se mit tout de suite à ralentir l'entreprise de collectivisation, particulièrement impopulaire en Hongrie, et incita à développer les biens de consommation. Peu avant le XXe Congrès du PCUS, Ràkosi réussit à retrouver son poste et Nagy fut renvoyé. Cet événement polarisa l'attention des Hongrois et suscita la formation d'une vive opposition. Ràkosi eut de plus en plus de difficultés à se maintenir et la direction commença à se désintégrer.

La révolte hongroise fut directement déclenchée par le discours tenu secret que Khrouchtchev prononça au XXe Congrès du Parti en février 1956, et au cours duquel il dénonça la terreur de Staline ; c'était là une façon d'attaquer les cadres du Parti. Compte tenu du contexte de ce discours (tenu secret en raison des critiques de Malenkov, Molotov, Vorochilov, Kaganovitch et autres membres du Praesidium du Parti), Khrouchtchev ne pouvait avertir les dirigeants communistes étrangers de la nouvelle orientation politique. Il était certes déjà suffisamment puissant pour appliquer quelques mesures de déstalinisation en URSS, mais les autres pays socialistes étaient encore majoritairement dirigés par de vrais staliniens. Certains (notamment en Bulgarie, en Hongrie, en Roumanie, en Tchécoslovaquie, en Pologne et en Albanie) avaient organisé leurs propres campagnes de terreur entre 1949 et 1951 (avec l'aide du MGB : ministère de l'Intérieur de l'URSS), pendant lesquelles ils avaient éliminé leurs adversaires, les communistes qui s'étaient distingués pendant la guerre en tant que chefs de la résistance et étaient devenus des héros nationaux. Le discours de Khrouchtchev provoqua des crises politiques dans tous les pays, mais en Hongrie elle dégénéra en une révolte ouverte.

Le discours de Khrouchtchev fut catastrophique pour Ràkosi, car il faisait allusion aux crimes qu'il avait commis contre les cadres du Parti hongrois. On ne pouvait que réhabiliter dans une certaine mesure les victimes de la terreur organisée par Ràkosi. Parmi les premiers à être libérés il y eut Janos Kadar qui avait été emprisonné pour « titisme ». Il y avait de vifs ressentiments contre Ràkosi et celui-ci fut obligé de démissionner en août 1956. E. Gëro devint premier secrétaire du Parti et, peu de temps après, Ràkosi, qui se sentait menacé, s'enfuit à Moscou. En 1956, le peuple soviétique portait un jugement plutôt négatif sur la Hongrie et la Roumanie ; il y avait encore une certaine rancune à l'égard de ces deux pays qui auparavant avaient été des alliés de l'Allemagne. La Roumanie avait capitulé en 1944 et lui avait même déclaré la guerre, mais la Hongrie, occupée par les troupes allemandes, avait opposé une plus grande résistance à la « libération » soviétique ; c'est ainsi que l'Armée rouge perdit un million de soldats entre 1944 et 1945. Or, il semblerait hors de propos d'attribuer ces pertes à l'occupation allemande, qui avait elle-même causé d'énormes difficultés aux Hongrois.

La démission de Ràkosi ne calma pas l'opposition qui réclama le retour au pouvoir de Nagy. Si les rebelles eurent gain de cause en obtenant la nomination de Nagy au poste de Premier ministre, le ressentiment populaire était encore vivace. Nagy constitua un gouvernement de coalition et le pluralisme politique fut rétabli.

Et c'est sans doute à ce stade que l'intervention soviétique devint inévitable. Quand Nagy apprit que d'autres troupes soviétiques avaient passé la frontière, il proclama la neutralité de la Hongrie, annonça son retrait du Pacte de Varsovie et fit appel aux Nations unies. Dès lors, les dés étaient jetés.

A l'intérieur du pays, la position de Khrouchtchev avait été affaiblie plutôt que renforcée à la suite du discours qu'il avait prononcé au XXe Congrès du Parti. Il n'avait pas totalement le contrôle du Politburo ou du Comité central, et les crises survenues en Pologne et en Hongrie à l'automne accrurent l'opposition à la déstalinisation qu'il avait amorcée. Malenkov, Molotov et Kaganovitch l'accusèrent en public d'avoir irrémédiablement nui au mouvement communiste international. Le Parti communiste chinois soutint cette accusation. Pour l'Union soviétique, il serait stratégiquement catastrophique de perdre son influence en Pologne et en Hongrie, et Khrouchtchev comprit que, si ces crises n'étaient pas résorbées, il allait perdre sa position. En Pologne, Gomulka réussit à convaincre les dirigeants soviétiques (qui vinrent nombreux pour empêcher son élection comme chef du Parti) que le Parti communiste polonais contrôlait encore le pays. En Hongrie, la situation était moins certaine et les pronostics d'Andropov étaient pessimistes. Le nouveau mouvement présentait tous les signes d'une révolution populaire démocratique et sociale. De plus, Radio Free Europe, la radio de propagande américaine, promettait une aide militaire aux rebelles ; cette promesse s'avéra vaine.

Avant que Khrouchtchev pût intervenir en Hongrie, il fallait trouver des personnalités de premier plan, d'accord pour former un nouveau gouvernement. Dans cette optique, Mikoyan et Souslov furent envoyés à Budapest pour collaborer avec Andropov. Khrouchtchev chercha aussi à obtenir l'approbation de tous les principaux alliés de l'Union soviétique quant à la nécessité d'une intervention. Liu Shao-chi, deuxième dirigeant de la Chine, prit l'avion pour Moscou pour l'y inciter. Les dirigeants roumains, tchèques, bulgares et polonais poussèrent aussi à intervenir militairement. Même le maréchal Tito ne tarda pas à donner sa bénédiction. Joukov, le ministre de la Défense, déplaça plusieurs divisions et une armée de chars à la frontière hongroise. Depuis la guerre, quelques unités militaires soviétiques étaient restées stationnées en Hongrie. Un nouveau gouvernement national fut constitué sous la présidence de Janos Kadar, Antal Apro et Ferenc Münnich. L'insurrection fut réprimée.

Il y a plusieurs versions de l'attitude hypocrite d'Andropov pendant la période cruciale d'octobre et de novembre 1956. La plus répandue indique que ce dernier invita à dîner le général Pal Maléter, ministre hongrois de la Défense, la veille du 3 novembre, en lui promettant de négocier. Au cours du dîner, Ivan Serov (chef du KGB) et ses hommes firent irruption dans la salle du banquet et arrêtèrent toute la délégation hongroise. Cette histoire fut racontée maintes fois quand on apprit qu'Andropov était nommé successeur, le 12 novembre 1982 [10]. Mais ceci n'est que pure invention, car cet incident n'a jamais eu lieu [11]. Des études plus sérieuses sur l'insurrection hongroise indiquent que Maléter fut arrêté dans les bureaux de l'armée soviétique, le 3 novembre 1956 [12], alors qu'il s'entretenait avec le général M. S. Malinine, commandant en chef des forces soviétiques en Hongrie, « qui semblait négocier en toute bonne foi et parut surpris quand, peu après minuit, les pourparlers furent brutalement interrompus par des officiers du KGB en armes, commandés, semble-t-il, par le chef du KGB, le général Ivan Serov ; c'est ainsi que Maléter et ses collègues furent arrêtés [13] ».

Contrairement à la rumeur, Pal Maléter ne fut pas fusillé après son arrestation, mais fut jugé à huis clos et exécuté en 1958. Cette nouvelle fit l'objet d'un communiqué du gouvernement hongrois qui fut reproduit dans le *Times* du 17 juin 1958 ; le 18 juin, le *Times* publiait un éditorial condamnant les exécutions, ainsi qu'une nécrologie. Ce qui signifie que Janos Kadar et Ferenc Münnich, son premier adjoint et ministre chargé à l'époque des Forces armées et de la Sécurité en Hongrie, étaient directement responsables du procès et de l'exécution de Maléter. S'ils durent obtenir l'accord de Moscou, ils consultèrent Khrouchtchev et non Andropov.

Il n'est pas facile de reconstituer les faits et gestes d'Andropov au début de novembre. Nombreuses sont les versions contradictoires à ce sujet. Cependant, on sait qu'il était à Budapest lorsque les troupes soviétiques pénétrèrent dans le périmètre de défense de la ville. Il rendit visite à Imre Nagy et lui assura que l'Union soviétique ne cherchait pas à lancer une offensive, mais plutôt à empêcher le gouvernement hongrois de prendre activement quelques mesures de défense pouvant donner lieu à une effusion de sang. Cependant, le général Béla Kirali, commandant militaire de Budapest pendant la révolution, fournit une autre explication à la visite inopinée d'Andropov à Nagy. Il s'efforça d'ailleurs de persuader Nagy d'opposer une résistance aux forces soviétiques. Voici son témoignage :

> « La première fois que je le contactai, Imre Nagy me dit que toute l'affaire était une absurde bévue. " Andropov, l'ambassadeur soviétique, est ici dans mon bureau, dit-il, et il essaye de contacter Moscou pour demander des instructions. Selon lui, quelqu'un a commis une erreur dramatique, et il s'efforce d'arrêter le massacre. " Jusqu'à la dernière minute, Imre Nagy a cru qu'il ne s'agissait pas d'une infamie, mais d'une catastrophe involontaire.
>
> « La présence de l'ambassadeur soviétique dans le bureau du Premier ministre à l'heure même où son gouvernement attaquait vicieusement la Hongrie est comparable à la présence de la mission japonaise aux Etats-Unis au moment de Pearl Harbor. Mais le cas d'Andropov était peut-être encore plus monstrueux. Dans un climat révolutionnaire tel que celui de Budapest pendant ce " novembre hivernal ", il y avait toutes les chances que des révolutionnaires terrifiés, déçus, voire outragés, s'emparent de l'ambassadeur pour le mettre à mort. Quelle occasion sensationnelle pour la propagande soviétique ! A mon avis, c'est précisément ce qui justifie la présence sur ordre de son gouvernement, de l'ambassadeur soviétique dans les murs du Parlement, au moment même où son pays lançait l'offensive contre la Hongrie. L'URSS aurait pu perdre un diplomate, mais elle aurait acquis un instrument de propagande inestimable qui lui aurait permis de dénoncer ces " barbares hongrois " à qui les " Russes civilisés " désiraient enseigner la " loi et l'ordre " [14]. »

L'interprétation de Kirali est sans doute erronée ; il serait plus normal de penser que le commandement militaire soviétique cherchait à éviter l'effusion de sang.

L'article paru dans le *Times* du 13 novembre 1982 affirme qu'Andropov a délivré encore des sauf-conduits, un mois plus tard, pour inciter le Premier ministre Imre Nagy et ses ministres à quitter leur lieu de refuge, l'ambassade de Yougoslavie. Cette information est aussi inexacte. Nagy quitta l'ambassade après avoir reçu une garantie écrite d'immunité émanant de Janos Kadar. Andropov savait sans doute que cette promesse ne serait pas respectée, mais toute l'arrestation de Nagy fut apparemment orchestrée par Kadar, Münnich et Khrouchtchev. Cet épisode dégrada sérieusement les relations soviéto-yougoslaves et provoqua la colère du maréchal Tito. Andropov savait probablement ce qui allait arriver, mais la Hongrie était un pays occupé, contrôlé par l'armée soviétique. Des interventions aussi importantes que l'arrestation de Nagy n'auraient pu avoir lieu sans l'ordre personnel de Khrouchtchev ou du Praesidium du Parti soviétique.

Andropov collabora avec les chefs militaires et les représentants du KGB et, durant les derniers mois de son séjour en Hongrie (entre novembre 1956 et mars 1957), il y eut certainement des dizaines de milliers d'arrestations. Cependant, les procès et exécutions qui terrorisèrent le peuple hongrois n'eurent lieu qu'après son retour à Moscou. Chef du département du Comité central chargé des relations avec les pays socialistes, il garda une certaine responsabilité dans les événements de Hongrie. Cependant, des rumeurs indiquent qu'il aurait eu un infarctus[15] en mars 1957, juste après son départ de Hongrie.

Dans son rapport sur la révolte hongroise, Khrouchtchev ne mentionne pas du tout le nom d'Andropov. Il évoque la mission de Souslov et de Mikoyan, le rôle du maréchal Koniev et les discussions entre le Praesidium du Parti et les dirigeants des pays alliés ; ce qui laisse penser qu'Andropov n'adressa pas directement de rapport à Khrouchtchev, mais à Souslov et à Mikoyan. Le renvoi de Ràkosi en juillet 1956 fut probablement une initiative de l'ambassadeur soviétique, mais Mikoyan fut envoyé pour superviser la réunion du Comité central hongrois. Gëro devint premier secrétaire à cette réunion, mais très vite il s'avéra que c'était une erreur. Celui-ci se montra incapable de gérer la situation, et fut remplacé par Kadar.

Andropov resta en Hongrie pendant plusieurs mois après l'écrasement de l'insurrection. Il est possible qu'il ait discuté de la situation avec Khrouchtchev au cours de l'année 1957, puisque ce dernier écrit dans ses Mémoires qu'il effectua en secret des voyages en Hongrie, « à la demande du gouvernement hongrois et du Comité central hongrois[16] ».

CHAPITRE V

ANDROPOV, SECRETAIRE DU COMITE CENTRAL

En 1957, Andropov revint à Moscou diriger le département du Comité central chargé des relations avec les pays socialistes. Cette nouvelle affectation ne s'explique pas uniquement par le rôle qu'il joua en Hongrie en 1956 et qui, bien sûr, lui valut la considération de Mikoyan, Souslov et Khrouchtchev, et contribua à sa promotion. En 1957, Khrouchtchev faillit être renversé par Molotov, Malenkov, Kaganovitch, Chepilov et Vorochilov. Une fois que le « Groupe anti-Parti » (ainsi furent nommés les adversaires de Khrouchtchev) fut démantelé, il y eut une secousse dans l'appareil du Parti qui entraîna le limogeage de leurs supporters. Otto Kuusinen, vieil ami d'Andropov, devint à nouveau membre titulaire du Praesidium du Parti, et appuya la promotion d'Andropov. De plus, les événements de 1956 en Europe de l'Est ainsi que l'escalade du conflit avec la Chine et l'Albanie avaient révélé qu'il était nécessaire de renforcer la section du Secrétariat du Comité central chargée des relations avec les pays socialistes. Il fallait donc constituer un groupe de spécialistes de chacun de ces pays, capables d'éclairer la politique du Comité central.

On est très mal informé sur l'activité menée par Andropov au sein de ce département entre 1957 et 1962. Cela s'explique en partie parce que ce même département était en formation. Une autre raison serait ce goût de Khrouchtchev pour la diplomatie personnelle, sans consultation préalable. Bien que la section chinoise de ce département se développât rapidement, il est difficile de croire que Khrouchtchev décida soudainement de rappeler en 1960 tous les experts en poste en Chine, sur recommandation du département ad hoc du Comité central. C'est plutôt le fruit d'une impulsion personnelle, concrétisée par une directive absurde. La seule information que l'on ait sur la carrière d'Andropov à cette époque, c'est son élection au Comité central au XXIIe Congrès du Parti en 1961.

J'ai commencé personnellement à m'intéresser à Andropov en 1963, lorsque Lyssenko lança une nouvelle offensive contre ses critiques. Lyssenko, président de l'Académie Lénine des sciences de l'agriculture, était un pseudo-scientifique qui réfuta toutes les théories génétiques modernes mais qui fut néanmoins soutenu par Staline et Khrouchtchev parce qu'il garantit des récoltes sans aucun problème. J'avais été très critique à l'égard de la prépondérance exercée par Lyssenko sur la biologie, la génétique et l'agriculture, dans un ouvrage que j'écrivis en 1962, et intitulé *La Science biologique et le « culte de la personnalité »* [1]. Ce livre fut largement diffusé en samizdat. Par suite d'une pression exercée par l'administration et le Comité du Parti de l'Académie d'agriculture de Moscou, où je fus employé comme maître de recherche, je fus contraint de donner ma démission et de prendre un travail dans l'un des nouveaux instituts de l'Académie de médecine situé à Obninsk dans la région de Kaluga. Quand le secrétaire du Parti de Moscou m'attaqua personnellement ainsi que mon ouvrage lors d'une réunion du plénum du Comité central en mai 1963, l'on chercha aussi à convaincre l'Académie de médecine de me renvoyer. L'année 1963 fut catastrophique sur le plan agricole, et plusieurs généticiens furent menacés de renvoi. Les conseillers agricoles de Khrouchtchev, protégés des amis de Lyssenko, accusèrent les scientifiques qui s'étaient opposés aux idées de ce dernier. Khrouchtchev avait hérité de Staline cette façon de chercher des boucs émissaires pour masquer ses propres erreurs. Les scientifiques, impliqués dans ces polémiques, recherchèrent des hauts dignitaires du Parti, adversaires de Lyssenko. Mon principal protecteur fut le professeur V. D. Timakov, vice-président de l'Académie de médecine ; ce dernier contribua vivement au renouveau de la génétique médicale en Union soviétique, matière qui avait été censurée entre 1937 et 1956. Il me dit qu'Andropov, secrétaire du Comité central à l'époque, était hostile à l'influence de Lyssenko et qu'il avait discrètement fait quelques démarches pour encourager la recherche génétique en Union soviétique.

A première vue, il pourrait paraître déplacé qu'un secrétaire du Comité central s'intéresse à la génétique. En fait, Andropov n'était, ni ne se prétendait, expert en la matière. Mais en tant que chef du département du Comité central chargé des relations avec les pays socialistes, il avait déjà rencontré la génétique, dans ses rapports avec la Tchécoslovaquie. En effet, le fondateur de la génétique classique et la principale cible des critiques de Lyssenko était Grigor Mendel, né à Brno, ville autrichienne au XIXᵉ siècle, mais désormais tchécoslovaque. Mendel était une source de fierté pour tous les Tchèques ; aussi quand le « mendélisme » devint un terme galvaudé dans le lexique soviétique, quand les Tchèques furent obligés de fermer le musée de Mendel à Brno et d'enlever le monument érigé en son honneur sur une place en 1948, la controverse génétique devint une question politique nationale névralgique. Vers 1960, les Nations unies déclarèrent que 1965, année du centenaire des découvertes fondamentales de Mendel, serait marquée par un jubilé.

L'Académie des sciences de Tchécoslovaquie rouvrit le musée Mendel, et le monument de marbre blanc fut triomphalement remis en place bien avant le symposium du centenaire international, qui devait avoir lieu à Brno. Lyssenko et ses partisans accusèrent les Tchèques de « diversion idéologique » et Andropov fit office d'intermédiaire entre les dirigeants tchèques et soviétiques. Plutôt favorable aux Tchèques, il aurait offert gracieusement son concours pour l'organisation du centenaire de Mendel. Ceci se passa entre avril et mai 1964, bien que l'Académie des sciences de l'URSS ait reçu l'instruction de boycotter le symposium. Le boycott aurait été humiliant pour les Tchèques, mais, en octobre 1964, Khrouchtchev fut limogé ; l'influence de Lyssenko diminua immédiatement et l'Académie des sciences de l'URSS décida de participer aux manifestations du centenaire, et déposa même une couronne au pied du monument de Brno. Le 24 juin 1965, la *Pravda* publia un excellent article sur Mendel, et d'autres journaux soviétiques en firent de même le lendemain.

Sachant qu'Andropov était quasiment inconnu du grand public en 1962-1963, il est très étonnant que Khrouchtchev ait choisi de lui donner le privilège de prononcer, le 22 avril 1964, le discours de commémoration pour l'anniversaire de Lénine. Cette allocution mi-théorique, mi-politique est traditionnellement faite devant les hauts dignitaires du Parti et des organes officiels. Elle est en principe publiée le 23 avril dans les journaux soviétiques, avec la photo de l'orateur[2]. Il s'agissait là du premier discours politique important d'Andropov et il en fit naturellement figurer ensuite le texte dans son choix d'allocutions[3]. La version publiée en 1979 n'était pas identique à l'original de 1964, qui comportait bien sûr plusieurs paragraphes glorifiant la politique de Khrouchtchev ; dans la version ultérieure, « savamment » élaborée, le nom de Khrouchtchev a été supprimé et certains paragraphes ont été réécrits, afin d'empêcher toute relation possible avec sa politique. Cette pratique, consistant à modifier rétrospectivement articles et discours, est loin d'être récente. Aucune des biographies de Lénine, de Staline ou de Khrouchtchev, ne contient exactement ces discours dans leur forme originale ; un certain nombre a été

« traité » dans le but de supprimer ou de modifier des déclarations qui, entre-temps, sont devenues embarrassantes. (Lénine, bien sûr, ne fit pas ces changements en personne : une commission spéciale le fit « pour son compte ». D'autres dirigeants prennent la responsabilité personnelle de procéder à ces modifications.) Avec le discours qu'il prononça « le jour de Lénine » (le premier des trois qu'il fit dans toute sa carrière), Andropov devint un personnage public.

En octobre 1964, Roy Medvedev, mon frère, se mit à éditer une revue mensuelle clandestine intitulée *Journal politique.* Je l'aidai dans cette entreprise et gardai un très bon numéro que je mis sur microfilm. Nous en avons fabriqué soixante-quinze entre 1964 et 1971 [4]. Le journal voulait à l'origine analyser les différentes tendances politiques au sein du pouvoir soviétique ; aussi nous fallut-il suivre de très près les débats officiels et non officiels. (Plus tard nous commençâmes à intégrer des documents du samizdat.) Le premier exemplaire était centré sur le plénum qui se solda par le renvoi de Khrouchtchev. Le rapport principal fut fait par Souslov, aucun débat ne fut autorisé et les demandes de renvoi formulées par le Praesidium furent acceptées sans commentaire. Même si Andropov était une personnalité importante au plénum, il n'avait pas encore beaucoup d'influence. Le Comité central prépara une lettre confidentielle, pour justifier le départ de Khrouchtchev, lettre qui fut envoyée aux chefs des partis communistes étrangers. Cette lettre ne fut pas difficile à rédiger puisque son départ fut provoqué par des erreurs administratives et une gestion économique défectueuse et non par des désaccords fondamentaux sur la politique internationale ou les problèmes de déstalinisation. Si le plénum n'introduisit pas beaucoup de changements, il suscita quelques mesures positives. Le départ immédiat de Lyssenko fut bienvenu ; Adjoubei, gendre de Khrouchtchev et rédacteur en chef des *Izvestia,* et Pavel Satioukov, rédacteur de la *Pravda* et partisan de Khrouchtchev, furent tous deux renvoyés. Satoukov fut remplacé par

Alexeï Roumiantsev, le rédacteur de *Paix et Socialisme,* journal communiste international publié à Prague. Lorsque l'organe officiel du bloc soviétique, *Paix et Socialisme,* fut placé sous le contrôle direct d'Andropov, celui-ci favorisa sans doute la promotion de Roumiantsev, journaliste compétent, relativement indépendant, dont les articles dans la *Pravda* avaient toujours été lus et discutés avec grand soin.

L'avenir politique d'Andropov était un peu incertain à cette époque, notamment en raison de la réélection des principaux fonctionnaires du Parti, prévue pour le XXIIIe Congrès. Lui-même avait été élu au Comité central issu du XXIIe Congrès, le plus radical dans toute l'histoire du Parti ; c'est en effet à cette occasion que Staline fut qualifié de criminel et que son corps fut d'autorité retiré du mausolée de la place Rouge. La nomination d'Andropov au poste de secrétaire du Comité central en 1962 fut son plus grand pas vers les sommets du pouvoir. Il avait soutenu les réformes politiques de Khrouchtchev, mais (heureusement pour lui) sans être directement impliqué dans les affaires économiques nationales et donc non responsable des échecs de Khrouchtchev. Cependant, il était perçu comme antistalinien farouche et il faisait figure d' « outsider » dans le Secrétariat du Comité central, dans la mesure où il n'appartenait ni au groupe de Brejnev, ni aux technocrates liés à Kossyguine, ni à l'alliance Chélépine-Souslov. Si ce dernier groupe conservateur parvenait à dominer le XXIIIe Congrès, Andropov aurait peu de chances d'être renommé secrétaire du Comité central. C'est ce qui explique sans doute ses tentatives discrètes visant à mobiliser quelques intellectuels éminents susceptibles d'influencer les mesures prises par le Congrès.

En 1965, l'éventualité d'un processus de restalinisation était loin d'être exclue. La veille du vingtième anniversaire de la victoire sur l'Allemagne nazie, des articles à la gloire de Staline parurent dans la presse soviétique. Pour qui comprend le système de la censure en Union soviétique, il est clair qu'une directive avait été donnée par le département de propagande du Comité central. En août, les écrivains Andreï Siniavski et Youli Daniel furent arrêtés. Leur soi-disant procès « public », qui se déroula en janvier 1966, eut un impact considérable sur la communauté intellectuelle soviétique ; c'est en effet ce procès qui fut à l'origine de ce que l'on appellera par la suite le mouvement dissident. Il semblait y avoir quelque désaccord entre certains hauts dignitaires du Parti, désireux de réhabiliter Staline, et d'autres qui ne partageaient pas cette tendance. La position de Brejnev n'était pas encore bien établie et son pouvoir était limité. Tout en étant opposé à toute réhabilitation de Staline, il avait cependant mis fin au processus de déstalinisation. Le nom de Staline commença à apparaître de plus en plus dans la presse officielle, et dans un contexte toujours positif. On ne réhabilita plus d'autres victimes et l'on ne critiqua plus son régime.

Un autre incident, survenu en 1965, souligna la gravité de la situation : Roumiantsev perdit son poste à la *Pravda* à cause d'un article très libéral intitulé « Le Parti et l'intelligentsia », qu'il avait écrit en collaboration avec Youri Karyakine. Ce dernier avait travaillé comme journaliste à Prague pour *Paix et Socialisme,* où il avait publié quelques bons articles, notamment des réflexions sur *Une journée d'Ivan Denisovitch*[6], de Soljenitsyne. Karyakine était venu à Moscou au début de 1965 pour prendre un poste peu important, celui d'instructeur auprès du département du Comité central dirigé par Andropov. Au bout de quelques mois, il obtint à la *Pravda* un poste comportant plus de responsabilités ; il devint en effet l'assistant de Roumiantsev, qui venait d'être nommé rédacteur en chef. Il se lia d'amitié avec Soljenitsyne, Roy Medvedev, Piotr Yakir et d'autres dissidents. En septembre, les papiers de Soljenitsyne, notamment les trois exemplaires du *Premier Cercle,* furent confisqués. Soljenitsyne était très désespéré, et il se rappela qu'il avait donné un exemplaire à Youri Karyakine pour qu'il le mît en sécurité ; il était fort peu probable que le KGB s'introduise dans les bureaux de la *Pravda.* Par la suite, dans son livre autobiographique intitulé *Le Chêne et le Veau,* Soljenitsyne raconte comment Karyakine sauva le manuscrit et le retourna à l'auteur quand il convint. Mais, à l'époque où Soljenitsyne écrivit ceci, son attitude vis-à-vis de Karyakine et de Roumiantsev avait changé : « Tel un enfant, j'ai donné ma confiance à Y. Karyakine et à ses promesses selon lesquelles Roumiantsev, son patron libéral, alors rédacteur en chef de la *Pravda,* publierait un ou deux chapitres anodins du *Premier Cercle*[7]. » Quand Roumiantsev fut renvoyé de la *Pravda,* Karyakine perdit aussi son emploi. Roumiantsev, membre du Comité central, fut ensuite nommé directeur de l'Institut de sociologie et élu vice-président de l'Académie des Sciences de l'URSS. Karyakine devint chercheur à « l'Institut du mouvement ouvrier international » et se mit à écrire des articles marxistes libéraux, destinés surtout au samizdat. Le discours qu'il fit à la mémoire d'Andreï Platonov, écrivain de talent qui mourut en prison, parut dans le samizdat, ce qui valut à Karyakine d'être expulsé du Parti. Plus tard, cette mesure fut commuée en critique grave, avec avertissement[8].

En automne 1965, certaines rumeurs moscovites évoquaient un changement probable de l'équipe dirigeante. Elles étaient en partie liées au futur plénum du Comité central qui devait traiter de « problèmes organisationnels », euphémisme pour désigner des changements de personnes. La position de Brejnev était faible. Il avait été nommé premier secrétaire en 1964; c'était un compromis puisqu'il avait officiellement occupé la seconde position dans le Parti depuis 1963, assurant le rôle de chef du Parti lors des voyages fréquents de Khrouchtchev. Ce dernier n'avait jamais mis en doute la loyauté de Brejnev, qui assurait aussi la présidence du Praesidium du Soviet suprême (chef d'Etat en titre) à cette époque, poste occupé par Anastase Mikoyan en juin 1964, lorsque Brejnev devint secrétaire du Comité central, et donc « deuxième » secrétaire *de facto.* Comme le départ de Khrouchtchev ne fut pas immédiatement suivi de la purge de ses partisans, Brejnev occupa le poste que Khrouchtchev avait laissé vacant. Cependant, quand les remaniements entrepris par Khrouchtchev dans le Parti et l'appareil furent inversés en 1965, les critiques s'intensifièrent au sein du Parti et Brejnev fut impliqué. En tant que président du Praesidium du Soviet suprême, il ne s'était jamais opposé aux réformes les plus ambiguës, fidèlement entérinées par le Soviet suprême. De plus, ce fut Brejnev qui prononça la principale allocution lors de la cérémonie du soixante-dixième anniversaire de Khrouchtchev, en avril 1964. Il n'avait pas directement participé au complot mené contre Khrouchtchev.

Les deux personnages clés, Souslov et Chélépine, ne lui faisaient pas confiance et ils attendirent qu'il quittât Moscou le 5 octobre, à la tête de la délégation officielle envoyée en RDA pour célébrer le quinzième anniversaire de la République. Khrouchtchev était dans sa résidence d'été de la mer Noire et Mikoyan, président du Praesidium du Soviet suprême, était aussi en vacances. Souslov assura brièvement la direction du Parti, et le Conseil des ministres fut contrôlé par Kossyguine. Vladimir Semitchastny, ami et protégé de Chélépine, dirigeait le KGB. Les militaires se plaignaient beaucoup de Khrouchtchev, et le maréchal Malinovski, le ministre de la Défense, toléra le complot tramé par Souslov et Chélépine. Quand Brejnev revint à Moscou, la majorité du Praesidium du Parti avait déjà exprimé son soutien à la conspiration et plusieurs membres clés du Comité central, secrétaires d'obkom, avaient été priés de la rejoindre. Aussi Brejnev, même s'il n'était pas opposé au complot, n'avait pas vraiment la possibilité de ne pas y adhérer. Quand Khrouchtchev et Mikoyan revinrent du Sud, une distribution provisoire des postes avait déjà été décidée et c'est ce qui facilita le renvoi de Kroutchchev. Mais, vers 1965, il était temps d'officialiser les décisions prises en 1964, ce qui engendra d'ailleurs une lutte au sein de l'équipe dirigeante.

Le plénum d'octobre 1964 avait décrété que l'âge de

la retraite serait de soixante-dix ans. Aussi Mikoyan indiqua au Praesidium du Parti qu'il se retirerait en 1965. D'après une rumeur (ou peut-être une fuite délibérée), Brejnev lui succéderait en tant que président du Praesidium du Soviet suprême. En principe, ni Souslov ni Chélépine n'occuperaient ce poste de dirigeant. Chélépine était soutenu par L. F. Ilitchev, le membre le plus conservateur du Praesidium du Parti et un néo-stalinien. Il avait aussi un véritable appui au KGB, car, durant son bref mandat (1958-1961), il avait donné à beaucoup d'amis un travail dans cet organisme. Chélépine supervisait aussi le ministère des Affaires intérieures et le Comité de contrôle du Parti et de l'Etat, c'est-à-dire l'institution qui remplaçait le KGB au sein du Parti. Il avait auparavant dirigé le Komsomol, et avait nommé ses amis à des postes importants à la télévision, à la radio, au Comité de l'industrie cinématographique, à l'agence Tass et dans d'autres organismes. Il avait en outre l'appui des jeunes fonctionnaires du Parti. Souslov était certes l'apparatchik le plus expérimenté, mais n'était pas encore son « idéologue en chef ». Ilitchev était plus éminent sur ce plan, tandis que Souslov jouissait d'un pouvoir considérable en politique étrangère.

Dans cette lutte pour le pouvoir, Andropov serait vaincu, quel que fût le vainqueur. Si Chélépine gagnait, ses chances de survie politique étaient maigres. Si c'était Souslov, il pourrait peut-être maintenir sa position, mais pas plus. Aussi décida-t-il de cautionner Brejnev dont le manque d'ambition et l'absence de personnalité conviendraient à ses objectifs. Ils étaient de plus voisins dans les traditionnels immeubles construits pour les fonctionnaires du Parti sur le Koutouzovski Prospekt.

Les milieux intellectuels étaient très conscients de la lutte pour le pouvoir qui se menait au Praesidium et ils ne souhaitaient ni Souslov ni Chélépine comme dirigeants. Souslov était lié à une éventuelle restalinisation mais, si Chélépine était réputé pour être antistalinien, il nourrissait manifestement aussi des ambitions de nouveau « grand dirigeant ». Son passé au KGB et sa collaboration avec le KGB dans les procès menés en 1964-1966 contre Brodsky, Siniavski et Daniel l'avaient rendu impopulaire. Dans son autobiographie, Soljenitsyne exprime les craintes de l'intelligentsia soviétique de l'époque :

> « ... Nous pouvons affirmer avec une quasi-certitude qu'un pouvoir dirigé par Chélépine viserait à revenir brutalement au stalinisme : ce dernier voulait en effet donner un tour de vis à l'économie et à l'administration, à la manière de Staline, et sur ce point il n'aurait pas été d'accord avec Kossyguine ; mais, par contre, ils s'entendaient sur l'idée de resserrer la tendance idéologique.
>
> « ... Pourquoi renverser Khrouchtchev si c'est pour revenir au stalinisme ? demandaient les staliniens. Personne ne connaît toutes les mesures envisagées par les partisans de Chélépine. Mais l'une d'entre elles fut largement approuvée : l'arrestation de Siniavsky et de Daniel, début septembre 1965. (Les partisans de Semitchastny réclamaient l'arrestation de mille intellectuels de Moscou[9].) »

La confiscation des papiers et manuscrits de Soljenitsyne, en septembre 1965, fut encore plus durement perçue que l'arrestation de Siniavski et de Daniel. Ces derniers étaient des auteurs « secrets », qui avaient publié leurs œuvres à l'étranger sous des pseudonymes et qui n'étaient pas connus du grand public. Soljenitsyne était, par contre, déjà devenu un symbole de l'antistalinisme, en littérature.

Après le plénum qui suivit le XXIIIe Congrès, Souslov faisait figure de gagnant dans cette lutte pour le pouvoir. Ilitchev fut renvoyé et Piotr Démitchev, un novice, fut chargé du travail idéologique. Expert en industrie chimique, Démitchev était manifestement incapable de traiter des questions idéologiques, ce qui signifiait qu'il travaillerait sous la férule de Souslov. Le Praesidium du Parti prit une décision sans précédent, en interdisant aux membres du Praesidium de prononcer librement des discours au congrès du Parti. Le rapport officiel, établi par Brejnev en tant que premier secrétaire, devrait refléter une concordance de vues. Ainsi les critiques réciproques et les rivalités seraient évitées. Cette décision ne favorisait pas Chélépine, bon orateur, mais plutôt Souslov, réputé pour être ennuyeux. L'élection de Podgorny à la présidence du Praesidium du Soviet suprême (à la place de Mikoyan) améliora les chances de survie de Brejnev. Souslov devait être satisfait de son rôle de monarque.

En février 1966, Semion Rostovsky (plus connu sous le nom de Ernst Henry), éminent journaliste moscovite, rédigea un appel bien argumenté contre la restalinisation et l'adressa au XXIIIe Congrès du Parti. Il rassembla les signatures de vingt-cinq célébrités du monde des sciences et des arts, notamment Piotr Kapitza, Andreï Sakharov, Igor Tamm, Ivan Maïsky, Konstantin Paustovsky, Maïa Plisetskaya et Mikhaïl Romm ; par la suite, plus de cent personnalités signèrent une deuxième pétition, qui parvint aussi au Comité central. Ernst Henry n'avait pas de mal à convaincre les gens de signer, puisqu'il se réclamait des dignitaires du Comité central antistalinien, dont la position au Congrès serait renforcée si les principaux représentants de l'art et de la science soviétiques s'exprimaient contre la restalinisation. Andropov était l'un des « protecteurs non officiels » invoqués par Ernst Henry, et certains jeunes employés de son département essayèrent discrètement de le confirmer. Cette lettre circula parmi les membres du Comité central et sembla avoir eu l'effet souhaité. Le nom de Staline ne fut pas mentionné au XXIIIe Congrès. Parallèlement, on ne fit que vaguement référence au XXIIe Congrès du Parti, congrès qui condamna le stalinisme le plus explicitement. Le problème des victimes de Staline fut tout simplement classé ; et il l'est resté jusqu'à ce jour. On sait aujourd'hui qu'Ernst Henry, lui-même, travailla comme ancien agent d'espionnage avant 1947. Il travailla en Allemagne avant 1934, puis en Grande-Bretagne où il aurait fréquenté Guy Burgess et Donald Maclean [10]. Quelle que soit la vérité, il se lia apparemment d'amitié avec Maclean à Moscou. Quand il rentra en Union soviétique après son séjour en Grande-Bretagne, il fut arrêté et libéré uniquement après la mort de Staline.

Souslov fut le principal organisateur du XXIIIe Congrès du Parti, ce qui lui permit d'influer sur la composition du nouveau Comité central. A la fin du Congrès, les chances de Chélépine avaient baissé et Souslov était devenu la deuxième figure du Parti. En raison de la lutte cruciale menée entre Souslov et Chélépine, Brejnev ne se contenta pas de se maintenir, mais il renforça aussi sa position. Kossyguine et Podgorny le soutenaient puisqu'il valait mieux pour eux que le premier secrétaire soit un personnage faible et non ambitieux. Ils formaient un triumvirat : Souslov devint « l'idéologue en chef », le second dans la hiérarchie du Parti, mais seulement le quatrième dans l'équipe dirigeante. Le titre de premier secrétaire fut transformé en secrétaire général et le Praesidium du Parti redevint le Politburo. Ces modifications sémantiques furent interprétées comme une concession aux staliniens et comme un avertissement au grand public, car ces deux termes étaient étroitement associés au règne de Staline. Le titre de secrétaire général avait été changé en premier secrétaire après sa mort, alors que Staline lui-même avait changé le nom de Politburo en Praesidium du Parti en 1952, au XIXe Congrès du Parti.

Ainsi, le danger de néo-stalinisme n'était pas écarté. En fait, la tentative la plus sérieuse pour réhabiliter Staline eut lieu en octobre 1966, à une conférence réunissant tous les syndicats sur le « travail idéologique », à laquelle assistèrent environ mille secrétaires des obkom, les secrétaires des républiques de l'Union, les rédacteurs en chef des principaux journaux et revues, et d'autres officiels[11]. Entre soixante et soixante-dix pour cent des personnes présentes applaudirent lorsqu'on rendit hommage à Staline. Des revues libérales telles que *Novy Mir* et *Younost* furent critiquées. Le chef du KGB tenta, dans une allocution, de justifier les jugements sévères rendus au procès de Siniavski et de Daniel (sept ans de prison) et d'avertir les intellectuels de se comporter correctement à l'avenir. Andropov prononça aussi un discours à cette conférence, mais il se limita au conflit sino-soviétique et aux relations de l'Union soviétique avec la Roumanie, Cuba et les autres pays.

Andropov allait bientôt devoir aborder le problème des intellectuels. Brejnev était décidé à réduire l'influence de Chélépine, et notamment son contrôle du KGB par le biais de son ami Semitchastny. En 1967, ce dernier fournit d'excellentes raisons à son départ de la présidence du KGB. A la surprise générale, Andropov fut désigné pour être son successeur.

CHAPITRE VI

ANDROPOV DEVIENT CHEF DU KGB

La nomination d'Andropov au KGB fut accueillie avec optimisme. Ainsi, dans un éditorial, Roy Medvedev écrivit :

> « Andropov a été nommé ministre du KGB. Il était auparavant responsable du département du Comité central chargé des relations avec les pays socialistes et secrétaire du Comité central. Il a la réputation d'être un homme intelligent et malin, doté d'un solide bon sens. Comme il a été simultanément promu candidat au Politburo, il a incontestablement accru ses pouvoirs [1]. »

Dans la hiérarchie du Parti, la présidence du KGB est inférieure au rang de secrétaire du Comité central, et Andropov fut probablement nommé candidat au Politburo en guise de compensation. Sa nouvelle position au sein du Parti lui donna une certaine indépendance par rapport à Chélépine, puisque tous les membres sans droit de vote du Politburo sont subordonnés à un titulaire. En tant que candidat, Andropov était en revanche sous le contrôle direct de Brejnev.

Il est intéressant d'examiner les raisons de la mise à disposition de Semitchastny et de la nomination d'Andropov à ce poste névralgique et particulièrement impopulaire.

Semitchastny était cordialement détesté des intellectuels soviétiques, notamment après son réquisitoire contre Boris Pasternak en 1958. Lors d'un meeting idéologique occasionné par la publication à l'étranger du *Docteur Jivago,* Semitchastny avait dit de Pasternak : « Même un porc ne chie pas dans son auge », et il avait exigé l'expulsion de ce dernier hors de l'Union soviétique. Après le procès Siniavski-Daniel, il avait demandé au Praesidium du Parti d'approuver largement les arrestations, afin de supprimer la dissidence idéologique. Mais ce n'est pas cette attitude qui explique son renvoi. Il fut accusé d'une plus grave maladresse : n'avoir pas réussi à empêcher la défection de la fille de Staline, Svetlana Allilouïeva. Il confia alors à quelques agents soviétiques en Europe la mission de l'enlever et de la ramener en Union soviétique. Cette manigance insensée révéla que Semitchastny ne savait pas mener des opérations clandestines (il avait été chef du Komsomol jusqu'en 1961). Bien que la défection d'Allilouïeva fût un choc pour les staliniens, il était cependant ridicule d'envisager de la kidnapper. D'une part la fille de Staline ne détenait aucun secret d'Etat, et d'autre part elle n'était pas particulièrement importante. La tentative d'enlèvement exposa des agents très importants du KGB à l'Ouest et ces derniers furent arrêtés.

Bien que cet événement se déroulât en mars 1967 (Allilouïeva avait quitté l'Union soviétique à la fin de 1966 pour se rendre aux funérailles de son troisième mari, un communiste indien), Semitchastny ne fut pas limogé tout de suite. Sans doute est-ce parce que Souslov était aussi impliqué dans cette affaire, puisque c'était lui qui avait autorisé Allilouïeva à voyager à l'étranger. Il était bien sûr dans l'intérêt de Souslov d'associer ces deux événements : la défection et le limogeage de Semitchastny. De plus, Chélépine était opposé au départ de Semitchastny. Mais, en mai, Chélépine fut opéré d'urgence de l'appendicite. Pendant la semaine qu'il passa à l'hôpital, la question de la direction du KGB fut mise à l'ordre du jour du

Politburo. Semitchastny n'assistait pas à cette réunion, toute l'affaire fut décidée en dix minutes ; il fut donc renvoyé et Andropov fut proposé comme successeur. Sa nomination effective eut lieu le lendemain, au Praesidium du Soviet suprême. Brejnev resta conforme à sa politique, en offrant un poste dans la nomenklatura (c'est-à-dire une affectation suffisamment importante pour faire l'objet d'une recommandation d'un haut dignitaire du Parti) aux hommes qui avaient été mis à disposition : Semitchastny fut nommé neuvième vice-président du Conseil des ministres de la République ukrainienne, chargé du sport. Quelques nouveaux vice-présidents du KGB furent nommés, tel que le général Semion Kouzmitch Tsvigoun, parent de Brejnev par alliance (leurs femmes étaient sœurs) et ami alors qu'il était à Dniepropetrovsk, juste après la guerre. Brejnev occupa en effet le poste de premier secrétaire de l'obkom, entre 1945 et 1950, et Tsvigoun travailla dans la même région. Ce dernier fut nommé chef du nouveau « pouvoir collégial » (cinq membres) du KGB, responsable de la sécurité intérieure. L'intervention du KGB dans les affaires intérieures, notamment la surveillance des intellectuels, de la police, des minorités ethniques, de la religion, avait été jugée insatisfaisante sous Semitchastny et devait désormais être renforcée.

Un mois plus tard, Chélépine quitta son poste de secrétaire du Comité central chargé des organes de surveillance (le KGB, la police, le Comité de contrôle de l'Etat et du Parti) et devint président du Conseil central des syndicats d'URSS. Victor Grichine, son prédécesseur, avait été promu premier secrétaire de l'organisation de la ville de Moscou et du comité régional du Parti. Chélépine était furieux. Quand il arriva à son nouveau grand bureau du siège des syndicats, il découvrit certains détails, telle une porte menant à un salon de massage spécialement équipé. Il fit immédiatement remplacer cette porte par une cloison pleine, tout en veillant à bien divulguer le plaisir que prenait Grichine à s'offrir de tels raffinements secrets dans son bureau.

Mais Brejnev était tolérant à ce sujet, dans la mesure où l'accusé était loyal à son égard. Certaines fonctions de surveillance qui, auparavant, incombaient à Chélépine, furent désormais transférées au KGB et Souslov en assuma d'autres, au sein de son département idéologique.

En 1969, Souslov fit une dernière tentative pour obtenir le poste suprême du Parti. Soutenu par Mazourov et Chélépine, il prépara une lettre dans laquelle il critiquait la politique économique de Brejnev et il essaya de la remettre en cause au plénum du Comité central du printemps. Comme cette proposition fut rejetée par les autres membres du Politburo, Souslov réalisa qu'elle pouvait être utilisée contre lui et il la retira. Dès lors, il devint partisan de Brejnev et accepta son rôle de secrétaire en second. La clause de l'âge de la retraite à soixante-dix ans avait déjà été occultée, si bien que Souslov occupa un poste influent au Politburo, pendant plusieurs années.

Selon certaines rumeurs, Andropov était peu disposé à accepter son poste au KGB, et il ne l'avait fait que sous pression et en raison de sa promotion parallèle dans la hiérarchie du Parti. Il était certainement très ambitieux à l'époque. Il était beaucoup plus jeune que les autres membres du Politburo et il était à même de voir que des hommes tels que Piotr Chelest, Arvid Pelche, G. I. Voronov et D. C. Poliansky n'avaient aucun avenir depuis qu'ils avaient été promus à des postes qui dépassaient leurs véritables compétences. La présidence du KGB, cependant, n'avait pas la réputation d'être un tremplin pour la direction du Parti. Pour se mettre sur la voie du pouvoir, Andropov devait devenir membre titulaire du Politburo et retourner au Secrétariat. Son expérience dans la diplomatie et le département étranger du Comité central lui permettait de briguer le poste de ministre des Affaires étrangères, mais Gromyko semblait en bonne santé et menait bien sa mission. Il pouvait tout au mieux espérer obtenir le poste de Souslov ; la mauvaise santé de ce dernier (atteint de diabète) et son âge avancé laissaient penser que c'était le meilleur pari. Il ne resterait sans doute plus très longtemps au KGB. En fait, Souslov vécut jusqu'à un âge avancé sans prendre sa retraite et l'ère de Brejnev venait juste de commencer. Andropov resta président du KGB pendant quinze ans, plus longtemps qu'aucun autre prédécesseur. Très populaire, il fut le chef le plus intelligent et le plus légaliste de l'histoire de cette institution.

A l'exception de Felix Dzerjinsky (fondateur des services de sécurité), qui mourut de tuberculose en 1926 à l'âge de quarante-neuf ans, les chefs soviétiques ont tous eu des carrières courtes et orageuses qui se sont achevées soit dans la violence, soit dans la disgrâce politique. Viatcheslav Menjinsky, chef de l'OGPU (ou chef du directoire politique, puisque tel était le nom des services de sécurité) à la mort de Dzerjinsky, mourut lui-même en 1934 dans des circonstances mystérieuses. L'on raconta par la suite qu'il avait été assassiné par Guenrikh Yagoda, son successeur. A l'époque de Menjinsky, les principales victimes de l'OGPU étaient des paysans. La collectivisation forcée de l'agriculture menée entre 1929 et 1932 fut accompagnée d'une répression massive, d'exécutions et de déportations. Menjinsky prêta main forte à Staline dans l'organisation des premiers procès exemplaires d'ingénieurs et d'intellectuels entre 1929 et 1930, qui se soldèrent par de nombreuses exécutions. Quand Yagoda reprit la direction des services de sécurité, il organisa l'assassinat de Sergueï Kirov, en 1934, puis les répressions massives de Leningrad. Il fut lui-même arrêté et exécuté en 1936. Nikolaï Ejov, son successeur (commissaire aux Affaires intérieures lorsque l'OGPU fut rebaptisé NKVD), était un personnage sadique et un bourreau acharné ; il fut le principal organisateur de la Grande Terreur orchestrée par Staline entre 1936 et 1938, au cours de laquelle des millions d'hommes périrent dans les camps de travail de l'Arctique.

Ejov « disparut » en 1939, sans doute assassiné. Lavrenti Beria, le nouveau chef du NKVD, resta plus longtemps en poste. C'était aussi un sadique et un assassin, mais il créa sa propre mafia géorgienne, qui le protégea, du vivant de Staline. Il devint membre titulaire du Politburo, responsable de la police, des camps de travail et de la sécurité. Il assuma aussi la charge de tous les programmes secrets de recherche, notamment la bombe atomique. Il fut arrêté et fusillé après la mort de Staline, ainsi que V. N. Merkoulov qui avait été ministre de la Sécurité d'Etat avant 1950. Viktor Abakoumov, qui avait succédé à Merkoulov comme chef du MGB et avait été renvoyé pendant les dernières semaines de vie de Staline, fut accusé des répressions de Leningrad et exécuté en 1955. S. N. Krouglov reprit brièvement les services de sécurité en 1953, mais il fut limogé en 1954 et se suicida quand on commença à enquêter sur ses actions pendant la guerre.

Quand Staline mourut, les services de sécurité ne furent plus assimilés à un ministère, mais à un comité d'Etat, et la mort prématurée ne fut plus le destin inévitable de l'homme qui venait de perdre son poste. L'ami personnel de Khrouchtchev, le général Ivan Serov, un professionnel de la sécurité, fut nommé chef du KGB, mais il fut soudainement renvoyé en 1958, quand l'on ne put plus taire qu'il avait été, entre 1943 et 1944, responsable de l'horrible déportation des Tatars de Crimée et d'autres nations du Caucase. Il fut remplacé jusqu'en 1961 par Chélépine, puis par Semitchastny. Tous les deux avaient auparavant dirigé le Komsomol et n'avaient aucune expérience dans les services de sécurité. Ils moururent pareillement, dans la disgrâce. Andropov est le seul homme qui, non seulement réussit à se maintenir dans ce poste, mais en profita même pour accroître son influence politique. Il parvint aussi à utiliser un passé d'homme de sécurité pour devenir chef du CPSU. De plus, il devint secrétaire général, conformément au processus normal de succession en vigueur dans le Parti, et non par une longue lutte pour le pouvoir comme l'avaient prédit bien des observateurs. Or, cela fut rendu possible grâce à sa carrière au sein du KGB.

Avant la nomination d'Andropov, il était normal que le chef des services de sécurité ne fasse pas seulement office de gardien de l'Etat et du Parti, mais aussi de soutien du chef du Parti. C'est un instrument aux mains du Parti et de son dirigeant. Même dans les pays démocratiques, les chefs des services de sécurité ou d'espionnage établissent souvent leur rapport directement et exclusivement auprès du Premier ministre, et non auprès du Parlement ou du gouvernement ; et tous les services de sécurité (occidentaux et soviétiques) sont parfois sollicités pour agir illégalement, faire ce qui est désormais appelé « de mauvais coups », qui seraient normalement considérés comme des opérations criminelles. Andropov savait bien sûr qu'il aurait à prendre des mesures illégales, mais il était néanmoins déterminé à ne pas répéter les erreurs de ses prédécesseurs, qui s'étaient montrés disposés à agir comme l'exigeait le chef du Parti.

Brejnev aurait sans doute préféré augmenter son pouvoir personnel en 1967, en nommant au KGB un membre de sa « mafia de Dniepropetrovsk ». Il y était parvenu en 1966, quand son vieil ami Nikolaï Chelokov fut nommé ministre de l'Ordre public (rebaptisé ministre des Affaires intérieures en 1969). Chelokov avait aussi étudié à l'Institut métallurgique de Dniepropetrovsk, vers 1930, et occupait la fonction de vice-président du gouvernement de Moldavie quand Brejnev était premier secrétaire du Comité central de Moldavie. Par la suite, Chelokov devint secrétaire du Comité central de Moldavie, jusqu'à ce que Brejnev le nommât à Moscou, comme chef de la Police soviétique. Il n'avait aucune expérience dans ce domaine et n'était pas non plus qualifié pour assumer un tel poste, mais c'était un homme de Brejnev et c'est ce qui importait. Comme, seule, sa relation à Brejnev justifiait sa fonction, il ne pourrait donc pas aller à l'encontre de ce dernier. On pouvait être sûr qu'il fermerait les yeux sur des actions illicites ou qu'il tairait toutes accusations de corruption qui auraient pu nuire aux intérêts de Brejnev. Ce dernier aurait sans aucun doute préféré disposer d'individus semblables au KGB, mais Andropov n'était pas de ce genre. S'il entretenait de bons rapports avec Brejnev, il ne lui devait cependant pas sa position. Sa nomination était généralement admise comme telle, puisque Souslov, Chélépine et peut-être même Kossyguine connaissaient le danger incarné par un patron du KGB sans aucune attache politique et sans lien inconditionnel à Brejnev. Celui-ci voyait donc dans le chef du KGB un homme dont l'obéissance ne pouvait être garantie. Le mieux qu'il pouvait faire était de nommer vice-présidents Semion Tsvigoun et Victor Chtchebrikov, deux anciens de Dniepropetrovsk. Si Andropov renonçait à son poste au KGB, le prochain chef serait bien sûr un homme de Brejnev.

CHAPITRE VII

LE KGB SOUS ANDROPOV

Un certain nombre d'ouvrages publiés en Occident ont décrit l'organigramme, l'histoire, les missions intérieures et étrangères du KGB [1]. Ces informations émanent, dans l'ensemble, de transfuges du KGB ou d'agents arrêtés à l'étranger, ou d'autres services d'espionnage. On peut aussi glaner quelques éléments d'information dans les ouvrages soviétiques sur les missions d'espionnage, voire dans les romans qui glorifient la mission des agents soviétiques. On sait bien comment fonctionnait le système de sécurité sous Staline : cela fait désormais partie de tous les livres d'histoire écrits à l'extérieur du bloc soviétique. Mon intention n'est pas de répéter ces mêmes propos. Cependant, j'indiquerai mes impressions sur le KGB, en tant que dissident et membre d'un mouvement contre lequel cette institution dut, entre autres, intervenir.

Le Comité de sécurité d'Etat (KGB), fut créé en 1954 par Khrouchtchev sur les vestiges du système de sécurité de Staline. Cet organe devait rester petit, aussi on lui ôta nombre de ses fonctions précédentes. Khrouchtchev voulut réduire le pouvoir de la police secrète et redonner davantage d'autorité à l'appareil du Parti. A l'époque de Staline, les dignitaires du Parti se sentirent plus menacés encore par les organes de sécurité que les simples citoyens. Sous Khrouchtchev, les camps de prisonniers (goulag) furent transférés au ministère de l'Ordre public, bien que quelques prisons fussent encore sous le contrôle du KGB. Cette institution ne pouvait plus instruire de procès. Elle pouvait, par contre, procéder à des arrestations, enquêter sur les dossiers et les préparer pour la procédure judiciaire.

On comprend que Khrouchtchev, désireux d'éviter les arrestations arbitraires qui, entre autres, caractérisèrent le régime de Staline, se soit arrangé pour créer un double système, l'un pour les membres du Parti, l'autre pour le reste de la société. Les questions politiques et juridiques, impliquant notamment les membres du Parti, furent retirées de la juridiction du KGB. Désormais, cet organe ne pouvait plus arrêter les membres du Parti, il pouvait seulement faire une demande d'enquête. Si, à la suite de cette enquête menée par le Parti, le motif d'expulsion semblait justifié, alors seulement la personne pouvait être arrêtée par le KGB ou par la police. A l'époque de Khrouchtchev, il y eut un certain nombre de cas où le Parti réprimandait un membre pour des actes qui auraient entraîné l'arrestation et une peine de camp de travail si l'accusé avait été simple citoyen. Voici comment le Parti graduait ces punitions : blâme du Parti ; blâme sérieux du Parti, blâme sérieux avec avertissement et inscription sur dossiers particuliers.

Khrouchtchev abolit aussi les organisations de districts (de raïon) du KGB et ne maintint que les plus grandes sections régionales (d'oblast). Ainsi les effectifs du KGB se trouvèrent trop importants et le nombre des informateurs secrets fut effectivement réduit, puisque ces derniers œuvraient à l'échelle locale des raïon. Il créa à la place le poste d' « informateur du Parti », travaillant à l'échelon du bureau local du Parti et formant une pyramide d'informateurs du Parti et d'enquêteurs jusqu'au niveau du Comité de contrôle du Parti et de l'Etat. Une commission idéologique fut créée, chargée de contrôler la conformité idéologique et d'empêcher la déviation. Ces mesures diminuèrent considérablement le rôle du KGB dans la sécurité intérieure. Ce corps n'intervint plus qu'en cas de soupçons d'espionnage, de livraison de secrets d'Etat ou de liaisons étrangères. Quand Khrouchtchev lança le mouvement de déstalinisation, qui permit ainsi à quelques victimes de la terreur, encore en vie, d'être relâchées, il dévoila non seulement l'ampleur des crimes commis par Staline, mais aussi le nom des responsables de la terreur. Ceux qui revinrent des camps de travail dénoncèrent les enquêteurs qui les avaient torturés pendant leur interrogatoire, les informateurs qui les avaient livrés, les chefs de camps qui avaient infligé de terribles traitements. Ainsi la crédibilité des organes de sécurité fut rapidement entamée, même si, en règle générale, aucune accusation criminelle ne fut portée contre les responsables de la sécurité. Les plus renommés furent en principe transférés dans le civil ou mis à la retraite. Il était trop complexe d'examiner minutieusement le système, notamment parce que plusieurs dignitaires du Parti, Khrouchtchev compris, n'étaient nullement innocents, et avaient donc violé, par le passé, « les principes socialistes de justice ».

En 1958, Khrouchtchev tenta de renouveler le KGB. Bien qu'il fût inféodé au secrétaire du Parti, le général Serov fut limogé et remplacé par le premier secrétaire du Komsomol, A. N. Chélépine, un carriériste aux très grandes ambitions politiques. Le Komsomol s'empara alors du réseau interne du KGB, en changeant les cadres qui avaient travaillé sous Staline et Beria. Les secrétaires locaux du Komsomol furent nommés chefs des bureaux locaux du KGB et de nombreux employés du Komsomol de Moscou investirent les sections centrales de cet organe. Il s'en suivit une dégradation dans le travail du KGB, même si le respect de l'idéologie était irréprochable puisque des dirigeants du Komsomol étaient réputés pour être dogmatiques. Au XXIIe Congrès du Parti, en 1961, Chélépine prononça un discours virulent, dans lequel il révéla certains crimes horribles commis par Staline. Après le Congrès, il fut nommé chef du Comité de contrôle du Parti et de l'Etat et candidat au Praesidium du Parti. Semitchastny, qui lui avait succédé au poste du premier secrétaire du Komsomol, le remplaça cette fois à la direction du KGB. Telle était l'organisation dont hérita Andropov en 1967.

Dès que Chélépine devint président des syndicats, Andropov transféra au KGB plusieurs fonctions du Comité de contrôle du Parti et de l'Etat, puis de la commission idéologique. Les « informateurs du Parti » furent supprimés et remplacés par un réseau d'informateurs plus professionnels. Andropov maintenait nettement encore le KGB sous le contrôle du Parti, mais il souhaitait clairement accroître le pouvoir de son appareil. Il désirait aussi augmenter la compétence des membres du KGB. Il réussit sur les deux plans. Le pouvoir du KGB s'accrut énormément et il se mit bien sûr à intervenir contre les dissidents, les activistes juifs et toutes les autres formes d'opposition politique, mais aussi contre les dignitaires du Parti et contre la corruption au sein du gouvernement. Les méthodes utilisées devinrent plus souples et plus sophistiquées.

Sous Andropov, il n'y eut pas de pratiques arbitraires à la Staline, ni de maladresse non professionnelle telle que le procès Siniavski-Daniel. Le KGB veilla à instruire plus soigneusement les dossiers, à révéler des vérités évidentes, à infiltrer des organisations dissidentes et à employer des méthodes de surveillance plus techniques. Tout en prenant des mesures à l'égard de dissidents de renom, le KGB préféra faire pression pour inciter à l'émigration ; ou encore, au lieu d'être jugés, les individus furent expulsés contre leur gré ou déchus de la nationalité soviétique quand ils étaient à l'étranger. Comparés aux modèles de justice occidentaux et aux procédures judiciaires équitables, beaucoup de procès paraissaient mal préparés. Mais, par rapport aux références soviétiques, ils semblaient probants et ils conférèrent d'ailleurs à Andropov une réputation favorable de défenseur des intérêts de l'Etat et du Parti, sans pour cela nuire aux critères de « légalité socialiste ».

Les actions menées à l'encontre des dissidents auraient pu faire du tort au KGB à l'étranger, mais elles eurent en fait l'effet contraire par rapport au Parti communiste et à la structure gouvernementale, et cela importait plus à Andropov. Il acquit au sein du Parti une réputation d'homme sévère mais juste, et de gardien du système. Andropov, Souslov et Oustinov furent les seuls membres du Politburo connus pour leur train de vie modeste. Brejnev et sa « clique » d'Ukraine et de Moldavie étaient par contre fameux pour leurs résidences de luxe, leurs pavillons de chasse, leurs soirées somptueuses, leurs cinémas privés et parfois même pour leurs services appelés « escortes » en Occident.

Avant son affectation au KGB, Andropov était connu pour ses amitiés littéraires et artistiques. Sa fille, Irine, s'était mariée à Alexander Filipov, acteur au théâtre populaire d'avant-garde appelé Taganka, et il devint l'ami de Youri Lioubimov, directeur de ce théâtre, un créateur et un acteur de talent. Ses rapports avec le théâtre étaient discrets : il y avait sans cesse des problèmes avec le ministère de la Culture et autres « chiens de garde idéologiques », et il essaya de protéger Lioubimov. En fait, ses relations littéraires ne furent pas inutiles au KGB. En 1970, une grande partie de la population ne se souvenait plus des crimes commis sous Staline et les censeurs veillaient à taire cette information. Une campagne bien orchestrée, visant à améliorer l'image de marque des services de sécurité, fut lancée dans la littérature, au cinéma et au théâtre.

Les romans policiers redevinrent un genre populaire, et des films, des pièces de théâtre et de grands feuilletons télévisés louèrent l'héroïsme des agents secrets soviétiques pendant et après la guerre. Lentement, l'attitude du public commença à changer. Parallèlement, le KGB réussit à intervenir contre les dignitaires corrompus du Parti. Le grand public était conscient de la vaste corruption officielle, mais, dans l'esprit des gens, ce phénomène était plus étroitement associé à l'élite du Parti, de la police (milice) et non au KGB. Cet organe s'est sans doute mal comporté en Tchécoslovaquie en 1968, mais les citoyens soviétiques étaient peu informés et ne s'en souvenaient guère. Le problème fut tout autre lorsque l'ensemble du Praesidium du Parti et le gouvernement de la république de l'Azerbaïdjan furent renvoyés pour corruption et détournement de fonds publics en 1969 ; cet événement (Aliyev, chef local du KGB fut chargé de l'opération de nettoyage) fit l'objet de nombreuses anecdotes et de légendes locales[2].

En 1970, Andropov trouva le moyen de renvoyer Vassili Tolstikov, le secrétaire de l'obkom de Leningrad. Réputé comme play-boy, ce dernier s'était enivré avec quelques filles sur son bateau de plaisance et avait franchi la limite des eaux territoriales soviétiques, non loin de Leningrad. Une unité de garde-côtes arrêta le bateau et remit équipage et passagers au poste-frontière le plus proche pour être soumis à l'interrogatoire. Tolstikov demanda à être relâché sur-le-champ en raison de son statut politique, mais il n'avait aucun papier d'identité. Quand il fut identifié, le douanier appela directement Andropov. Tolstikov fut relâché, mais, pour éviter d'étouffer l'affaire, Andropov fit adresser une lettre de félicitation à l'officier de douane local (les douaniers dépendent du KGB) pour son intervention. En conséquence, l'affaire ne put être ignorée et Tolstikov fut renvoyé. Conformément à sa pratique consistant à offrir des postes dans la nomenklatura à des dignitaires en disgrâce, Brejnev l'envoya en Chine comme ambassadeur ; une telle mission équivalait à une peine en maison d'arrêt. Le sort de Tolstikov passa aussi dans la légende[3].

L'année suivante, la célèbre élite dirigeante de Géorgie, qui œuvrait comme une mafia, fut renversée par un coup quasi militaire. La corruption et le marché noir étaient légendaires en Géorgie, et l'on savait partout qu'une voiture volée à Moscou ou à Leningrad pouvait y être vendue en toute sécurité, sans aucune question ou demande de papiers. On disait que les patrons locaux de Géorgie organisaient une résistance armée pour ne pas être renversés, défendant leurs maisons pareilles à des musées, remplis de trésors illicites. Il était certes plus difficile de remplacer le gouvernement géorgien que de mener l'opération en Azerbaïdjan et Chevasnadzé, le nouveau chef du Parti, fut accompagné de gardes du corps pendant plusieurs années et il utilisa des voitures pare-balles à la suite des quelques attentats dirigés contre lui.

De tels incidents parvinrent aux oreilles du grand public, malgré le silence de la presse soviétique. Il semblerait que des scandales de cette importance soient difficiles à masquer. La radio étrangère contribua aussi à divulguer l'information. Le KGB utilisa habilement les journalistes étrangers, en laissant filtrer quelques éléments d'information essentiels par des agents du KGB, tels que le célèbre Victor Louis. Les journalistes amis de l'Union soviétique étaient correctement rétribués : ils étaient les premiers à être informés des développements importants et on leur communiquait aussi des informations généralement moins courantes. La presse étrangère fut aussi utilisée pour diffuser l'image de marque imposée par les chefs du KGB et les idéologues du Parti. Mais les anciens patrons du KGB étaient réputés pour leur « volonté de fer » et leurs « attitudes monolithiques », leur « véritable caractère bolchevique » ou « tchékiste » ; l'image d'Andropov, présentée par les diverses chaînes de télévision, était, elle, totalement différente. A la mort de Brejnev, alors que les médias occidentaux épluchaient leurs dossiers pour faire le point sur Andropov, journaux et magazines regorgeaient d'expressions telles que : Sophistiqué, parle bien anglais, collectionne les disques de « big bands » et se détend en lisant des romans américains, soutient le communisme du goulash à la hongroise et la décentralisation économique, secrètement libéral, plus pragmatique, ouvert à la modération politique et à la réforme économique, futur Kennedy, bien informé en politique étrangère, parle peu et bien, réputé pour être un patron exigeant semblable à Henry Kissinger, grand politicien tolérant et occidentalisé, a suscité des discussions amicales avec des dissidents contestataires, etc.[4]. Il y eut aussi d'autres types de qualificatifs tels que « boucher de Budapest », assassin des dissidents incriminés, espion de haut niveau, inventeur des prisons psychiatriques, expert en désinformation, etc.[5]. Certains journalistes indiquèrent même les livres américains qu'Andropov avait sur son étagère, attestant de son goût étonnant pour la culture occidentale. Mais, pour celui qui connaît intimement le train de vie habituel des dirigeants soviétiques, tous ces signes d'« occidentalisation » sont insignifiants. Brejnev aimait les voitures de sport occidentales et ne fumait que des cigarettes américaines. Piotr Chelest, personnage ultraconservateur, importa du marbre italien pour sa résidence de Crimée, située près de Yalta. Je me demande vraiment si un seul membre du Politburo a mis dans son appartement ou sa datcha du mobilier fabriqué à Kalouga ou à Kalinine. Ils ont tous des chaînes de haute-fidélité japonaises ou allemandes, et de vastes collections de films vidéo, des disques et des livres étrangers provenant très souvent de boutiques où ces articles furent confisqués par les officiers de douane à des étrangers visitant l'Union soviétique. Le contenu des étagères d'Andropov nous révèle donc peu de chose sur la qualité de cet homme.

Quant à l'impact du changement de méthodes appliquées par le KGB, l'on peut dire qu'il est mitigé. Il est vrai que le mouvement dissident (ou démocratique) a été effectivement réprimé et que ses personnalités dirigeantes sont soit en exil, soit en prison, soit à l'étranger comme émigrés. En tant que secrétaire général, Andropov n'est confronté à aucune véritable opposition démocratique intérieure. Mais il a mis quinze ans avant de prendre ce poste. Et entre-temps, des dizaines d'ouvrages importants sur les crimes de Staline, sur la corruption de la nomenklatura, sur l'échec des réformes économiques de Khrouchtchev et d'autres sujets ont été écrits par des auteurs dissidents et publiés à l'étranger, en russe ou en langues étrangères. De nombreux romans qui ne pouvaient jamais sortir en URSS ont été publiés dans d'autres pays et ont été clandestinement introduits en Union soviétique.

Le problème juif a attiré l'attention du monde entier. Cependant, deux cent soixante mille Juifs ont pu émigrer depuis 1971 et cette nouvelle émigration (probablement infiltrée par des agents du KGB) est très active dans la propagande occidentale et très critique sur l'Union soviétique, dans les institutions telles que Radio Liberty, les sections russes de Voice of America, la BBC et Deutsche Welle, ou les comités de rédaction de journaux et de revues publiés en langue russe à l'étranger. En outre, nombreux sont les émigrés qui travaillent dans les centres occidentaux d'études soviétiques. Les groupes actifs de dissidents n'ont jamais eu plus de quelques centaines de membres, mais ils ont acquis une réputation disproportionnée par rapport à leur taille. Le procès d'Anatoli Chtcharansky a, à lui seul, plus attiré l'attention des Occidentaux que toutes les purges de Staline en 1937.

Il me semble que cette tolérance relative à l'égard de la dissidence causa des difficultés à Brejnev mais contribua simultanément à la promotion d'Andropov. En effet, ce dernier exploita ce problème à ses propres fins. Sa tactique du chat et de la souris lui a valu des résultats, contrairement à la terreur créée par les hommes de sécurité de Staline, qui arrêtèrent quotidiennement quelque cinq mille personnes en 1937, contrairement à Semitchastny qui ordonna l'arrestation de mille personnes afin de résoudre rapidement le problème de la dissidence. Cette question fut exagérée, ce qui à son tour compliqua la situation de Brejnev, de ses partisans, ainsi que des dignitaires locaux du Parti, souvent corrompus. La persistance de la littérature antistalinienne fut utilisée comme un moyen de justifier la croissance de l'appareil du KGB, elle réussit aussi à maintenir ses activités dans les titres de la presse étrangère. Dans le contexte politique soviétique, cette publicité était positive pour le KGB. Mais il est plus intéressant encore d'observer que, parmi les centaines de livres du samizdat, les mémoires, les essais et articles, dont beaucoup furent publiés en Occident, il n'existe pas un seul ouvrage qui soit spécifiquement consacré à Andropov. Il existe des critiques et des condamnations sur le régime de Staline, de Lénine, de Trotski et autres dirigeants révolutionnaires. Il y a beaucoup d'écrits terribles sur Ejov, Yagoda, Beria, des études critiques sur Khrouchtchev, des monographies sur Molotov, Malenkov, Kaganovitch et même Souslov. On connaît les camps de travail et les prisons d'autrefois et d'aujourd'hui. Il y a des ouvrages ironiques sur Brejnev et « la mafia de Brejnev », et de nombreux récits apocryphes ou justifiés sur les dignitaires corrompus du Parti et sur les ministres de son gouvernement. Tous ces ouvrages entament sérieusement le prestige de la direction du Parti, à l'époque de Brejnev et de ses prédécesseurs. Il existe bien sûr quelques ouvrages critiquant le KGB, mais, à ma connaissance, pas un n'attaque Andropov personnellement. Après quinze ans à la présidence du KGB, personne ne peut prouver qu'il ait commis des outrages dans les activités des organes de sécurité. On peut certes avancer des hypothèses, mais aucune véritable preuve.

Il y a peut-être encore plus étonnant ; il semble, selon le récent témoignage de Mark Frankland, « qu'au moins une partie de l'intelligentsia nourrisse de grandes espérances sur le régime d'Andropov »[6]. Or ce n'est pas le cas de l'homme de la rue, qu'il soit moscovite ou provincial, car ce dernier ne connaît rien du « libéralisme » d'Andropov et perçoit avec une certaine appréhension son passé au KGB. Après dix-huit ans de régime tolérant de Brejnev, avec un KGB prêt à intervenir contre toute forme de dissidence, les intellectuels soviétiques ne souhaitaient guère l'ascension de Konstantin Tchernenko, le plus loyal des partisans de Brejnev ; accusé d'aucune répression, ce n'est manifestement pas un « homme fort » et probablement un partisan du « pouvoir collégial ». Je suis sûr que, si une élection à l'américaine avait eu lieu en Union soviétique à la mort de Brejnev, avec pour principaux candidats Tchernenko et Andropov, ce dernier aurait gagné sur une promesse de lutte contre la corruption ainsi que sur « le retour à l'ordre ». Mais, en vertu du système politique soviétique, ces deux personnalités restèrent relativement inconnues du grand public. Le KGB s'efforça de discréditer le mouvement dissident en URSS. Mais il fit encore davantage pour discréditer la mafia de Brejnev et laisser la voie libre à Andropov.

CHAPITRE VIII

LE KGB AUX PRISES AVEC LA DISSIDENCE

Depuis Lénine, la dissidence politique n'a pas été tolérée en Union soviétique. Ceci est caractéristique d'un Etat à parti unique, et même plus caractéristique encore d'un Etat communiste à parti unique. Selon la doctrine régnante, la société communiste constitue la forme la plus accomplie de développement social et la seule société « juste » possible ; aussi toute expression d'antisocialisme et d'anticommunisme est-elle considérée comme un délit. Cette réalité est abondamment reflétée par le Code pénal de Staline, qui comporte plusieurs définitions complexes relatives aux crimes politiques, aux activités antisoviétiques et aux opinions antisocialistes ; toute personne peut ainsi être arrêtée et emprisonnée pour opinions antisocialistes ou critiques sans les avoir jamais exprimées en public : en privé, cela suffit. Vers 1930, la chasse aux ennemis du socialisme atteignit un niveau de paranoïa général.

On doit à Khrouchtchev d'avoir mis fin à cette attitude paranoïaque vis-à-vis de la critique. En dénonçant les crimes de Staline, en réhabilitant ses nombreuses victimes et en adoptant d'autres mesures pratiques, il provoqua un changement d'interprétation du terme « crime politique ». Cela ne signifie pas que l'Union soviétique est devenu un pays où le pluralisme soit admis et où existe une tolérance démocratique. Cependant, le seuil de critique autorisée a été considérablement rehaussé. Pendant l'ère stalinienne, il était inadmissible de critiquer l'inefficacité économique ou la mauvaise qualité des biens de consommation ou du matériel industriel soviétique. L'éloge de la supériorité technique des avions allemands ou des voitures américaines pouvait relever de la juridiction pénale. Sous Khrouchtchev, cependant, les gens avaient la liberté de se plaindre de l'incompétence des ministères, des entreprises ou des usines. Ils pouvaient critiquer la qualité des biens d'équipement soviétiques et vanter celle des produits étrangers ; ils pouvaient mentionner aussi les succès économiques américains, notamment en agriculture. Dans le contexte soviétique, cela représentait une énorme évolution politique. Mis à part la critique personnalisée qui, bien sûr, ne plaisait pas aux dirigeants, les jugements antisoviétiques étaient jugés criminels s'ils étaient exprimés publiquement. Tout ce qui était dit en privé, au sein d'un cercle de famille ou d'amis, ne constituait pas un crime.

Aussi minime qu'ait pu être cette détente aux yeux de l'Occident, la dissidence politique devint possible sous Khrouchtchev. Dans le nouveau Code pénal, adopté en 1960 et appliqué encore aujourd'hui (avec quelques amendements), un seul article définissait le crime politique sujet à répression. C'était l'article 70, traitant « de l'agitation et de la propagande antisoviétique » ; en vertu de cet article, la diffamation du système politique soviétique, la préparation ou la conservation de documents antisoviétiques étaient passibles de privation de liberté allant de six mois à sept ans, si cela visait à affaiblir ou à miner le pouvoir soviétique ou à susciter des crimes dangereux contre cet Etat [1]. Cet article est bien sûr critiquable sur le plan juridique ; on peut notamment contester à ce sujet les gloses officielles des juridictions soviétiques. Il était cependant plus indulgent que les lois draconiennes de Staline. Désormais, on ne pouvait pas automatiquement prétendre que l'auteur d'un ouvrage ou d'un essai très critique ait eu l'intention d'affaiblir ou de miner le pouvoir soviétique ; en fait, les auteurs pouvaient soutenir que leur critique était destinée à améliorer le système soviétique et à renforcer l'autorité de ce pays. En tout cas, le débat sur « le socialisme démocratique » ou « le socialisme à visage humain » ne violait ni la lettre, ni l'esprit de la loi. La faiblesse de l'article 70, moyen de lutter contre la dissidence politique, devint évidente lors des débats suscités par le procès Siniavski-Daniel et dans les plaidoiries prononcées par les avocats de la défense[2]. Pour corriger cet état de fait, le KGB (à l'époque de Semitchastny) proposa un texte en 1966 (décret du Praesidium du Soviet suprême, amendant l'article 190 du Code pénal) et libellé comme suit : Art. 190-1 : « Diffusion de fausse information, diffamation de l'Etat soviétique et du système social. » Bien que cette loi impose des sanctions moins lourdes que l'article 70, sa formulation est générale et imprécise, et donc plus exploitable par les pouvoirs publics. Elle stipule que la diffusion orale de fausses informations sur l'Etat soviétique et son système social, ou la propagation de cette information par manuscrit, imprimé ou autre, est passible de privation de liberté, allant jusqu'à trois ans (ou d'exil pendant environ cinq ans).

Cette loi constituait une arme plus puissante contre la dissidence, puisque les déclarations antisoviétiques ne seraient plus tolérées et que l'*intention* d'affaiblir ou de miner le pouvoir ne devrait plus être prouvée pour établir la culpabilité. En fait, tous les modes d'expression (déclarations orales, lettres, enregistrements sur cassettes) seraient désormais traités comme des écrits. Les auteurs dissidents et les activistes n'avaient pour seule possibilité de défense que d'être sûrs de leur information et d'utiliser scrupuleusement les faits. Toute critique générale du système soviétique ou de l'idéologie communiste pouvait être taxée de faute criminelle. L'article 190-1 ne mit pas fin à la dissidence. Au contraire, il eut pour effet de la rendre plus efficace, puisqu'elle se limitait désormais à des faits, à des chiffres et à une information vérifiables, et non à des rumeurs ou à des généralités. Ainsi, le célèbre ouvrage spéculatif d'Amalrik intitulé *L'Union soviétique survivra-t-elle en 1984 ?*[3], comportant beaucoup de généralités et peu d'analyse factuelle, fut qualifié d'antisoviétique et Amalrik fut jugé et condamné. Parallèlement, le samizdat *Chronique des événements en cours* survécut de nombreuses années, alors qu'y étaient citées, sans commentaire journalistique, les atteintes aux droits de l'homme[4]. Ce texte ne contenait aucune information inexacte et c'est ce qui fit la force principale de ce style de samizdats. Des informations inexactes (difficiles à vérifier puisque venant des provinces) furent glissées ultérieurement, et la *Chronique* devint aussi objet de répression.

Quand le mouvement des droits de l'homme commença à se développer après 1966, il fut décidé d'agir dans les limites de la légalité soviétique et de critiquer le régime à l'aide de faits et non d'essais généraux. Même si certains ouvrages polémiques continuèrent à paraître, ils furent souvent écrits et publiés à l'étranger, et introduits clandestinement en Union soviétique. Certains semblaient être l'œuvre de provocateurs.

Comme la loi soviétique ne fait aucune distinction entre crimes de droit commun et crimes politiques, et qu'il n'existe qu'un Code pénal, en théorie au moins, la police ordinaire a le pouvoir de traiter toutes les infractions à la loi, ainsi que celles inscrites aux articles 70 et 190-1. Quand la plupart des groupes dissidents se mirent à limiter son intervention à des méthodes légales, le KGB parut très embarrassé pour canaliser le flux de la dissidence. Entre 1967 et 1971, le volume de la littérature samizdat, unanimement critique, s'accrut considérablement, surtout à l'étranger. Même si, pendant cette période, on procéda à de nombreuses arrestations politiques, le mouvement subsista. Chaque procès politique se transformait en débat où des enquêteurs du KGB tentaient de prouver que les accusés répandaient une information inexacte et diffamatoire, alors que la défense et les témoins affirmaient que leur critique était justifiée et fondée sur des faits vérifiables. Bien que la plupart des accusés fussent jugés coupables et condamnés à des peines d'emprisonnement ou à l'exil, la victoire morale revenait à l'accusé et non au KGB.

Il est difficile de dire ce qui incita exactement la bureaucratie du Parti et du KGB à changer de tactique sans modifier la loi. Sans doute, en 1970, le Politburo discuta-t-il du problème de la dissidence politique (ou, selon l'expression, « subversion politique organisée par les centres d'espionnage étrangers ») et lança-t-il de nouvelles directives en faveur de mesures plus fermes. C'est sans doute le KGB et les organisations du Parti qui devaient les appliquer. Pendant la décennie suivante, la dissidence politique fut systématiquement et méthodiquement éliminée, ce qui valut au KGB une réputation négative à l'étranger ainsi que la haine de l'intelligentsia soviétique. L'Occident a eu nettement tendance à reporter ses condamnations sur le KGB, et à considérer de façon plus positive la personnalité de Brejnev et sa politique de détente et de rapprochement. Mais, en Union soviétique on se rendait compte que le KGB n'agissait pas indépendamment de l'appareil du Parti ; et rien ne laissait penser le contraire. En effet, à l'échelon local, c'étaient souvent les dignitaires du Parti qui commandaient l'intervention du KGB et de la police. Ce serait donc une erreur de penser que Brejnev était disposé à autoriser la dissidence, et pas Andropov. Les dirigeants du Parti n'étaient pas plus tolérants que le KGB à cet égard, mais c'était au KGB de l'enrayer.

Vers 1969-1970, il était déjà évident que les procédures judiciaires normales étaient trop inefficaces et trop longues pour lutter contre la dissidence. Chaque procès était une expérience douloureuse pour le KGB. Les instructions pouvaient durer des mois, les procès eux-mêmes attiraient beaucoup l'attention et créaient beaucoup de remous, donnant ainsi aux accusés la possibilité d'exprimer leurs opinions et d'engager une forme relative de dialogue avec les autorités officielles. A la suite du procès, le dissident devenait une célébrité internationale, surtout s'il avait été condamné, et le régime soviétique devait faire encore l'objet de critiques et de condamnations dans le monde entier. La répression politique nécessitait manifestement un système spécial de « justice », comme la Tchéka ou les *Troïkas,* juridictions secrètes de Staline, qui pouvaient mener leur tâche à l'abri des projecteurs de l'opinion mondiale. Mais il aurait été possible de raviver les vieilles procédures, et de toute façon nul n'y était disposé. Dans quelle mesure pouvait-on faire confiance à Andropov pour élaborer de nouvelles méthodes ? C'est difficile à dire. Peut-être est-ce sans importance, puisque c'est tout le KGB qui était chargé d'éliminer les dissidents.

L'une des méthodes longuement utilisée contre les dissidents dans les années soixante-dix fut l'hôpital psychiatrique. C'était en partie une façon de discréditer la dissidence tant en Union soviétique qu'à l'étranger, en la taxant d'anomalie psychologique. C'était aussi une échappatoire commode là où un procès s'avérait extrêmement délicat, par manque de preuves ou par crainte d'une défense solidement argumentée. En fait, ce traitement de la dissidence eut des retombées plutôt négatives : l'opinion internationale considéra que l'incarcération en hôpital psychiatrique était plus cruelle que l'emprisonnement ou l'exil. Amnesty International la classa avec la torture. Vers 1978, les dissidents célèbres ne finissaient guère dans des hôpitaux psychiatriques officiels, même si le « traitement » était encore largement appliqué en province pour des individus moins connus. Parallèlement, certains dissidents avaient un réel passé psychiatrique, ce qui compliquait le contrôle mené par l'Association psychiatrique mondiale sur les abus de la psychiatrie en Union soviétique. (Le 9 février 1983, la Société soviétique des psychiatres et neurologues quitta l'Association psychiatrique mondiale pour prévenir un débat public sur la motion déposée en Grande-Bretagne par le Royal College of Psychiatry, à propos de l'emprisonnement des dissidents dans des hôpitaux psychiatriques.)

On recourut aussi largement à l'émigration pour se débarrasser des dissidents actifs. L'émigration juive et allemande devint un phénomène de masse en 1971, et depuis, quelque deux cent cinquante mille Juifs et Allemands de la Volga ont quitté l'Union soviétique. Certains opposants politiques eurent le choix entre l'inculpation et le procès, ou la demande d'émigration, qu'ils soient juifs ou non. Beaucoup préférèrent quitter le pays. D'autres commencèrent par refuser de partir, mais ils changèrent souvent d'avis après avoir passé trois, cinq, voire même sept ans en camp de travail, en prison ou en exil, sans être encore exempts d'une éventuelle inculpation une fois libérés (car la plupart continuèrent leur activité politique). Des centaines de membres des divers groupes de défense des droits de l'homme et des personnalités dissidentes du monde littéraire et scientifique vivent actuellement en Occident.

Cette attitude à l'égard des dissidents libéra non seulement l'Union soviétique de la dissidence active, mais fournit aussi au KGB d'excellentes occasions pour s'infiltrer dans les différentes organisations d'émigrés, les centres de propagande antisoviétique et les institutions académiques. Même si le KGB s'est servi de l'émigration juive et de celle des Allemands de la Volga à des fins d'infiltration, il est facile d'exagérer le danger que cela représente. Il est malheureusement vrai que l'on accuse et contre-accuse les communautés d'émigrés en Israël, à Paris, à Munich et à New York d'être liées au KGB, ce qui crée une étrange tension dans ces communautés et les organisations qui emploient un certain nombre d'ex-citoyens soviétiques.

Dans la dernière décennie, le KGB préféra introduire délibérément des informations dans les samizdats et les utiliser ensuite comme chef d'accusation (conformément aux articles 70 et 190-1), au cas où les grands comités de défense des droits de l'homme auraient mordu à l'appât. En Union soviétique, il est extrêmement difficile de vérifier précisément l'information ; ainsi, une source locale peut fournir des noms de prisonniers politiques qui sont en fait des individus incarcérés pour des crimes de droit commun, tels que vol avec effraction ou viol ; les principaux comités de défense des droits de l'homme n'ont aucun moyen d'examiner tous les cas en détail. De même, le nom de vrais malades peut facilement être cité sur des listes réunies pour des campagnes de protestation contre l'utilisation abusive de la psychiatrie. De faux comptes rendus de grèves, de révoltes de minorités nationales ont figuré dans les appels lancés par les comités moscovites de défense des droits de l'homme et par les groupes de surveillance pour l'application des accords d'Helsinki, et dans diverses publications. Il est difficile de découvrir ensuite qui fut responsable de cette « information délibérément fausse » ; vers 1970, ces méthodes étaient couramment utilisées pour mettre en accusation des groupes de Moscou ou de Kiev, qui se fiaient à leurs sources provinciales.

On exerça une pression sur les dissidents dans leur activité professionnelle. Le KGB, en étroite collaboration avec l'organisation du Parti et le personnel administratif des lieux de travail, fournissait une information compromettante, ce qui entraînait une dégradation du statut, l'expulsion du Parti, le blocage de la promotion ou même l'impossibilité d'obtenir des diplômes supérieurs ou de publier ses travaux. Ces restrictions furent généralement appelées « harcèlement ». De telles mesures s'avérèrent particulièrement efficaces pour dissuader les intellectuels qui n'étaient pas encore activement impliqués dans une forme d'opposition politique, mais qui soutenaient financièrement les dissidents, lisaient le samizdat ou des ouvrages de contestation introduits clandestinement en Union soviétique. Lors des instructions ou avant de procéder à une arrestation, le KGB ou la police perquisitionne en principe l'appartement du suspect et s'empare des manuscrits, ouvrages et lettres jugés antisoviétiques. Les listes des objets confisqués sont souvent publiées par les dissidents en personne, afin de révéler la nature des documents qui intéressent la police. Au cours de l'instruction et d'un long interrogatoire, le KGB cherche surtout à découvrir l'origine des livres ou des manuscrits interdits, ainsi que les noms des autres lecteurs. Lorsque l'accusé coopère avec le KGB, des dizaines de personnes peuvent être citées. Ainsi, en 1973, lors du célèbre procès de Piotr Yakir et de Victor Krassine, qui collaborèrent activement avec le KGB et firent par la suite une conférence de presse pour les journalistes étrangers, les noms de quelque cent collaborateurs, informateurs et sympathisants furent révélés. Trois ou quatre d'entre eux furent arrêtés. Les autres furent traités avec plus d'indulgence : on leur adressa un simple avertissement. Mais ils furent licenciés, ou dégradés, ou expulsés du Parti. Ces méthodes suffisent d'habitude à brouiller les sympathies vis-à-vis des dissidents actifs, surtout quand les gens, impliqués par dénonciation, ont le sentiment d'avoir été trahis.

Le KGB fournit aussi des listes de signataires de pétitions ou de lettres de protestation à l'administration des instituts de recherche et des universités, aux directeurs et aux secrétaires du Parti des usines, des départements, des ministères et autres organisations officielles. Il donne des informations sur les activités politiques des gens, en dehors de leurs heures normales de travail, en indiquant les sanctions appropriées. Cela peut se solder par le renvoi discret de la personne ainsi impliquée. Le plus souvent, le rapport du KGB est lu en public lors d'une assemblée convoquée sur le lieu de travail, afin de critiquer l'accusé et de décider de son avenir. On connaît ainsi plusieurs cas (à Moscou, Novossibirsk et Leningrad) de scientifiques qui ont été dégradés, licenciés ou même privés de leurs diplômes académiques, à la suite de ce « gentil » traitement du KGB.

Il est plus difficile d'associer directement le KGB à l'utilisation du chantage et de l'intimidation. En effet, les plaintes à ce sujet sont en principe immédiatement réfutées. La tentative de chantage est d'habitude effectuée par courrier, par des lettres adressées au dissident et parfois à l'un de ses amis, ou par téléphone. La menace de dénonciation repose sur un fait désagréable, tel qu'une relation extra-maritale, une anormalité sexuelle, un délit antérieur ou une collaboration avec le NKVD (certaines personnes emprisonnées dans les camps de travail de Staline agirent alors comme informateurs, pour survivre) jusqu'à ce que l'individu menacé renonce à son activité dissidente. Très souvent le chantage est efficace, car il entraîne la dépression et le silence.

Le KGB est parvenu à composer avec les groupes organisés, en utilisant des personnes infiltrées et des provocateurs. Dans tous les procès récents relatifs aux droits de l'homme, des membres des « groupes de surveillance pour l'application des accords d'Helsinki », des activistes juifs et des membres du groupe ont servi de témoins à charge. Les informateurs du KGB sont faciles à recruter dans les camps, moyennant une réduction de peine. L'infiltration des groupes dissidents facilite le déroulement des procès ultérieurs puisque l'on est sûr des témoins ; c'est aussi un moyen efficace de discréditer ces groupes aux yeux du public soviétique. L'exemple le mieux connu à cet égard est le rôle joué par le provocateur du KGB, Semion Lipavsky, au procès d'Anatoli Chtcharansky, largement évoqué par la presse internationale en 1978. Lipavsky attira beaucoup l'attention, car il fut aussi un agent de la CIA, pendant un temps. Le président Carter fit une déclaration à son sujet lors de sa conférence de presse du 15 juin 1977, en niant catégoriquement que Lipavsky avait été lié à la CIA. Cependant, ce dernier fit sa propre conférence de presse, « Comment la CIA m'a recruté »[5], dans laquelle il révéla des détails sur sa mission d'agent double.

Le KGB est devenu bien plus habile dans l'organisation des procès : il a beaucoup appris depuis le célèbre procès Siniavski-Daniel de 1966. En Grande-Bretagne et aux Etats-Unis, ces procès pourraient à peine emporter la conviction, car un avocat de la défense moyennement intelligent pourrait rapidement réfuter les « preuves » de l'accusation. Mais, en Union soviétique, un avocat de la défense n'a aucune latitude pour citer des témoins ou mener des instructions. Même son droit d'interrogatoire est limité. Les accusés ont un choix restreint d'avocats pour leur défense, et de toute façon tous ceux qui sont autorisés à paraître à la cour sont des fonctionnaires. Dans le procès Siniavski-Daniel, l'avocat était un homme honnête qui argumenta fort bien sa plaidoirie, mais il fut disqualifié par la suite et interdit de paraître à la cour. Ces règles de procédure et ces restrictions sur la défense ne furent pas inventées à l'ère de Brejnev ; elles furent introduites par Khrouchtchev, en 1960, ainsi que les nouveaux codes pénal et civil. Elles constituaient une amélioration par rapport aux procès secrets de l'époque de Staline, où toute défense était impossible ; mais Khrouchtchev n'a jamais eu l'intention de créer un système judiciaire réellement libéral. Il voulait que le Parti exerce son contrôle sur tout, même sur les tribunaux.

Vis-à-vis des dissidents renommés, célébrés par les médias occidentaux, tels que Alexandre Soljénitsyne, Mstislav Rostropovitch, Lev Kopelev, Viktor Nekrasov, Piotr Grigorenko, Vladimir Maximov, Vasili Aksenov, Valeri Chalidzé et Alexandre Guinzbourg, le KGB préféra intervenir en les privant de leur citoyenneté lors de voyages à l'étranger, en les expulsant ou en les échangeant contre des espions soviétiques ou des dirigeants communistes emprisonnés, comme ce fut le cas pour Vladimir Boukovsky qui fut échangé en 1976 contre Luis Corvalan, chef du Parti communiste chilien. En règle générale, ce traitement était réservé à des individus qui avaient déjà obtenu un haut niveau de reconnaissance professionnelle avant de contester ouvertement le régime. Un procès en pénal ferait trop de bruit et serait peu populaire en Union soviétique comme à l'étranger. L'exil des dissidents n'est pas considéré à l'Ouest comme une peine excessivement sévère, il est au contraire souvent interprété comme une mesure plus humaine et plus souple. Il est probable qu'Andreï Sakharov aurait été envoyé à l'étranger plutôt qu'à Gorki s'il n'avait été physicien nucléaire et collaborateur du projet sur la bombe H.

Le KGB recourut aussi à d'autres tactiques nouvelles telles que l'enrôlement militaire, le blocage à l'entrée de l'université, les affectations dans des endroits très éloignés du pays et l'inscription sur la liste noire pour les voyages à l'étranger. Certaines mesures eurent un effet inverse aux objectifs recherchés et suscitèrent une opposition active, ouverte, au lieu d'éliminer une dissidence modérée. Il y a bien sûr une recrudescence des dissidents, mais ces derniers sont plutôt jeunes et inexpérimentés, à la différence des grands scientifiques, académiciens, musiciens, écrivains, journalistes, acteurs, vieux bolcheviks et parfois même membres de l'administration qui furent au cœur du mouvement des années soixante et soixante-dix. Et les autorités officielles ont moins de mal à manier ces nouveaux dissidents.

En réponse à la répression de cette dissidence « légalement permanente », de nouveaux groupes officieux, aux programmes divers, sont apparus depuis 1975. Ils appliquent des méthodes clandestines, mais on a observé peu de cas de terrorisme, semblable à l'explosion de la bombe dans le métro de Moscou en 1977. Bien qu'il fallût une année pour dépister et arrêter les quelques membres de ce groupe arménien qui déposa la bombe, le pouvoir du KGB est tel que ces organisations secrètes ont peu de chances de se développer.

Il est clair qu'Andropov a joué, en tant que chef du KGB, un rôle important dans l'élimination de la dissidence politique. Bien que sa participation personnelle ne soit pas mentionnée pour des cas particuliers, il n'est pas entièrement exact qu'Andropov, comme l'affirme Peter Wilster, rédacteur de la rubrique étrangère du *Sunday Times,*

> « ... par un étonnant tour de passe-passe, ait pris ses distances par rapport à tout ceci, laissant croire que son seul intérêt se situait dans les hautes sphères de la politique étrangère et du respect de l'idéologie...
>
> « La ruse d'Andropov a été relativement efficace. Il ne figure guère sur la liste d'Amnesty International afférant aux personnalités transgressant les droits de l'homme. Il a par contre attiré l'attention sur ses déclarations publiques : on lui a demandé trois fois de prononcer la prestigieuse allocution au Mausolée de Lénine[6]. »

A maintes occasions, de hauts dignitaires du KGB ont clairement exprimé leur intention d'éliminer la dissidence en Union soviétique. Brejnev et d'autres dirigeants ont qualifié la dissidence politique « de complices, ou même de véritables agents de l'impérialisme »[7]. Il serait anormal que le chef du KGB reste à l'écart d'une telle campagne, même quand il parle des problèmes politiques. Ses auditeurs attendraient qu'il veille aussi à la sécurité. Il est vrai qu'entre 1981 et 1982 Andropov n'a pas effleuré le sujet de la dissidence. Mais il avait auparavant exprimé nettement ses opinions, parfois avec un certain cynisme, surtout à l'époque où Carter faisait campagne pour la défense des droits de l'homme. Dans un long discours prononcé lors d'une réunion particulière où dignitaires du Soviet suprême et du KGB étaient présents pour commémorer le centenaire de la naissance de Felix Dzerjinski, Andropov, plus que tout autre dirigeant du Parti, essaya d'associer toute forme de dissidence politique aux « services spéciaux de l'impérialisme » :

> « Voilà pourquoi la propagande occidentale fait tant de bruit sur les " droits de l'homme " et sur les soi-disant " dissidents "... Les citoyens ont le droit de critiquer et de faire des propositions. Ce droit est garanti par l'article 49 de la Constitution qui interdit de condamner quiconque pour exercice de la critique. Mais il n'en est pas de même lorsque des individus

transforment la critique en une activité antisoviétique, violent la loi, fournissent une fausse information aux centres de propagande occidentaux, répandent de fausses rumeurs, essayent d'organiser des actions antisociales... Ces renégats n'ont pas le soutien du peuple soviétique. Voilà pourquoi ils n'essayent jamais de parler ouvertement dans des usines ou dans les fermes collectives ou dans d'autres organisations étatiques. Ils savent très bien qu'ils seraient expulsés de ces assemblées... L'existence de dissidents en Union soviétique n'est possible que par les campagnes publicitaires orchestrées par la presse étrangère et le soutien que leur accordent des services diplomatiques, secrets et autres, en payant généreusement les " dissidents " en monnaie étrangère ou par tout autre moyen. Il n'y a pas de différence entre le paiement effectué par les services secrets à leurs propres agents et aux dissidents... [8] »

Ce long discours, dont le texte ci-dessus n'est qu'un court extrait, comporte beaucoup de démagogie. Andropov sait bien que beaucoup de dissidents se réjouiraient d'avoir l'occasion d'exprimer publiquement leurs opinions et leurs critiques dans des assemblées d'ouvriers ou de paysans. Or, le Parti et le KGB ne leur en ont jamais donné la possibilité. Même les rassemblements silencieux et pacifiques sur la place Pouchkine de Moscou, le Jour de la Constitution, sont immédiatement dispersés par la police et les activistes collaborant avec elle. Les dissidents politiques n'ont pas la chance d'exprimer leurs opinions dans la presse soviétique, la censure du KGB les en empêche. Et s'ils publient leurs brochures, ils sont immédiatement passibles d'arrestation.

Dans d'autres parties de ce discours, Andropov reconnaît que tous les dissidents ne sont pas des agents payés de l'impérialisme. Il y en a :

« ... qui ne comprennent pas la vérité. Pourtant, on fournit des conseils et des explications pour les aider à comprendre la réalité. S'ils persistent dans leurs actions et s'ils continuent à être qualifiés de « dissidents » en violant même la loi, nous les traitons très différemment. Il y a malheureusement quelques individus de ce genre dans notre société, tout comme il existe des voleurs, des spéculateurs, des individus corrompus et autres criminels de droit commun. Ces deux catégories nuisent à notre société et nous les traitons en conséquence. Ils doivent être punis selon la rigueur de la loi soviétique. Mais il convient de dire que le nombre de gens condamnés pour activité antisoviétique est bien moindre qu'à d'autres moments de l'histoire de ce pays. Ils sont très peu... Telle est la réalité de ce que l'on appelle la " dissidence "[9]. »

Il n'est pas nécessaire de souligner que cette description est très éloignée de la vérité. Si Andropov croyait vraiment que le système soviétique était si parfait et qu'il n'y avait pas de raisons sociales ou politiques pour expliquer l'existence d'une dissidence, pourquoi, dans ce long discours sur la glorieuse histoire de la Tchéka, fondée par Felix Dzerjinski, « le chevalier de la révolution », n'y a-t-il pas un mot sur les différents chefs de la sécurité qui ont suivi la mort de Dzerjinski en 1926, avant sa propre accession au poste de dirigeant de la Tchéka moderne? (Dzerjinski a eu en effet onze successeurs avant l'arrivée d'Andropov.) Quatre lignes seulement de son discours font vaguement allusion au fait.

« ... que quelques années furent assombries par l'exercice illégal de la répression, des violations des principes de la légalité socialiste et des critères, établis par Lénine, sur la vie de l'Etat et du Parti... Notre parti a volontairement mis fin à ces violations et créé de fermes bases pour une stricte légalité socialiste[10]. »

Ce fut sa seule référence à une période qui dura vingt-six ans et qui est en fait à l'origine de la dissidence actuelle. Au moins cinquante pour cent des publications samizdats circulant en Union soviétique aujourd'hui traitent du non-respect des « principes de la légalité socialiste » pendant la longue période du régime tyrannique de Staline. Andropov démontra qu'il était informé de la publicité faite en Occident aux dissidents soviétiques, mais il sait aussi fort bien que les méthodes utilisées contre eux (et partiellement celles décrites ci-dessus) sont illégales et violent les principes de la légalité socialiste. Il ne s'agit pas encore de terreur, au sens stalinien du terme, mais il est possible de parler de « terreur économique et morale », façon élaborée de priver des dissidents actifs de presque toutes leurs valeurs : l'éducation, l'emploi, le contexte académique et de recherche, la presse ou les autres sources d'information, le salaire et, s'ils ne se comportent pas bien, la liberté aussi.

Le KGB s'occupe aussi des problèmes de dissidence au sein des minorités nationales. C'est en principe la mission des sections régissant les républiques. Dans ses Mémoires, Grigorenko dit qu'entre 1967 et 1968 Andropov fut personnellement chargé de régler le problème épineux des Tatars de Crimée qui avaient été déportés en Ouzbékistan en 1944, et collectivement réhabilités, mais en 1967 seulement. Il y avait environ cinq cent mille Tatars en 1967, et un grand nombre voulait revenir dans leur pays natal, après cette réhabilitation. Cependant, la politique officielle allait leur permettre de vivre n'importe où sauf en Crimée. Grigorenko, qui s'impliqua vraiment dans leurs affaires, décrit une réunion entre les délégués tatars et les hommes d'Andropov, au début de 1968 :

> « La dernière délégation qui avait été reçue était associée au décret du Praesidium du Soviet suprême du 5 septembre 1967. Ce fut le décret le plus mensonger, le plus hypocrite de tous ceux qui furent adoptés à leur égard. Le tout premier déclarait que les Tatars de Crimée étaient accusés de trahison à la mère-patrie et que rien ne s'opposait fondamentalement à l'annulation de cette accusation. Mais elle fut justifiée par l'arrivée d'une nouvelle génération qui n'avait jamais connu la guerre. La plus grande supercherie de toutes est que ce décret retirait aux Tatars de Crimée le droit à leur territoire : on en parlait comme " de citoyens de nationalité tatare qui avaient vécu en Crimée auparavant ".
>
> « Ainsi, cette réhabilitation politique rendait per-

manent l'exil des Tatars de Crimée. La deuxième partie du décret indiquait que les citoyens de nationalité tatare, qui avaient vécu auparavant en Crimée, étaient autorisés à résider sur tout le territoire de l'Union soviétique, dans la limite des dispositions du passeport. Et quand celles-ci furent fixées ultérieurement, il y était inscrit que les Tatars de Crimée n'étaient pas autorisés à s'établir en Crimée. En relation avec ce décret, les Tatars de Crimée exigèrent une réunion avec des représentants du Politburo. Elle eut effectivement lieu. Le Politburo manda une délégation dirigée par Andropov, composée de Roudenko, procureur général, et Chtcholokov, ministre des Affaires intérieures ; toutes ces personnes représentaient des organes de répression de la police. Le quatrième membre de la commission était Georgadzé, le secrétaire du Praesidium du Soviet suprême.

« Quand l'assemblée fut réunie, Andropov se mit à parler ; un Tatar de Crimée se leva et demanda : " Camarade Andropov, êtes-vous ici en tant que membre suppléant du Politburo ou en tant que chef du KGB ?

« " — Quelle est la différence ? dit Andropov en riant.

« " — Il y a une différence, dit le Tatar de Crimée. Si vous êtes ici en tant que chef du KGB, nous nous en allons.

« " — Il est évident que je suis ici sur instruction et au nom du Politburo. "

La conversation menée au cours de cette réunion était hypocrite. Andropov et Chtcholokov déclarèrent que les dispositions des passeports n'avaient aucune signification pratique. Ils ne purent dire de façon cohérente pourquoi il n'y a pas de telles règles pour les Russes et les Ukrainiens. Les représentants des Tatars de Crimée demandèrent s'ils pouvaient convoquer des assemblées dans leurs districts respectifs pour informer la population sur ces négociations.

« " Mais bien sûr, dit Andropov. Je veillerai à donner des instructions pour que l'on vous accorde les locaux nécessaires, pour le bon déroulement de ces assemblées. "

« C'était un mensonge. Les autorités locales reçurent des instructions en vertu desquelles il était interdit aux Tatars de Crimée d'organiser leurs réunions. Quand ces derniers firent leur demande, en se recommandant d'Andropov, les autorités refusèrent de donner leur réponse[11]. »

Pour Andropov, toutes ces mauvaises années au KGB font désormais partie de l'Histoire. Ces quinze années de service dans la sécurité ne nous ont peut-être pas révélé « le véritable Andropov », mais on ne peut cependant pas entièrement le blanchir. Il ne fut cependant pas le seul individu responsable du traitement sévère infligé aux dissidents. Brejnev et sa mafia étaient en fin de compte responsables des affaires intérieures pendant cette période de l'Histoire soviétique, appelée « l'ère de Brejnev ». Je tends à partager le point de vue du professeur Stephen Cohen quant à l'avenir d'Andropov.

> « ... Andropov semble avoir été le membre le plus ancien du Politburo de Brejnev le plus ouvert aux réformes. Et c'est cette image qu'il veille à renforcer soigneusement, dans son premier discours de secrétaire général. Ces quinze années de direction du KGB ne le disqualifient d'ailleurs pas comme réformateur potentiel. En effet, Andropov risque d'être le seul chef actuel capable de soulager les craintes des conservateurs devant les réformes. Et de peur que nous oubliions que les politiciens ne se détachent de leurs anciennes carrières, Khrouchtchev fut un jour appelé " le boucher de l'Ukraine " à cause de sa collaboration dans la terreur de Staline[12]. »

CHAPITRE IX

LE KGB CONTRE BREJNEV

Brejnev jouissait d'une grande popularité dans l'élite du Parti parce qu'il défendait le principe suivant : ceux qui détiennent des positions importantes dans l'Etat et le Parti doivent avoir une certaine stabilité et sécurité. Ce n'était pas un impulsif ; il n'était ni particulièrement intelligent, ni stupide. Il n'a jamais aspiré à devenir une personnalité supérieure, divine, à la manière d'un Staline. Khrouchtchev traitait souvent ses collègues du Politburo avec un mépris non déguisé et les considérait comme de simples plantons de service. Quand ils faisaient quelque chose qu'il désapprouvait, il élevait la voix et les injuriait : comportement grossier qui était assez typique des chefs du Parti de la génération de Staline. Brejnev était calme et tolérant, considéré comme un bon camarade, bien intentionné à l'égard de ses collègues. Quand il était obligé de procéder à des changements (quels qu'ils fussent) dans le Politburo, il donnait en principe des postes élevés de la nomenklatura à ceux qui étaient limogés, ce qui leur permettait de continuer à mener leur style de vie confortable. Il donnait aux dignitaires du Parti le maximum de sécurité d'emploi, tandis que les officiels de l'obkom et de l'Etat étaient assimilés à des fonctionnaires, et non à des politiciens élus, responsables devant leurs circonscriptions.

Cette politique de « stabilité » posait quelques problèmes. Les membres les plus jeunes du Parti et de l'Etat devaient attendre leur promotion, tandis que tout l'appareil administratif vieillissait. Il n'y avait de poste vacant que si quelqu'un mourait ou devenait trop malade pour continuer à travailler et, même souvent dans ces cas, les suppléants de ces anciens titulaires attendaient pour prendre le poste. Le remplacement de Kossyguine souffrant, âgé de soixante-seize ans, par le vieux Tikhonov (soixante-quinze ans) en est peut-être la meilleure illustration. La mort de vieillesse, mais encore en fonction, devint la norme. Robert Daniels a estimé que, sur les trois cent dix-neuf membres du Comité central élus en 1981 au XXIVe Congrès du Parti, quatre-vingt-quinze étaient déjà membres ou candidats du Comité central en 1961, et cinquante-cinq devinrent membres au XXIIIe Congrès du Parti[1]. Si l'on tient compte du fait que quarante à cinquante membres du Comité central sont sur une « liste tournante », parce qu'ils sont simples ouvriers, kolkhoziens, scientifiques, écrivains ou autres représentants du « peuple », la stabilité des professionnels du Parti paraît très évidente.

L'Occident a beaucoup critiqué l'âge avancé des dirigeants soviétiques : on a parlé de « gérontocratie » et du « pouvoir sclérotique ». Mais, en fait, la stabilité de ces dirigeants soviétiques était considérée comme une forme de leur légitimité, et cette situation convenait aux pouvoirs occidentaux. Les gouvernements étrangers étaient assez satisfaits d'avoir affaire à un Politburo prévisible (et inefficace) et n'avaient pas vraiment envie que cela change. Henry Kissinger, comme Alexander Haig, escomptaient des problèmes lorsque des hommes plus jeunes arrivaient inévitablement au Kremlin. L'article inattendu paru dans le *Times* du 20 décembre 1979 en fait écho, en félicitant Brejnev le jour de son soixante-treizième anniversaire et en rendant hommage à son style, et surtout à la prudence avec laquelle il utilisait exclusivement la puissance soviétique :

«... dans des situations où il y avait un léger, voire aucun risque de confrontation directe avec les Etats-Unis. Elle se retira même de l'Egypte, quand elle n'était pas désirée. Une telle prudence et un tel réalisme dans la poursuite de son intérêt, voilà ce que l'Occident a appris à respecter ».

Le *Times* était moins optimiste au sujet de ses successeurs :

« On craint que ses successeurs soient moins prudents. Exempts de tout souvenir de guerre, inexpérimentés en diplomatie, fascinés par le pouvoir dont ils disposent et sans doute privés des équipes d'experts en affaires occidentales que Brejnev s'était progressivement constituées, ils peuvent faire des erreurs. »

Cet article ne manquait pas d'ironie ! Quelques jours après sa parution, Brejnev lança l'invasion militaire de l'Afghanistan, opération qui comportait de grands risques et qui reposait sur de nombreuses erreurs.

La « stabilité » de l'élite eut un autre effet négatif. Dans un contexte où la liberté de la presse n'existe pas, où le journalisme d'enquête est impossible et où les bureaucrates du Parti, de la police et du KGB jouissent de l'immunité, la corruption officielle n'a cessé de se développer à tous les niveaux. La discipline du Parti a baissé, le népotisme est devenu un phénomène normal et le prestige idéologique et administratif du Parti s'est terni. Or, ce fut cette corruption au sein du Parti qui en fait permit à Andropov de devenir le successeur de Brejnev.

A l'issue du XXIIIe Congrès du Parti, Brejnev forma son propre Politburo composé de onze membres ; parmi eux, Voronov, Kirilenko, Kossyguine, Mazourov, Peltché, Podgorny, Polianski, Chelest et ses rivaux Souslov et Chélépine. Le seul membre qui fut vraiment un homme de Brejnev était Kirilenko, chargé de présider les réunions du Secrétariat et du Politburo quand Brejnev était absent. Les successeurs éventuels de Brejnev (en cas de décès) devaient être

Kirilenko, et, avec quelques réserves, Souslov, alors que Chélépine, son vieux rival, saisirait certainement l'occasion pour se présenter. Progressivement, Brejnev réussit à modifier la composition du Politburo ainsi qu'à étendre le nombre des membres à quatorze. Mazourov décéda et Chelest, Voronov, Polianski, Chélépine et Podgorny furent limogés ou nommés à d'autres postes de haut niveau. Les nouveaux membres, Kounaïev, Tikhonov, Gretchko, Chtcherbitski et Tchernenko étaient de vieux amis de Brejnev. Andropov avait très peu de chances d'occuper le poste suprême. Quand les spéculations commencèrent à propos de la succession au Kremlin, après l'attaque de Brejnev en 1975, puis en 1978-1979, quand il n'était manifestement pas en bonne santé, le nom d'Andropov fut mentionné à l'occasion, mais Kirilenko et Tchernenko, le nouveau candidat, restaient les favoris de la presse étrangère.

Ce fut — et cela ne manque pas d'humour — le président Carter qui, par sa politique de défense des droits de l'homme, accrut le pouvoir d'Andropov au Politburo et augmenta ses chances d'hériter la « couronne » de Brejnev. Carter réagit de façon extrême à l'annonce de l'arrestation des militants pour la défense des droits de l'homme, en faisant reposer les relations américano-soviétiques sur le sort réservé à Orlov, Guinzbourg et Chtcharanski. Il était probablement sincère en pensant qu'il faisait pression sur Brejnev et Kossyguine, mais il se comportait comme si Brejnev avait le même pouvoir dictatorial que Staline.

Le Parti avait donné au KGB la mission de chasser les dissidents du pays, et ceci signifiait que les arrestations et les procès en cours relevaient entièrement du KGB. La politique de détente de Brejnev et sa réputation étaient liées au destin de quelques dissidents, et leur sort dépendait à leur tour du KGB et d'Andropov qui devint ainsi la cheville ouvrière de la politique étrangère, et donc le véritable arbitre du dialogue Est-Ouest. Quel que fût son avis sur la détente, il luttait déjà pour conquérir le poste de

Brejnev et il était donc peu probable qu'il fît quoi que ce fût pour rehausser le prestige de Brejnev ou de sa clique.

Les procès des dissidents suscitèrent une grande campagne internationale hostile à l'Union soviétique. Je n'ai feuilleté qu'un seul journal occidental à cette époque et on y lisait en toutes lettres que ces procès étaient destinés à démontrer qu'Andropov « décide, plus que tout autre, de la politique »[2].

Les ambitions d'Andropov pour le poste suprême apparaissaient déjà et, vers 1977-1978, il avait de très bonnes chances. Brejnev était souffrant et incapable de prendre activement part dans toutes les affaires de l'Etat et du Parti. Il aurait sans doute mieux valu qu'il démissionne, mais son entourage immédiat, et notamment Tchernenko, voulait qu'il reste encore quelque peu. Tchernenko avait compris qu'il lui fallait plus de temps pour accroître son influence, tandis que lui-même et les collaborateurs directs de Brejnev pouvaient gérer le pays « au nom du secrétaire général », tant que celui-ci était encore en vie. La maladie et la mort de Kossyguine leur permirent de donner une promotion à Tikhonov qui devint Premier ministre — faible choix pour le pays, mais bon pour la « mafia de Dniepropetrovsk ». Comme Souslov aussi était malade et incapable de travailler toute une journée, Tchernenko présida souvent les réunions du Secrétariat et du Politburo. L'appareil personnel de Brejnev, le « secrétariat du secrétaire général », fut élargi et devint une institution parallèle, avec Tchernenko comme chef de l'équipe. Brejnev s'appuyait désormais complètement sur cette équipe. Certains de ses assistants et de ses collaborateurs se mirent à adopter un comportement arrogant : les ministres, les premiers secrétaires des républiques, les secrétaires de l'obkom et parfois même les membres et les suppléants du Politburo n'étaient pas autorisés à communiquer directement avec Brejnev, mais ils devaient d'abord consulter l'un ou l'autre de ses collaborateurs. Cette situation anormale donna lieu à un foisonnement d'intrigues et son dénouement profita à tous sauf à Tchernenko et à son entourage. Mais il était difficile de dire combien de temps une telle situation pouvait durer. On avait bien sûr la possibilité d'obliger Brejnev à prendre sa retraite, mais il fallait trouver un prétexte. Tel était l'arrière-plan des scandales de corruption qui éclatèrent fin 1981, notamment ceux auxquels étaient mêlés la famille de Brejnev, le ministre de l'Industrie et l'allié de Brejnev au KGB, le général Semion Tsvigoun du KGB.

La grande corruption des bureaucrates soviétiques haut placés était devenue une forme de « maladie professionnelle »[3]. Le tissu de privilèges et de services, la vie privée protégée (étroitement gardée) des hauts fonctionnaires influents, et même de personnalités moins influentes conféraient à leur vie un caractère un peu artificiel. La distinction entre propriété privée et propriété publique n'était pas respectée. L'effondrement du régime de Gierek en Pologne et son degré invraisemblable de corruption gouvernementale ne passèrent pas inaperçus au Kremlin. En septembre 1980, le Comité central du Parti communiste soviétique adopta une résolution contre la corruption officielle. Les bureaucrates corrompus devaient être remplacés et dénoncés « sans considération de personne » (*nevsiraya na litsa*). Cette résolution ne fut pas publiée dans la presse quotidienne mais elle fut connue de l'ensemble des militants du Parti et lue lors de conférences et réunions secrètes du Parti. Le grand public ne fut donc pas invité à participer au « mouvement anticorruption ». Cependant, le nombre des articles relatifs à des cas individuels de corruption et de crimes commis par de petits bureaucrates augmenta.

Au début de mars 1982, des correspondants étrangers en poste à Moscou commencèrent à envoyer des dépêches à leurs journaux, sur les développements inhabituels de la vie criminelle moscovite, concernant notamment la fille de Brejnev, Galina Tchourbanova dont le troisième mari, le général Youri Chourbanov, était vice-ministre des Affaires intérieures. Cette étrange affaire était liée à la contrebande de diamants, à la corruption et à la spéculation sur les devises. Anatoli Kolevatov, directeur général du Cirque soviétique national, et sa femme, étaient aussi impliqués ; selon certains rapports, on aurait confisqué dans leurs appartements quelque 200 000 dollars, des diamants estimés à une valeur de 1 000 000 de dollars et d'autres bijoux. Un ami intime de Galina, Boris Bouriata (connu sous le nom de « Boris le gitan » parce qu'il débuta au théâtre gitan de Moscou avant que l'influence de Galina ne lui assure une place au Bolchoï), un chanteur mineur au théâtre Bolchoï, fut arrêté et accusé de commerce illégal de diamants. Les détails sur ce scandale furent apparemment ébruités par une source officielle. D'autres histoires moscovites révélèrent que la mort récente du général Semion Tsvigoun était liée au cas de Galina, et qu'il s'agissait d'un suicide. On cita aussi le nom du fils de Brejnev, Youri, qui avait été élu au Comité central du Parti en 1981 et était vice-ministre du Commerce extérieur. On sait aussi que le KGB enquêta sur les tentatives indiquées précédemment dont le but était de discréditer Brejnev. Ainsi, le 4 mars 1982, le *Daily Telegraph* publia en première page un article intitulé « Attaque soviétique contre Brejnev ». L'*Observer* (du 7 mars 1982) comportait un titre plus précis : « Le KGB s'attaque à la mafia de Brejnev. » D'autres journaux étrangers analysèrent la situation sous un angle qui paraissait aussi logique à l'époque. Quelques journaux (surtout allemands) indiquaient que les conservateurs et les « orthodoxes » de l'armée et du KGB avaient lancé une offensive contre le groupe libéral de Brejnev.

Puis, une information provenant de Moscou expliqua par la suite qu'Andropov enquêtait effectivement sur ce scandale et qu'il s'agissait d'une véritable affaire criminelle. Galina Brejneva-Chourbanova fut hospitalisée à l'hôpital du Kremlin pour une « dépression nerveuse ». Personne bien sûr ne voulait qu'elle assiste au procès, ou qu'elle soit même témoin. Cependant nul n'aurait pu deviner que cette affaire signifierait la disparition de Souslov et de Tsvigoun de la vie publique.

Diplômée d'un institut de pédagogie, Galina travailla un certain temps à l'Académie des sciences pédagogiques de l'URSS. Puis elle fut employée dans le service chargé d'organiser l'accueil des personnalités étrangères, les voyages effectués par les diplomates en Union soviétique, et les distractions des étrangers vivant à Moscou. Ce contexte lui donna toutes les occasions de traiter toute forme d'affaires officieuses. Ses amis, naturellement, exploitèrent sa position et jugèrent ses relations étrangères absolument sûres. Personne ne pensait que la fille de Brejnev, femme d'un vice-ministre des Affaires intérieures, se brouillerait avec les autorités. La corruption de ces milieux était presque publique. Mais le KGB surveillait intensément cet îlot quasi « capitaliste », et il aurait certainement ouvert l'affaire contre Galina beaucoup plus tôt si cela avait été utile à ses objectifs.

Dans le numéro (n° 14) de septembre 1981 de *Komunist,* le principal journal du Parti, le général Tsvigoun, premier vice-président du KGB chargé de la Sécurité intérieure et membre de la clique de Dniepropetrovsk de Brejnev, publia un article sur les « dissidents », qu'il qualifia de criminels. Mais son activité personnelle ne lui permettait guère de porter un jugement, car il connaissait depuis longtemps les affaires de la fille de Brejnev, ainsi que ses relations. Il ne chercha pas à entamer le procès (trop explosif), mais il tenta de raisonner Galina, personnalité difficile depuis ses années d'étudiante. Il n'eut en fait pour seul choix que de la couvrir et de la protéger, elle et ses amis, d'éventuelles enquêtes. Il n'avait pas non plus lui-même la réputation d'être honnête : il menait le même train de vie somptueux que les autres membres de la mafia de Brejnev et, pour acquérir du prestige, il utilisa des « écrivains fantômes » pour publier des romans sur le mouvement des partisans ainsi que des scénarios de films sous son propre nom. L'un de ces

« écrivains » était Alexeï Kondratovitch, ancien corédacteur de *Novyi Mir,* limogé en 1969, et soupçonné aussi d'avoir été l'informateur du KGB dans les bureaux du journal. Depuis son limogeage, il avait eu de graves soucis financiers, mais ses droits d'auteur étaient peu élevés : Tsvigoun aimait, en outre, l'argent.

En raison de ses liens de parenté avec Brejnev, Tsvigoun ignora souvent Andropov et essaya d'être indépendant. Sa femme était célèbre pour sa demande de « premier choix » des livres à la Foire internationale du livre à Moscou. Ces ouvrages sont d'habitude achetés par l'Etat avec une grande réduction, mais la femme de Tsvigoun n'avait pas l'intention de les payer, et elle prétendait que son mari en avait besoin pour des raisons professionnelles.

Au début de 1982, Andropov déposa les documents de l'affaire « Galina-Gitan-Kolevatov-Circus » sur le bureau de Souslov, puisque sa permission était indispensable pour l'arrestation de bureaucrates occupant un rang moyen. Souslov était personnellement un homme honnête, même si, pendant les quelques dernières années, il avait préféré fermer les yeux devant les nombreuses plaintes de corruption dans les échelons supérieurs. L'affaire Kolevatov fut trop difficile à digérer ; le Code pénal soviétique prescrit en fait la peine de mort pour les crimes économiques de cette ampleur. Connaissant l'impact qu'aurait cette affaire sur la famille de Brejnev, il invita Tsvigoun à fournir une explication et ils eurent une discussion extrêmement orageuse. Selon certaines rumeurs, Souslov dit à Tsvigoun qu'il serait expulsé du Parti et jugé. Le lendemain, Tsvigoun était mort ; sans doute s'est-il suicidé. Son éloge funèbre ne fut signé par aucun membre du Politburo, sauf Andropov et autres dignitaires du KGB.

La confrontation avec Souslov s'était avérée fatale pour cet homme fragile du cœur. Après son entretien avec Tsvigoun, il tomba malade, sa tension augmenta et le soir même il fut victime d'une attaque. Il mourut quelques jours plus tard.

Anatoli Kolevatov, sa femme, Boris le gitan et plusieurs autres membres de la coterie furent arrêtés le matin des funérailles de Souslov, alors que tous les officiels étaient sur la place Rouge. Personne ne put empêcher cette arrestation et Galina ne fut pas en mesure de contacter les membres de sa famille. Plus tard, on laissa entendre que Kolevatov et Boris le gitan étaient morts ; l'un se serait suicidé et l'autre aurait succombé à un infarctus. Cela est fort possible, mais on jugea sans doute nécessaire de garder le silence à leur sujet.

Cet événement amorçait la lutte contre la corruption menée pendant l'été, notamment contre certains membres du Parti et amis de Brejnev. S. F. Mechounov, secrétaire de l'obkom de Krasnodar, qui entretenait la datcha de Brejnev non loin de Sotchi, fut la personnalité la plus concernée. Quand la presse annonça son limogeage en août 1982[4], certaines personnes bien informées comprirent que c'était une forme d'avertissement envers Brejnev lui-même. L'arrestation de Medounov (c'est encore une sorte de « Résidence-surveillée » et non une détention) survint peu de temps après ; sa date exacte n'est pas précisée, mais elle eut sans doute lieu juste avant le décès de Brejnev ou immédiatement après. Il est important de comprendre pourquoi cette arrestation a un tel poids. La célèbre zone de la mer Noire située entre Sotchi et Adler est remplie de datchas et de villas privées utilisées par des hauts fonctionnaires. Brejnev possédait à Pitsounda un grand ensemble de vacances, construit par Khrouchtchev. Toute cette partie est située dans la région de Krasnodar, et les fonctionnaires de cette région doivent fournir le personnel, les services et autres facilités. Le premier secrétaire de l'obkom et les autres secrétaires étaient couramment invités dans les fêtes somptueuses organisées par les dignitaires moscovites, avec qui ils entretenaient donc souvent d'étroites relations. En recrutant du personnel privé et en veillant au bien-être de ses hôtes, le Parti local de Krasnodar et les fonctionnaires d'Etat apprirent inévitablement à connaître les goûts privés et les habitudes des occupants des « datchas d'Etat ». Une telle information s'avérait intéressante pour le KGB.

La datcha personnelle d'Andropov est située dans la région de Stavropol, au nord du Caucase, dans la zone des sources minérales de Kislovodsk ; cet endroit est célèbre pour les cures relatives aux problèmes de foie, de reins et d'estomac. Kossyguine y passait lui aussi ses vacances.

Le 9 novembre 1982, on arrêta le directeur de Gastronom (mieux connu sous le nom de l'Eliseïevskii), supermarché le plus célèbre de Moscou, et sa femme, chef d'un service spécial du goum. Tous les deux étaient amis intimes de Galina Brejneva-Chourbanova.

En décembre, l'Union soviétique devait fêter son soixantième anniversaire. Il était quasi inévitable que Brejnev démissionne pour des raisons de santé après le Nouvel An. Il essaya vraiment d'obtenir le soutien de l'armée, lors de la conférence extraordinaire de l'état-major, convoquée en octobre, et son décès survint juste à temps, permettant ainsi de révéler des faits plus compromettants.

Pendant la cérémonie des funérailles qui eut lieu dans le Palais des syndicats et sur la place Rouge, la fille de Brejnev était discrètement escortée par deux officiers du KGB, dont l'excellente tenue laissait penser qu'ils faisaient partie de la famille. Dans les légendes qui accompagnaient les photos de la famille de Brejnev, ils furent mentionnés comme « individus non identifiés », ou « gardes du corps ». Les funérailles furent retransmises en direct, et le KGB avait peur que Galina ne commette des actes ou ne pousse des cris déplacés.

Quelques semaines plus tard, le gendre de Brejnev, le général Youri Tchourbanov fut limogé de son poste de vice-ministre des Affaires intérieures et promu chef de la section de Mourmansk, pour ce même ministère.

Cette affectation en Arctique a dû être une déception pour quelqu'un à qui l'on avait promis un portefeuille ministériel, après le départ en retraite de Chtchelokov. Au moment où j'écris cet ouvrage, on ne sait pas encore exactement si Galina suivra son mari à Mourmansk. Le général Tchourbanov a dix ans de moins qu'elle et aucun enfant n'est né de ce mariage de pur intérêt. Maintenant que le « grand beau-père » est décédé, Galina risque de ne plus être une femme intéressante.

CHAPITRE X

LE MARECHAL OUSTINOV ET LE SOUTIEN MILITAIRE A ANDROPOV

Il s'est avéré très important que le maréchal Dimitri Oustinov accorde son soutien à Andropov en mai et novembre, et se pose aussi en adversaire de Tchernenko. Oustinov agissait ainsi en tant que membre du Politburo et comme porte-parole de l'état-major militaire ; aux funérailles de Brejnev il a clairement démontré qu'il détenait désormais le deuxième poste du Parti et du pays. Le KGB est aussi une organisation militaire (le terme habituellement utilisé en Occident, « police secrète », prête à confusion). Cela signifie-t-il que le pouvoir soviétique a été transformé en un organe similaire au cabinet militaire du général Wojciech Jaruzelski, en Pologne ? Si la réponse à cette question est négative, il existe cependant des similitudes apparentes. La situation en Union soviétique est bien sûr très différente du contexte polonais, et il n'y a pas lieu d'instaurer un régime militaire. Mais, il est hautement nécessaire de renforcer la discipline à tous les échelons et de supprimer la corruption officielle. La productivité industrielle et agricole doit aussi être améliorée. Les généraux soviétiques souhaitaient mettre à la tête de l'Etat un homme fort, et Tchernenko n'avait pas la réputation d'avoir une telle personnalité. En fait, il n'était pas connu des milieux militaires et ce fut pour lui un gros handicap.

L'armée ne joue pas directement un rôle dans la

politique de l'Union soviétique. Mais le politicien qui est soutenu par les généraux et les maréchaux occupe une position beaucoup plus favorable dans la lutte pour le pouvoir. Dans le passé, à des moments critiques de lutte pour le pouvoir (par exemple l'élimination de Beria en 1953, et l'échec du complot contre Khrouchtchev en 1957), la position de l'état-major militaire fut en fait déterminante. Quand Souslov et Chélépine complotèrent pour renverser Khrouchtchev, en 1964, le soutien du maréchal Malinovski était très important. Vers 1964, l'armée était insatisfaite de bien des initiatives de Khrouchtchev ; bien que non membre du Politburo, Malinovski fut invité à la réunion décisive au cours de laquelle Khrouchtchev fut limogé, prouvant ainsi que l'armée n'était pas dans son camp. Après quoi, l'armée soutint la candidature de Brejnev et non celle de Souslov, considéré comme un politicien dogmatique.

Brejnev comptait dans l'armée de nombreux amis qu'il s'était faits pendant ses années de guerre ; de plus, il avait été chef du Directoire Politique de l'armée et de la marine de guerre après la mort de Staline, entre mars 1953 et février 1954. Cela ne veut pas dire que les généraux le jugeaient compétent en matière militaire, mais ils croyaient, à juste titre en l'occurrence, qu'il veillerait à leurs besoins et s'engagerait à développer les forces armées. Brejnev fit un maximum pour l'armée, et ses relations avec les militaires furent très bonnes jusque dans les dernières années de son régime. Il n'y eut pas de conflits semblables à ceux créés par Khrouchtchev entre 1960 et 1964 au moment où ce dernier s'efforça de réduire le budget militaire. Cependant, vers 1979, l'armée était devenue très critique à l'égard de Brejnev. Une armée forte ne peut pas coexister avec une économie faible et une agriculture peu productive. En outre, la qualité de la nouvelle génération d'armes mises au point par l'Union soviétique était nettement inférieure à celles fabriquées en Occident : l'URSS ne possédait rien de comparable aux missiles Cruise et Pershing, ou au Trident, et les avions militaires américains et français dépassaient en qualité les MIG soviétiques. En dépit des déclarations du président Reagan sur la supériorité stratégique soviétique, l'égalité approximative qui avait été atteinte à la fin des années soixante-dix commença à évoluer en faveur des Etats-Unis. Les problèmes technologiques ne pouvaient pas être résolus seulement par l'armée, ils mettaient en question l'état général des capacités industrielles et des possibilités de la recherche nationale.

Les troupes soviétiques sont stationnées le long des frontières du pays et elles sont aussi postées dans les garnisons des districts militaires (okrugi) pouvant inclure plusieurs régions ou même plusieurs républiques. L'armée connaît les rendements économiques et industriels locaux dans ces districts et est souvent utilisée pour parer à des problèmes divers. Des milliers de militaires participent activement aux tâches agricoles, notamment pendant la récolte, et l'armée est souvent mobilisée pour collaborer à des projets de construction civile tels que la percée d'autoroutes et la création de voies ferrées. En cas de problème, le comité local du Parti peut faire appel au commandant local de l'armée pour que ce dernier envoie des troupes exécuter des tâches qui auraient dû être faites par des civils, situation qui déplaît bien sûr aux militaires. En outre, l'armée est de plus en plus irritée par la corruption ouverte des dignitaires du Parti et des fonctionnaires de l'Etat. Bien que ce phénomène ne soit pas inexistant au sein de l'armée, les militaires ont cependant moins d'occasions que leurs homologues civils, et l'état-major militaire en général fait état d'un passé plus honnête que celui des hauts dignitaires du Parti. En outre, les tentatives faites par Brejnev pour récrire l'histoire de la guerre ont provoqué une certaine ironie parmi les militaires. Lorsque le « culte de la personnalité » devint plus marqué, il fut de plus en plus décrit comme un chef militaire éminent qui aurait pris activement part dans les batailles les plus importantes de la guerre. Ce qui n'est nullement vrai. La bataille qui eut lieu à Novorossijsk en 1943, au cours de laquelle il remplaça le commandant dans sa tâche politique (le grade de commissaire avait été supprimé en 1942), ne fut pas une opération militaire très réussie et ne fut pas non plus l'une des batailles cruciales de la guerre, comme l'indiquent les ouvrages rédigés pour embellir le rôle de Brejnev. Je suis en mesure de me forger une opinion indépendante sur cette section isolée du front méridional (le front de la péninsule de Taman), car, à l'âge de dix-sept ans, je fus fantassin dans le même régiment et je combattis à ce même endroit. Lors de l'assaut final qui libéra Novorossijsk en septembre, je fus blessé et hospitalisé ; il y avait déjà eu trois tentatives malheureuses, avec de lourdes pertes.

En fait, les envoyés politiques ont joué un rôle modéré, ils ont surtout veillé au moral des troupes. Ils n'ont certainement pas planifié les opérations militaires ou dirigé réellement les combats. Brejnev ne fut promu qu'une fois durant la guerre. Il reçut quatre ordres et trois médailles, récompenses de distinction modeste et tout à fait suffisantes, compte tenu de ses prouesses militaires. Mais quand il commença à s'élever dans la hiérarchie du Parti après la guerre, il marqua un désir de prestige militaire et, à partir de 1955, des historiens tentèrent de retracer toutes ses interventions, dans le but de dépister des actions susceptibles de mériter la remise de nouvelles décorations. Ainsi, un article banal qu'il avait écrit pour les soldats du 18ᵉ régiment (ou plutôt qui fut écrit « sur l'initiative de Brejnev ») fut soudain considéré comme un texte qui eut « un effet mobilisateur important ». On le lut au cours d'assemblées dans toutes les unités [1]. Vingt-cinq ans après la bataille de Novorossijsk, il fut décoré de la médaille militaire soviétique la plus importante, la médaille d'or de l'ordre de Lénine, et il reçut aussi le titre de Héros de l'Union soviétique pour son courage. Vers 1973, il fut décoré d'une seconde médaille d'or pour avoir été héros de la guerre, et, quelques années plus tard, on lui remit aussi la médaille de Héros du travail socialiste. Ces décorations lui furent toutes attribuées par décret du Praesidium du Soviet suprême. Quand Brejnev lui-même devint président du Praesidium, on lui remit encore davantage de médailles pour ses actions héroïques passées. En outre, il s'attribua le grade de maréchal, sautant ainsi trois grades intermédiaires. Au moment où il reçut ses troisième et quatrième médailles d'or de Héros de l'Union soviétique pour le courage dont il avait fait preuve pendant la guerre, c'en était trop ; chacun savait qu'il s'attribuait lui-même ces récompenses. En fait, il y avait même un certain scepticisme quant à sa toute première médaille de « héros ». L'ancien général soviétique Petr Grigorenko, qui vit désormais aux USA (il fut privé de sa citoyenneté alors qu'il y séjournait pour un traitement médical), servit dans le même régiment que Brejnev, en tant que commandant des unités de génie. Dans les Mémoires qu'il publia récemment, il remet en question le palmarès militaire de Brejnev et ses récompenses ultérieures.

> « Chacun sait que Brejnev ne fut présent dans aucune bataille navale, mais les chroniques sembleraient indiquer que Brejnev a mené personnellement une attaque. Lui aussi se souvient plutôt mal du passé. S'il avait une meilleure mémoire, il aurait honte d'avoir reçu l'ordre de Héros de l'Union soviétique pour sa participation dans les interventions d'un régiment, dans lequel aucun des commandants ou membres du conseil militaire ne reçut un tel honneur. Or, ce sont eux qui ont dirigé les troupes, et non Brejnev, qui, lui, était chargé de signer les cartes de membre du Parti et de les retourner aux nouveaux communistes. En revanche, c'était le commandant du régiment et les membres du conseil militaire qui signaient les ordres de bataille...
>
> « Brejnev fut chef d'une section politique d'un régiment. Or, il y eut des centaines de personnes comme lui dans les forces armées soviétiques ; aucune ne fut associée à la direction des troupes ; aucune n'était compétente pour commander même la plus petite unité militaire, une section, et à plus forte raison un régiment. Si aujourd'hui, vingt ans après la

> fin de la guerre, un tel individu commence à être décrit comme un grand stratège et se voit attribuer presque le rôle décisif dans la victoire sur l'Allemagne d'Hitler — même si le régiment dans lequel il servit pendant toute la guerre n'eut que des interventions mineures —, alors le rôle et la gloire qu'on lui attribue sont si ridicules qu'il y a quelque honte d'avoir à en démontrer la fausseté. Mais quand une telle stupidité est répandue et que le héros lui-même l'accepte avec joie et se met à croire à son rôle éminent, cela révèle quelque chose... des capacités intellectuelles de ces " héros "...[2] »

L'état-major militaire s'est certainement irrité de l'exagération du rôle joué par Brejnev pendant la guerre. Il savait ce qui était d'habitude requis pour obtenir ces décorations, et fut donc profondément vexé quand Brejnev reçut l'ordre de la Victoire. C'était là une décoration spéciale, accordée exceptionnellement à quelques maréchaux soviétiques célèbres, tels que Joukov et Rokossovski, juste après la guerre. Elle n'était destinée qu'aux commandants de tous les fronts ou groupes de fronts, qui avaient réussi à organiser et à mener des batailles de grandes envergure. Le maréchal Joukov, par exemple, reçut la médaille de la Victoire pour l'assaut final mené sur Berlin par les troupes qu'il dirigeait. Cette grande et belle médaille est en or et en platine, et il n'est donc pas difficile de comprendre pourquoi Brejnev la convoitait pour sa collection personnelle. Mais, en se la remettant à lui-même, il dévalorisait les décorations militaires en général. Personnage militaire inconnu à la fin de la guerre, il avait maintenant plus de médailles que le maréchal Georgui Joukov en personne, homme qui débuta sa carrière en combattant les Japonais en 1939 et l'acheva par la prise de Berlin, ayant entre-temps organisé la défense de Leningrad en septembre 1941, la défense de Moscou entre octobre et décembre 1941 et la première offensive de décembre 1941 par laquelle il chassa l'armée allemande de la ville ; il avait été aussi l'un des commandants de la bataille de Stalingrad. Les comparaisons avec Khrouchtchev s'imposaient aussi d'elles-mêmes. Ce dernier avait passé la plupart de la guerre dans l'organisation politique de l'armée, comme membre du Conseil militaire. Il avait obtenu le grade de général et avait collaboré à l'organisation de certaines grandes batailles, notamment à la bataille décisive de Stalingrad et à la libération de Kiev. Mais quand il mourut en 1971 il n'avait reçu que vingt-sept médailles et décorations, soit dix pour cent de la quantité reçue par Brejnev. Ces absurdités contribuèrent à augmenter le désenchantement de l'armée vis-à-vis du gouvernement de Brejnev.

L'armée n'était pas mécontente de l'intervention en Afghanistan. Pour l'état-major, cette guerre constituait un terrain d'essai et d'entraînement et, pour de nombreux officiers, l'intervention en Afghanistan était un moyen d'acquérir une expérience valable et une promotion plus rapide. Cependant, la performance désastreuse de l'équipement militaire soviétique au Liban pendant l'été 1982 (notamment les forces aériennes et les antimissiles) dégrada profondément les relations entre l'état-major militaire et le gouvernement. L'armée dénonça la modernisation lente de l'armement soviétique et condamna l'industrie de la défense pour cette pauvre démonstration. Une réunion extraordinaire fut convoquée en octobre, réunissant l'état-major militaire et la direction du Parti, dans le but d'améliorer les relations entre ces deux groupes. Bien que Brejnev eût promis des améliorations, son discours et son apparence sénile ne firent pas bonne impression. Il était évident qu'il ne vivrait pas assez longtemps pour honorer ses promesses.

Tchernenko, le protégé de Brejnev, n'avait aucun crédit parmi les chefs militaires. Il avait passé les années de guerre comme secrétaire du Parti, en Sibérie, dans la région de Krasnoïarsk, loin du front, et il était réputé incompétent sur le plan militaire. D'autre part, Andropov, chef du KGB, avait travaillé en étroite collaboration avec l'armée. Le KGB est en effet chargé de protéger tous les centres militaires importants et de garder les sites de lancement de missiles, et quinze divisions spécialement entraînées de gardes-frontières constituent l'essentiel de son personnel. L'armée ne peut lancer de missiles nucléaires sans le KGB, puisque ses officiers font partie des équipes de lancement. Pendant ses quinze années de direction, Andropov participa à la préparation de plusieurs opérations menées conjointement par l'armée et le KGB, et collabora donc étroitement avec les généraux et les maréchaux. Les interventions militaires soviétiques à l'étranger, telles que l'invasion de la Tchécoslovaquie en 1968, les opérations en Angola en 1975, en Ethiopie et en Afghanistan nécessitèrent une étroite collaboration entre l'armée et les services d'espionnage politique assurés par le KGB. Si les rapports des transfuges du KGB, tels que Vladimir Kouzichkine, sont exacts, ce fut Brejnev qui se prononça en faveur d'une intervention en Afghanistan, alors que le KGB était très sceptique sur cette opération[3]. Quand ces doutes furent justifiés, l'armée en difficulté en Afghanistan ne critiqua pas le KGB mais plutôt la faction de Brejnev qui n'avait nullement tenu compte de l'appréciation du KGB.

A l'époque de Staline, il régnait une profonde méfiance entre l'armée et les services de sécurité. Les meilleurs officiers, généraux et maréchaux furent arrêtés par les services de sécurité entre 1936 et 1938, et environ quatre-vingt-dix pour cent des commandants de division et de bataillon les plus endurcis et les plus expérimentés furent exécutés ou moururent au goulag pendant la guerre. Ce fut un terrible coup pour le moral et les capacités de combat de l'armée soviétique et cela explique en partie les défaites et les pertes de 1941 et de 1942.

Pendant la guerre, les célèbres « services spéciaux » et pelotons de sécurité (*zagrad otryadi*) maintinrent les commandants de l'armée sous une surveillance et une menace constantes, réduisant ainsi effectivement leur initiative et leur latitude de manœuvre. Ce qui engendra une hostilité permanente entre l'armée et les services du NKVD, semblable à celle qu'il y eut entre l'armée régulière allemande, les troupes SS et la Gestapo. En effet, ni Hitler ni Staline n'accordèrent leur confiance à leurs troupes régulières, et ils créèrent tous les deux une police militaire spéciale non prévue par la loi.

La situation changea radicalement sous Khrouchtchev, qui donna à l'armée une plus grande liberté d'action ; pourtant il craignait son indépendance et un éventuel coup d'Etat militaire. Voilà pourquoi il renvoya soudainement, sans aucune raison valable, le maréchal Joukov, alors ministre de la Défense, tandis que ce dernier était en visite officielle à l'étranger. Son successeur, le maréchal Malinovski, n'était ni une personnalité éminente, ni un homme très apprécié de l'armée. Mais quand Andropov devint chef du KGB, les relations entre l'armée et le KGB se déroulèrent non plus dans un climat d'hostilité mais dans un climat de collaboration. En dehors de sa mission de sécurité, le KGB commença à fournir à l'armée des services d'espionnage un soutien logistique, des estimations, des troupes frontalières hautement entraînées, et des unités spéciales d'assaut connaissant les langues des pays frontaliers de l'Union soviétique et composées souvent de membres de ces mêmes groupes ethniques.

Les militaires de carrière sont bien représentés au Comité central, qui compte en effet trente maréchaux et généraux parmi ses membres titulaires et ses candidats. Ils constituent un plus petit groupe de pression que les secrétaires régionaux du Parti ou les technocrates, mais ils sont beaucoup plus solidaires. Au Politburo, le maréchal Andreï Gretchko était un très grand partisan de la politique de Brejnev (y compris de la « doctrine Brejnev »), et un vieil ami personnel. Quand il mourut en 1976, il n'y avait pas de candidat militaire évident pour le poste de ministre de la Défense. Dans l'armée, la nouvelle génération remplaça l'ancienne dans les années soixante-dix ; les chefs militaires ne pouvaient pas, comme les dirigeants politiques, être maintenus en poste jusqu'à leur mort naturelle. Bien que l'actuel commandement eût en fait quelques expériences de combat, la plupart de ses membres âgés de vingt à trente ans pendant la guerre servirent comme capitaine, sergent ou colonel. Le maréchal Oustinov, nommé ministre de la Défense après la mort de Gretchko, n'est pas un militaire de carrière mais un ingénieur de talent et un créateur de matériel d'artillerie ; il fut ministre de l'Industrie de l'Armement pendant la guerre et se révéla un administrateur capable et compétent. Il fut nommé premier vice-Premier ministre en 1957. Selon certaines rumeurs, il aurait pu être élu successeur de Brejnev, et il semblait être un candidat sérieux pour le poste de Kossyguine, quand ce dernier devint trop malade pour continuer à être Premier ministre. Mais, en 1982, l'âge d'Oustinov ne joua pas en sa faveur et il préféra faire office de « faiseur de rois ». Son soutien à Andropov fut déterminant. Il a en effet la réputation d'être honnête, travailleur et discipliné : de telles qualités ne l'auraient guère rendu populaire si « la mafia de Dniepropetrovsk » de Brejnev avait hérité du pouvoir. Son opposition catégorique à la promotion de Tchernenko affecta le vote de certains. Il aurait été peu judicieux, notamment en période de nouvelle guerre froide, d'élire un chef qui n'aurait pas eu le soutien de l'armée.

Les « kremlinologues » occidentaux n'ont pas réussi à comprendre le changement survenu dans les relations entre l'armée et le KGB, dans les dix années qui précédèrent le décès de Brejnev. Lors d'une discussion menée en avril 1982 sur le problème de la succession, l'équipe de « soviétologues » de *Newsweek* considérait qu'Andropov n'avait aucune chance puisqu'il ne serait peut-être pas soutenu par l'armée :

> « ... la candidature éventuelle d'Andropov se heurterait vraisemblablement à une forte opposition des militaires soviétiques. En effet le KGB et l'armée sont souvent rivaux, et les chefs militaires se sont généralement opposés aux changements improvisés survenus

au Kremlin. S'ils décident cette fois d'émettre leur veto, le ministre de la Défense de Brejnev, Dmitri Oustinov, âgé de soixante-treize ans, pourrait faire figure de *candidat outsider*[4]. »

Quand Vitali Fedortchouk fut nommé chef du KGB en mai 1982, il expliqua immédiatement que le KGB faisait partie de la force militaire et ne constituait donc pas une « police secrète ». Il commença par imposer à tout le personnel du KGB de porter l'uniforme militaire, ce qui était totalement nouveau pour certains d'entre eux. Il annula ensuite le deuxième jour de congé accordé au personnel du KGB, se conformant ainsi aux pratiques en vigueur dans l'armée. Cette dernière et le KGB étaient ainsi préparés à la succession inévitable de la direction du Parti.

CHAPITRE XI

L'HOMME NOUVEAU AU SOMMET

Même si certains intellectuels moscovites et quelques journalistes et soviétologues occidentaux perspicaces s'attendaient à voir Andropov prendre la suite de Brejnev, le reste du monde fut stupéfait. Selon le *Wall Street Journal,* l'administration américaine avait pendant longtemps pensé que le dirigeant soviétique allait bientôt mourir. Quand son décès fut annoncé, « certains moyens et hauts fonctionnaires, spécialisés dans les affaires de l'Union soviétique, n'hésitèrent pas à se précipiter dans leurs bureaux le jour du " Veteran's Day ", fête nationale [1] ». Apparemment personne ne s'attendait à un changement aussi rapide et l'on était très peu informé sur l'éventuel successeur de Brejnev. Le *Wall Street Journal* continuait en disant :

> « Les membres du cabinet Reagan ont reconnu qu'ils connaissent mal l'identité du successeur de Brejnev. Ils escomptent que la lutte pour la succession durera des mois, voire une année, et que la politique soviétique ne changera pas de si tôt [2]. »

Pour le grand public de l'Union soviétique et même pour la majorité des membres ordinaires du Parti, très peu informés sur les personnalités du Politburo, l'élection d'Andropov était inattendue. Son passé au KGB n'était pas un signe encourageant. Quand Staline mourut en 1953, Khrouchtchev était déjà une personnalité populaire : ses discours en Ukraine à la fin des années quarante et à Moscou entre 1950 et 1952 traduisaient une certaine imagination et une vigueur, ainsi qu'un intérêt marqué pour les besoins du peuple. Pendant les dernières années du règne de Staline, alors que Khrouchtchev était premier secrétaire du Comité du Parti de Moscou, il visitait des usines et participait à des réunions locales, où il faisait des interventions spontanées et se mêlait aux gens, et où il était accueilli avec un véritable enthousiasme. Il jouissait auprès du grand public d'une confiance bien supérieure à celle des autres collaborateurs bureaucrates de Staline. Brejnev n'avait pas une telle popularité en 1964, mais c'était au moins un personnage connu. Il avait occupé le poste de président du Praesidium du Soviet suprême pendant quatre ans, poste auparavant occupé par les figures aussi estimées que Mikhaïl Kalinine et Kliment Vorochilov et qui, traditionnellement, supposait un certain nombre d'apparitions en public. Le Praesidium du Soviet suprême entérine toutes les lois, décerne les principales récompenses, et presque toutes les critiques sont adressées à son président : aussi, quand Brejnev devint chef du Parti, il n'était pas un personnage inconnu et son élection fut considérée comme naturelle.

La situation était très différente quand Brejnev décéda. Sa mort fut précédée par celle de deux autres membres du Politburo à la renommée publique, Kossyguine et Souslov. Podgorny avait été limogé en 1977. Mais ni Andropov ni Tchernenko n'occupaient des postes qui les mettaient en contact avec le grand public : ils avaient certes été remarqués à des occasions traditionnelles, pour lesquelles l'un ou l'autre faisait un discours général classique. Quand on annonça que le secrétaire général du PCUS était Youri Vladimirovitch Andropov, la population se montra avide d'informations à son sujet. Dans les deux jours qui suivirent sa nomination, on vendit tous les recueils d'articles et de discours d'Andropov[3] qui avaient été publiés à cent mille exemplaires en 1979 et qui depuis prenaient la poussière sur les étagères des librairies soviétiques.

Pour resituer le contexte de cette publication, il convient d'expliquer que les membres titulaires et candidats du Politburo ont, pour se faire connaître du grand public, le privilège de publier un recueil de leurs discours et articles (généralement soigneusement sélectionnés pour éviter d'inclure les discours antérieurs qu'ils auraient personnellement préféré oublier). Lorsque Brejnev commença à publier ses Mémoires, d'autres membres du Politburo firent aussi éditer leurs recueils par la Politizdat (nom de la maison d'édition). Tous ces ouvrages parurent entre 1979 et 1980. Les écrits de Brejnev (essentiellement constitués de discours) furent publiés en sept volumes ; ceux de Kossyguine et de Souslov ont deux volumes. Nombre de discours furent, bien sûr, raccourcis et modifiés : dans ceux qui furent prononcés avant 1953, on supprima toutes les paroles d'hommage à Staline, alors que ce fut le nom de Khrouchtchev qui disparut de ceux prononcés entre 1953 et 1964. Là où il était impossible d'enlever le nom de Khrouchtchev (par exemple dans les discours tenus aux plénums du Parti débattant de ses réformes, ou au XXIIe Congrès du Parti), ces discours furent simplement supprimés. D'autres membres du Politburo publièrent d'énormes recueils en un volume (celui de Kirilenko comporte sept cent cinquante-neuf pages, ceux de Grichine, Romanov, Chtcherbitski et Ponomarev ont tous plus de six cents pages), celui de Pelché et celui d'Andropov avec ses trois cent dix-huit pages sont les plus minces. Un tirage en cent mille exemplaires est de fait peu important pour le contexte soviétique. Un grand nombre de volumes fut de plus distribué aux bibliothèques et aux organisations du Parti. Jusqu'à l'élection d'Andropov au poste suprême, la vente de son livre avait été effectivement très faible. Les pages de ses discours officiels fournissaient, il est vrai, peu d'informations sur sa personnalité. Certains d'entre eux remontent à la période où Andropov travaillait dans la

République carélo-finnoise ; dans l'ensemble, ils démontrent simplement que ses allocutions publiques et ses articles n'étaient pas très différents de ceux des autres dirigeants.

Si la nouvelle du décès de Brejnev fut accueillie sans émotion par le public soviétique, l'élection d'Andropov, quant à elle, ne suscita aucun enthousiasme. La première anecdote que l'on fit circuler était plutôt attristante, mais elle reflétait sans doute assez exactement l'atmosphère générale. Andropov explique à un journaliste étranger qu'il est certain de rencontrer l'adhésion du peuple : « Et ceux qui ne me suivront pas iront suivre Brejnev. » Une autre anecdote prétend que le Kremlin sera sans doute rebaptisé Andropolis.

Quand Tchernenko proposa Andropov au poste de secrétaire général, il conseilla au Politburo de maintenir la ligne politique de Brejnev ; et tant que le corps de celui-ci fut exposé, la ligne de Brejnev fut suivie. Mais dès que la montagne de fleurs, qui couvraient le cercueil, se mit à faner, les piliers du « brejnévisme » commencèrent à céder. Pourtant ils ne se sont pas tous effondrés d'un coup : le fonctionnement du pouvoir soviétique suppose en fait une direction par consensus, ce qui signifie qu'un changement radical est à peine possible. Mais, avec ses soixante-huit ans, Andropov est l'homme le plus âgé qui prenne les rênes de l'Union soviétique, et il ne peut pas se permettre d'agir trop lentement. De plus, sa position est beaucoup plus forte que celle de ses prédécesseurs, qui durent faire face à des luttes de pouvoir, une fois choisis comme dirigeants. En novembre 1982, Andropov n'avait ni concurrent ni rival, et il avait été clairement mandaté pour procéder à des changements. Il avait le soutien des hommes qui avaient fait le maximum pour qu'il soit nommé au poste de secrétaire général, le maréchal Oustinov et Vladimir Chtcherbitski, Gromyko, Gorbatchev, Kounaev et Aliev formant un groupe secondaire. Les dirigeants risquent de changer avec le temps, il y aura en effet de nouveaux plénums du

Comité central en 1983, et puis, lors du prochain congrès du Parti, qui sera sans doute convoqué plus tôt que prévu, en 1986, la direction du Parti sera certainement rajeunie. Mais la position d'Andropov au Politburo est déjà suffisamment forte pour indiquer au peuple soviétique et au monde que ce n'est pas seulement le style mais aussi la substance même de la politique intérieure et étrangère de l'Union soviétique qui est en train de changer.

TROISIÈME PARTIE

ANDROPOV AU POUVOIR

CHAPITRE XII

LA CONSTITUTION D'UNE EQUIPE

La mort de Kossyguine en 1980, et celle de Souslov et de Brejnev en 1982 marquèrent certes la disparition des trois personnalités les plus importantes de l'ère post-khrouchtchévienne, mais aussi la fin d'une génération politique. Le départ à la retraite de Kirilenko confirma cet état de fait. Bien que le nouveau secrétaire général ne soit pas un homme jeune, pas plus que ses partisans les plus proches, Oustinov, âgé de soixante-treize ans et Chtcherbitski, âgé de soixante-quatre ans, il est peu probable que ceux qui ont occupé des postes de haute responsabilité puissent mener à vie une politique à la Brejnev. Mais le remplacement de l'équipe dirigeante ne peut pas s'effectuer très rapidement en Union soviétique, puisque ce système fonctionne sur la base d'un consensus général entre les principaux membres du Comité central et du gouvernement, et non pas par élections libres menées régulièrement et susceptibles de modifier la composition du Parti au pouvoir ou de la transformer complètement.

Lors du plénum du Comité central, qui eut lieu juste avant la session budgétaire du Soviet suprême, fin novembre, on annonça uniquement le départ à la retraite de Kirilenko, qui aurait dû même survenir bien avant la mort de Brejnev. Or, même Arvid Pelché, âgé de quatre-vingt-trois ans, dont on avait annoncé la mort pendant deux semaines en novembre, et Vasili Kouznetzov, membre candidat du Politburo âgé de quatre-vingt-un ans, ne donnèrent pas leur démission. Non pas parce qu'ils menaient encore à bien leur tâche, mais parce que les quelques jours qui séparèrent les funérailles de Brejnev de la date du plénum ne suffirent pas pour trouver les remplaçants adéquats. Le plénum accorda une promotion à Aliev (cinquante-neuf ans) en lui donnant le titre de membre titulaire du Politburo, et nomma N. I. Ryjkov nouveau secrétaire du Comité central. Il est important de souligner que Ryjkov ne fut pas nommé à l'un ou l'autre des postes laissés vacants par Andropov et Kirilenko. Agé de cinquante-trois ans et habile technocrate, cet homme avait dirigé auparavant avec succès le grand complexe industriel russe d'Ouralmach ; il fut donc chargé de créer un nouveau département du Comité central destiné à coordonner l'activité des autres secteurs industriels et de mettre au point une nouvelle méthode de gestion plus efficace dans les différentes branches de l'industrie. Ainsi le service de Ryjkov doit instaurer un nouveau système de coordination entre toutes les branches de l'industrie et le Gosplan, le Comité des salaires et des prix, etc. L'objectif consiste à harmoniser au maximum la vie industrielle de la nation. En théorie, la mission de Ryjkov vise à réduire le gaspillage et la surproduction dans certaines branches de l'industrie, et à accroître en revanche la production dans d'autres. Dans le système économique soviétique, le transfert de fonds et de matières d'une branche industrielle à l'autre est traditionnellement un long et pénible processus, particulièrement inefficace et bureaucratique. Aussi espère-t-on que la mise en place de cette coordination permettra de raccourcir les circuits.

La création de ce département et la nomination de Ryjkov à sa tête confirmèrent mes attentes, selon lesquelles Andropov axerait sa politique non sur des réformes libérales mais sur la rentabilité économique. Je ne pensais pas que ce style de « dégel » serait possible, annonçant ainsi un régime à la Khrouchtchev. Bien que Brejnev ait été un dirigeant conservateur, ce ne fut pas un tyran dans la tradition stalinienne, et, sur un plan politique, son régime fut relativement modéré. Le grand public se plaignait davantage de la gabegie et de l'anarchie économique, que d'une répression dirigée vers les dissidents, et non vers les simples ouvriers et agriculteurs.

La session du Soviet suprême qui s'ouvrit le 23 novembre 1982 suscita moins d'étonnement encore. Il fut bien sûr impossible de modifier le budget à si court terme. La seule surprise fut créée par le problème de la vacance du poste du président « en titre », c'est-à-dire du président du Praesidium du Soviet suprême ; ce poste avait été auparavant promis à Tchernenko comme prix de consolation dans la lutte pour le pouvoir. Ce poste n'a aucune réelle influence, puisque le président ne peut personnellement prendre aucune décision ; il se contente de présider le Praesidium de quarante membres qui sont, selon la Constitution, le « président collectif ». Mais ce poste a une importance protocolaire, et permet de se manifester activement en politique étrangère, s'il est étroitement associé au poste du secrétaire général, découverte que fit d'ailleurs Brejnev. Voilà pourquoi les cercles diplomatiques de Moscou ainsi que les observateurs du Kremlin à l'étranger s'attendaient qu'Andropov prenne ce poste, afin d'accroître son prestige et son pouvoir personnel. A la surprise générale, le poste resta vacant. Andropov fut élu au Praesidium comme simple membre, mais c'était là un pur protocole pour le chef du Parti. Le fait que l'on n'ait pu réussir à élire un nouveau président ne présenta aucun inconvénient pour lui, mais c'était en fait un moyen d'indiquer qu'il avait rapidement acquis du pouvoir, lui permettant ainsi d'ignorer les promesses faites à Tchernenko. Ce fut une défaite pour les « brejnéviens ». Andropov aurait en effet pu considérer qu'il perdait du temps en tant que président du Soviet suprême, s'il avait eu l'intention d'agir plutôt que de présider des cérémonies. Il était donc sage de maintenir ce poste vacant pour le moment. On peut par la suite le confier à quelqu'un tout à fait loyal et apprécié du grand public, quelqu'un comme Gromyko s'il décide d'abandonner sa lourde activité diplomatique, ou Tikhonov en guise de compensation pour son effacement ultime.

La nouvelle nomination (au gouvernement) qui attira l'attention fut celle d'Aliev comme premier vice-Premier ministre. Bien que le Premier ministre ait plusieurs simples suppléants, Aliev, membre du Politburo, devint la personnalité la plus influente du gouvernement. Cette nomination était raisonnable : Aliev est une forte personnalité, un bon administrateur, un homme honnête et un représentant de la forte minorité musulmane soviétique. Il n'importe pas qu'il soit lui-même pratiquant : aux yeux du monde musulman, il est musulman et non Geïdar Aliev mais Geider-Ali Ali Zadeh. En tant que colonel, il servit de suppléant au général Tsvigoun, le chef du KGB en Azerbaïdjan. Quand Tsvigoun vint à Moscou en 1967, lorsqu'il fut nommé premier vice-président du KGB, Aliev fut proposé comme successeur. Ce qui attestait de la confiance que lui accordait Tsvigoun ; il est tout à fait inhabituel qu'une personne autochtone soit nommée chef du KGB dans l'une des républiques de l'Union. En 1969, quand le degré de corruption en Azerbaïdjan devint intolérable, Brejnev dut renvoyer Véli Akhoundov, premier secrétaire du Comité central de l'Azerbaïdjan. Ce dernier, physicien de profession devint vice-président de l'Académie des sciences de l'Azerbaïdjan, et Aliev fut nommé à sa place. Ses succès furent si indéniables que l'on dit par plaisanterie qu'il avait « restauré le pouvoir soviétique » en Azerbaïdjan. Le taux du développement économique, qui auparavant était inférieur à la moyenne soviétique, s'accrut considérablement : en effet, le PNB de l'Union soviétique augmenta de 24 % entre 1975 et 1980, alors qu'il augmenta de 47 % en Azerbaïdjan. Aliev s'est donc révélé un homme intelligent, capable de prendre des risques et des décisions innovatrices.

La promotion d'Aliev fut immédiatement perçue

par les observateurs étrangers comme un nouveau moyen de reconquérir « l'influence perdue de Moscou dans le monde musulman »[1]. Cette analyse est peut-être exacte, mais ce n'est certainement pas la raison principale de sa nomination. En effet, Andropov semble avoir décidé de réduire toutes les formes de nationalisme, notamment le « nationalisme grand-russe », dans le but de faciliter les relations avec d'autres pays et non pas uniquement avec le monde musulman. Ainsi, selon la Chine, la renaissance du nationalisme russe justifiait les interventions soviétiques à l'étranger. Aliev est populaire dans les milieux marxistes du Moyen-Orient. Il fut certes fidèle à Brejnev (Brejnev et Tsvigoun avaient été à l'origine de sa promotion), mais cette fidélité était opportuniste. Les brillants éloges, adressés à Brejnev lors d'occasions publiques, étaient pour lui une façon orientale de le flatter subtilement et non une manière de lui prouver une admiration sincère. Officier du KGB avant 1969, il lui est sans doute plus facile de collaborer avec Andropov qu'avec Tchernenko.

Aliev s'est fixé, en priorité, d'améliorer le système des transports soviétiques, goulot d'étranglement de l'économie. Dans un pays aussi vaste que l'Union soviétique, il est extrêmement important de disposer de bons réseaux de voies ferrées et d'autoroutes, ce qui pourtant a été négligé pendant de nombreuses années. Dans sa première allocution au plénum du Comité central, Andropov souligna brièvement mais clairement les faiblesses du système de transport soviétique. Quelques jours plus tard, Ivan Pavlovski, ministre des Chemins de fer, fut limogé, et Nicolaï Konarev, son vice-président âgé de cinquante-cinq ans, fut nommé à sa place. Auparavant, les changements ministériels figuraient en principe sur la dernière page des journaux dans une petite section intitulée « Kronika » (chronique). La nomination de Konarev fit l'objet de premières pages de la presse centrale, ainsi que sa photo et une brève biographie ; ceci avait manifestement pour but d'accroître son autorité et d'indiquer au grand public qu'il était l'homme approprié pour ce type de mission. Une telle publicité constituait une innovation intéressante, et elle fut d'ailleurs reproduite lors de nominations importantes ultérieures à l'échelon ministériel et pour le poste de président du Comité de défense de l'Etat. Boris Pastoukhov, quarante-neuf ans, fut ensuite promu à la présidence du Comité de l'édition, poste qu'il avait hérité de Boris Stoukaline, l'un des hommes de Souslov et un individu plutôt conservateur. Stoukaline fut à son tour promu à un poste où sa vigilance idéologique trouverait une meilleure application, comme chef du département de propagande du Comité central, chargé de fournir des informations sur les idéologues du Parti à toute l'armée, dans les régions et les districts, et aussi de surveiller les médias. Ce transfert pourrait indiquer que l'activité idéologique sera menée plus énergiquement à l'avenir. En revanche, le limogeage de Stepan Khitrov, ministre de la Construction pour l'Agriculture, passa inaperçu. Khitrov était un homme âgé de soixante-douze ans et son ministère n'avait pas très bonne réputation.

Il faut néanmoins ajouter que cette perspective d'un gouvernement plus « ouvert », que laissaient, semble-t-il, présager la notoriété accrue accordée à des individus ainsi que les rapports publics des réunions du Politburo, parut démentie quand le rapport annuel de 1982 omit de mentionner les personnalités principales chargées de la production agricole. En 1981, on introduisit des restrictions sur la publication de statistiques : ainsi les chiffres de production des céréales et autres produits agricoles n'y figuraient pas, sans doute parce qu'ils étaient extrêmement bas. Bien que la production agricole fût meilleure en 1982, ces chiffres ne figurèrent toujours pas. Cette attitude est peu judicieuse car, si les experts étrangers ou la population locale ont une information insuffisante, ils auront tendance à tirer des conclusions très pessimistes.

Le nouveau remaniement important eut lieu le 17 décembre lorsque le général Chtchelokov, âgé de soixante-dix ans, dut quitter son poste de ministre des Affaires intérieures. Chtchelokov avait été certes un vieil ami de Brejnev, à l'époque de Dniepropetrovsk, mais il avait été aussi très indulgent envers les cas de corruption officielle, même quand cela était moins que discret. Il était aussi personnellement corrompu, ce que le grand public ignorait, bien sûr. Entre 1970 et 1982, il y eut une série d'augmentations importantes en Union soviétique sur des produits de luxe tels que l'or, l'argent, les bijoux, le caviar et les fourrures ; et la femme de Chtchelokov avait l'habitude de prévenir ses amis bien à l'avance, de façon que ces derniers puissent acheter de grandes quantités avant toute augmentation « inopinée » des prix. Les fonctionnaires du Parti et du KGB étaient apparemment au courant de ces « fuites », qui suscitaient parfois une telle réaction en chaîne que certaines boutiques étaient dévalisées par d'avides acheteurs. Cependant, ils ne pouvaient intervenir, puisque Chtchelokov était un ami intime de Brejnev.

Le service d'émigration et de voyages à l'étranger (l'OVIR), section officielle du ministère des Affaires intérieures, était notoirement connu pour être corrompu. Tous les automobilistes connaissaient bien sûr les manigances du service de police chargé de l'inspection des voitures, et la milice avait de fait en général une très mauvaise réputation auprès du grand public. Officiellement, des villes telles que Moscou, Kiev et Leningrad ne sont pas « ouvertes », c'est-à-dire qu'elles ne peuvent pas librement s'accroître : les personnes qui souhaitent y vivre ont besoin d'une *propiska,* permis spécial de résidence délivré par la police. Cependant, la population de toutes ces grandes villes n'a cessé d'augmenter, puisqu'il était possible d'acheter une *propiska.* On peut prétendre que cette économie « parallèle », si caractéristique de la vie soviétique, profite plus qu'elle ne nuit à la population, puisqu'elle fournit certains biens et services que l'Etat n'est pas encore en mesure d'assurer. Il ne s'agit certainement pas là de corruption, au sens habituel du terme, puisqu'elle contribue au PNB de la même manière que les parcelles agricoles privées contribuent à l'alimentation. La corruption de la police constitue en revanche un autre problème : elle provoque en effet le mécontentement du public et réduit en outre la discipline générale du travail de la population.

Ainsi le limogeage de Chtchelokov ne fut pas une surprise. En revanche, la nomination au poste de ministre des Affaires intérieures de Vitali Fedortchouk, qui venait à peine d'être nommé chef du KGB, suscita un grand étonnement. Il fut remplacé par son suppléant au KGB, Victor Tchebrikov, qui avait été aussi le suppléant d'Andropov. Membre du Comité central, Tchebrikov, âgé de cinquante-neuf ans, aurait pu naturellement être nommé à la place d'Andropov en mai, mais il fut qualifié d'ami de Tsvigoun et de partisan de Brejnev. Bien que plus jeune que le reste de la « mafia » de Brejnev, il avait fréquenté le même collège que ce dernier (l'Institut métallurgique de Dniepropetrovsk, dont était aussi diplômé un grand nombre d'autres hauts fonctionnaires, notamment Tikhonov et Chtchelokov et, comme Brejnev, Tchebrikov avait commencé sa carrière au Parti dans la région de Dniepropetrovsk. Il fut nommé vice-président du KGB lors du remaniement de 1967, ainsi que G. K. Zinev, un autre membre de ce cercle. Sans doute avait-il été recommandé par quelqu'un proche de Brejnev. Bien que Tchebrikov ait été qualifié de personnalité inféodée à Brejnev, il semble que, en décembre 1982, le problème de la fidélité à l'ancien secrétaire général devint secondaire : pour Andropov, il était d'abord important que Tchebrikov fût un homme capable, qu'il connaissait bien et sur lequel il pouvait compter pour une collaboration pleine et entière. Andropov ne désirait certainement pas donner l'impression qu'il y avait un profond désordre dans la hiérarchie du KGB. Il est vrai que, pour Fedortchouk, le ministère des Affaires intérieures représentait une promotion. Le MVD est en effet une organisation plus vaste que le KGB, et plus importante aux yeux du grand public, et le titre de ministre est encore considéré comme supérieur à celui de président d'un comité d'Etat. Mais il est peut-être plus intéressant d'indiquer que les deux branches des organes de sécurité sont désormais confiées à des hommes qui seront attentifs à Andropov et qui, en tant que membres de l'administration militaire, ne nourriront sans doute pas d'ambitions politiques. Ils savent pourquoi ils ont été choisis, et ils savent aussi que s'ils ne mènent pas à bien leur mission, ils ne peuvent être que dégradés. Il n'existe pour eux aucune possibilité de promotion. Brejnev traitait Chtchelokov comme un vieil ami, presque comme un parent. Andropov traitera ces nouveaux chefs de la sécurité comme des subordonnés qui doivent comprendre ce que signifie la discipline. Ces changements sont des indices importants qui peuvent difficilement être mal interprétés. En effet, les trois grandes promotions (celles d'Aliev, Fedortchouk et Tchebrikov) concernent des professionnels du KGB issus de sa branche militaire.

Le nouveau dirigeant dut en outre se constituer un cabinet de conseillers et de collaborateurs rattachés à ses services personnels. Le « secrétariat du secrétaire général » était un organe qui avait été créé par Brejnev. Khrouchtchev, quant à lui, s'était entouré de plusieurs collaborateurs personnels (pour l'agriculture, la culture, etc.), mais ceux-ci ne formaient pas une structure administrative définie. Certains exerçaient des fonctions dans diverses organisations gouvernementales, d'autres étaient membres du Parti. Staline n'avait qu'un secrétaire personnel, A. I. Poskrebychev, mais il traitait tout le monde, même les membres du Politburo, comme sa suite personnelle. La liste complète des collaborateurs et assistants ne figure jamais dans les documents officiels, mais l'on peut parfois les identifier en examinant les communiqués officiels. Ainsi, la liste des personnes présentes à une réunion particulière comportera souvent le nom de quelqu'un qualifié d' « assistant du secrétaire général ». Ainsi, après les premières réunions entre Andropov et les ténors de la politique dite étrangère, A. M. Alexandrov-Agentov avait manifestement maintenu (où reconquis) son poste de conseiller. Une autre personnalité inconnue jusqu'alors, V. V. Charapov, fit aussi office de conseiller, notamment lors des réunions entre Andropov et les chefs des pays socialistes. Charapov avait auparavant travaillé pour la *Pravda* et dans le service de presse du Comité central. Mais d'autres collaborateurs de Brejnev ne furent pas reconduits dans leurs fonctions. On sait, depuis décembre, de source moscovite, qu'ils ont continué à percevoir leurs salaires et à se rendre à leurs bureaux, mais ils n'ont reçu aucune mission. Andropov semble s'entourer de moins de collaborateurs que Brejnev. Il a déjà expliqué que ses discours seront brefs, précis et assez peu fréquents. Brejnev, quant à lui, était incapable de faire un discours, quelle que fût sa longueur, sans recourir à un texte écrit préparé, même quand il devait porter un bref toast lors de soirées diplomatiques ; ce texte était préparé et mémorisé à l'avance par lui-même et par son interprète. Il arrivait souvent à Brejnev d'oublier des phrases entières, mais son excellent interprète officiel se souvenait du texte original et il le restituait, et non les mots exacts de Brejnev. Andropov est certes doué d'une meilleure faculté d'élocution, et il peut exprimer sans difficulté ses opinions aux étrangers, comme il a su le prouver à la réception organisée pour les officiels étrangers après les funérailles de Brejnev.

Tout le monde pensait que Tikhonov, âgé de soixante-dix-sept ans, serait la prochaine personne à partir à la retraite. Il avait certes été un ami très proche de Brejnev, mais il était surtout trop âgé et trop faible pour continuer à être Premier ministre. Le problème consiste désormais à organiser la série des départs à la retraite, car il y a en effet quelques individus âgés dans les cercles du pouvoir. Or l'examen des qualités des candidats éventuels peut prendre plusieurs mois. Andropov a besoin de procéder à des changements susceptibles d'améliorer la performance de l'administration et de satisfaire sa première priorité, réduire le gaspillage, la corruption et l'inefficacité. Il n'a pas d'autre choix que de nommer des personnes de la nouvelle génération. Or, l'effet négatif le plus important de la politique de Brejnev, consistant à nommer des personnalités à vie, engendra une sérieuse pénurie de cadres expérimentés. Dans le Parti ainsi que dans l'administration, les hommes et les femmes plus jeunes ont été maintenus trop longtemps à des postes à responsabilité moyenne, si bien que peu d'entre eux, âgés aujourd'hui de quarante à cinquante ans, ont l'expérience nécessaire pour assumer un poste de chef.

Avant le décès de Brejnev, Roy Medvedev publia quelques articles dans lesquels il analysait le profil de la future génération de dirigeants soviétiques[2]. Il en conclut que les gens qui s'apprêtent à reprendre le pouvoir :

> « ... ont avancé lentement dans leurs carrières. Ils furent trop longtemps et sont encore maintenus à des postes relativement secondaires. Ils n'ont pas une expérience suffisante pour résoudre des problèmes à une échelle nationale et internationale.[3] »

Il poursuit en se demandant :

> « Seront-ils en mesure de l'acquérir rapidement ? Seront-ils capables de promouvoir, non sans témérité, des personnes même plus jeunes et plus dynamiques qu'eux ? Ou, ayant attendu eux-mêmes si longtemps cette promotion, seront-ils encore plus intolérants vis-à-vis de la nouvelle génération ?[4] »

Il est très difficile de répondre à cette question sur la base de nouvelles nominations effectuées en janvier au sein du gouvernement et du Parti. Il était par exemple normal que Alexandre Strouev, ministre du Commerce intérieur depuis 1965, et âgé de soixante-seize ans, soit obligé de démissionner ; d'autant plus qu'il y avait eu des critiques sévères dans la presse sur l'état déplorable du commerce intérieur soviétique (taxé d'inefficacité, de gaspillage et de corruption). Mais le nouveau ministre, Grigori Vachtchenko, âgé de soixante-deux ans, appartient aussi à l'ancienne génération. En outre, à l'époque de Brejnev, il était habituel de remplacer les ministres en retraite par un de leurs suppléants. Mais Grigori Vachtchenko quitta son poste de vice-Premier ministre de l'Ukraine pour venir à Moscou. Cette nomination pouvait être l'expression d'un changement inopiné au sein du ministère des Transports, probablement l'un des ministères les plus corrompus du système soviétique. Il est plus difficile d'expliquer pourquoi l'on a renvoyé, le 19 janvier, Valentin Makeev (cinquante-deux ans), alors vice-Premier ministre, et pourquoi on a nommé ce dernier à un poste de moindre responsabilité au Conseil central des syndicats de l'URSS ; en effet, Makeev n'avait occupé ce poste que pendant deux ans. C'était un protégé de Viktor Grichine : il avait été, entre 1976 et 1980, son bras droit, en tant que deuxième secrétaire du comité du Parti de la ville de Moscou.

Le 11 janvier 1983, Tikhon Kisselev, premier secrétaire du Parti communiste de Biélorussie et membre candidat du Politburo, mourut à la suite d'une longue maladie. A l'époque de Brejnev, il aurait été normal de choisir comme successeur quelqu'un provenant du Politburo de Biélorussie ou du secrétariat. En effet, quand l'ancien chef du Parti de Biélorussie, Piotr Macherov, trouva la mort dans un accident de voiture, Kisselev était alors Premier ministre de Biélorussie. Comme c'était le deuxième poste le plus important de la république, il était normal qu'il succède à Macherov. Mais Kisselev était à peine mort depuis deux jours qu'Andropov demanda au plénum du Comité central de Biélorussie d'élire comme premier secrétaire N. N. Slounkov, personnalité moscovite qui leur était totalement inconnue. Slounkov n'était pas même membre candidat du Comité central du Parti ; à Moscou, il avait été, en dernier lieu, vice-président du Gosplan, bien qu'il ait auparavant travaillé en Biélorussie. De façon générale, sa nomination fut considérée comme un signe de changement nécessaire en Biélorussie, région voisine de la Pologne et l'une des trois républiques les plus peuplées de l'Union, mais aussi l'une des plus pauvres.

Désormais, le temps n'est plus où, à la manière de Brejnev, on remplaçait les dignitaires en retraite ou les défunts par leurs suppléants, ce qui assurait une certaine stabilité mais constituait aussi le meilleur moyen de dissimuler toute manœuvre ou toute corruption. Mais ce fut un signal clairement adressé à tous les premiers secrétaires de toutes les républiques et régions, et à leurs suppléants : c'est à eux en effet de faire de l'ordre dans leurs provinces, avant que quelqu'un, nouvellement venu de Moscou, ne le fasse à leur place.

CHAPITRE XIII

LE PROGRAMME ECONOMIQUE D'ANDROPOV

Khrouchtchev et Brejnev avaient commencé leur mandat en énonçant leurs priorités économiques. Les deux hommes avaient en effet hérité des problèmes économiques graves qui s'étaient accumulés dans les dernières années du régime précédent. La concentration du pouvoir dans les mains d'un seul homme et la création d'un culte de la personnalité coïncidèrent, semble-t-il, avec une dégradation de la gestion industrielle et agricole et avec une baisse générale du niveau de vie. Entre 1929 et 1953, années du régime de Staline, ce furent surtout les paysans qui en pâtirent mais, pendant les dernières années de l'ère de Khrouchtchev, ces difficultés commencèrent à affecter également la population urbaine. Le même scénario se reproduisit lors des dernières années du régime de Brejnev ; en effet, la consolidation de son pouvoir personnel et la création d'un culte de personnalité entre 1977 et 1982 coïncidèrent avec une baisse du taux de croissance industrielle, une diminution générale de la production agricole, et l'apparition des pénuries alimentaires chroniques dues essentiellement à un déséquilibre entre la croissance rapide de la population urbaine et la stagnation de l'agriculture, en dépit des investissements importants effectués dans ce secteur. Sous Staline, les paysans furent brutalement exploités. Sous Brejnev, ils furent subventionnés, mais les problèmes restèrent les mêmes : les régions agricoles étaient en effet incapables de produire assez de nourriture pour assurer un ravitaillement suffisant dans les grandes villes. Entre 1920 et 1940, il y avait une pénurie de pain ; à partir de 1970 ce ne fut plus le pain qui fit défaut mais la viande et la qualité de l'alimentation. On ne satisfaisait pas les demandes de la nouvelle génération, plus informée et plus exigeante, aussi le degré de mécontentement s'accentua-t-il vers la fin de la vie de Brejnev. La nouvelle équipe dirigeante devait donc avoir pour priorité d'améliorer l'économie et surtout l'économie de consommation. Cependant, la tâche de Khrouchtchev en 1953, et celle de Brejnev en 1964, étaient comparativement plus faciles puisque toute la structure économique et sociale était beaucoup plus simple. En 1982, l'Union soviétique est devenue une « superpuissance » moderne, dotée d'un système économique extrêmement complexe. En outre, on peut difficilement parler de « crise » pour qualifier la situation économique de 1982 : l'Union soviétique était déjà en effet un pays hautement développé et ses problèmes étaient essentiellement ceux d'une société de consommation. Il fallait simplement redéfinir les priorités, procéder à quelques modifications et améliorer la gestion. La population des campagnes et des villes vivait raisonnablement bien, mais elle savait qu'elle pouvait encore vivre mieux. Et c'est cette prise de conscience qui expliquait essentiellement son mécontentement. Les problèmes économiques de l'Union soviétique sont tout à fait différents de ceux des pays industrialisés occidentaux et différents aussi, bien sûr, de ceux des pays sous-développés du tiers monde. Les médias occidentaux déforment souvent la situation économique en Union soviétique par ignorance ou pour des raisons de propagande, mais cette façon de biaiser l'information est si répandue que les hommes politiques se mettent à y croire et font de graves erreurs de pronostics pouvant être très gênantes. Il est intéressant à ce sujet de citer l'embargo sur les céréales décidé par le président Carter ainsi que l'embargo sur le gazoduc sibérien dû au président

Reagan : ces deux interventions ont en effet plus nui à l'économie américaine qu'à l'économie soviétique.

Depuis Staline, le système économique soviétique a toujours souffert de la disproportion entre ses différents secteurs. Le taux de croissance annuelle a toujours été très élevé (si l'on se réfère aux normes occidentales, il a été toujours supérieur à celui des Etats-Unis ou de la Grande-Bretagne), mais il a toujours été inégalement réparti. Khrouchtchev a réussi à améliorer le grave déséquilibre qui subsistait depuis Staline entre l'industrie et l'agriculture, mais il n'est pas parvenu à le redresser complètement. Les mesures prises par Brejnev et Kossyguine engendrèrent une économie plus équilibrée. Entre 1965 et 1980, le taux de croissance industrielle augmenta considérablement (270 %), mais la production agricole, quant à elle, n'augmenta que de 35 %, et elle déclina même légèrement en 1981 en raison des mauvaises conditions atmosphériques. En 1982, elle augmenta très légèrement, 3 à 4 % par rapport aux chiffres de 1981, et elle était donc bien inférieure aux objectifs. Entre 1965 et 1982, la population s'accrut aussi d'environ 35 %, et ce phénomène était bien sûr majoritairement urbain. Ainsi la production par tête de nourriture destinée à la population urbaine déclina, ce qui nécessita l'achat à l'étranger de quantités importantes de céréales et d'autres produits alimentaires. L'augmentation des importations étrangères put heureusement être financée par la vente de pétrole et de gaz, dont l'augmentation substantielle des prix bénéficia à l'Union soviétique, premier producteur mondial de pétrole et de gaz.

Comme tout nouveau dirigeant dans le monde, Andropov a le grand avantage de ne pas être personnellement responsable des problèmes antérieurs. Dans son premier discours politique prononcé au plénum du Comité central, le 22 novembre 1982, il fit un nombre limité de critiques, mais même la presse étrangère les considéra comme des symptômes d'une « attitude nouvelle ». Brejnev commençait toujours par évoquer les succès ; Andropov, quant à lui, préféra ne pas glorifier, comme de routine, les performances économiques. Mais la presse étrangère exagéra en prétendant qu'il avait « dit abruptement au peuple soviétique que le système était en crise et qu'il n'avait pas " de recette toute prête " pour le relancer[1] ». Andropov ne critiqua pas le « système », et il n'était certes pas dans son intérêt de le faire. A son avis, le gouvernement, les travailleurs et les agriculteurs étaient également responsables des faiblesses économiques du pays. Il lui fallait fournir un tel argument puisque sa « recette » ne consiste pas seulement à améliorer la gestion mais aussi à inciter ouvriers et paysans à travailler davantage et plus efficacement, et à améliorer la discipline dans le travail.

En 1982, la croissance industrielle ne fut que de 2,8 %. Or, le Plan avait prévu 4 % d'augmentation pour l'industrie et 2,7 % pour l'ensemble du PNB. Le Plan de 1983, proposé pour le plénum et accepté par le Soviet suprême, n'était pas beaucoup plus ambitieux : 3,2 % de croissance industrielle et 3,3 % pour le PNB. Mais ce ne sont pas les niveaux de production qui préoccupent en fait Andropov. Il tient en revanche à ce que tout ce qui est produit ou récolté soit ou immédiatement disponible ou conservé, car il sait que beaucoup de biens produits, et statistiquement répertoriés, sont ensuite gaspillés ou inutilisés pour des raisons de mauvaise qualité. Voici les priorités qu'il a énoncées dans son discours : perfectionner la gestion, accroître la productivité (ce qui signifie plus de travail et une meilleure discipline) et améliorer la qualité de la main-d'œuvre et des biens. Il cherche aussi à accélérer la mise en œuvre de nouvelles techniques et de méthodes de planification, et il insiste aussi sur la nécessité de réduire les pertes et le gaspillage. Il ne propose aucune innovation en matière d'agriculture, il se contente de souligner l'importance de se conformer au « programme alimentaire » adopté en mai 1982. Son discours n'est en rien réformateur ; il lui était en fait impossible de faire des propositions radicalement nouvelles une semaine à peine après sa nomination. Il lui suffisait de dire à la population que sa politique offrait des perspectives raisonnables sans être trop prometteuses, et tel fut le sens de son intervention.

En décembre 1982, le ministère — réorganisé — des Chemins de fer et des autres modes de transport présenta un nouveau programme destiné à améliorer ses services, qui fut accepté par le Comité central et le Conseil des ministres et publié dans tous les grands journaux soviétiques le 15 décembre 1982. Ce programme visait surtout à améliorer la coordination entre tous les modes de transport : le rail, la marine marchande, le transport fluvial qui, dépendant tous de ministères différents, étaient auparavant mal coordonnés. Il envisage de sérieuses améliorations techniques de tous les moyens de transport telles qu'une augmentation de salaires et un intéressement des ouvriers proportionnel à la rentabilité économique générale du système des transports. Si l'on en juge par les trois semaines qui se sont écoulées entre les critiques initiales, le changement de ministre, et l'élaboration d'un nouveau programme complexe et bien coordonné, la lente machine bureaucratique gouvernementale s'est, apparemment, mise en route plus vite que par le passé.

Dès qu'Andropov fut élu secrétaire général, beaucoup de bons journaux occidentaux laissèrent entendre qu'il admirait le système économique hongrois et qu'il pourrait donc peut-être introduire certains éléments du modèle hongrois en Union soviétique. Pour ma part, je ne pense pas qu'il agira ainsi à court terme. Peut-être, une fois que des améliorations sensibles se feront sentir dans les industries de base, certaines formes d'initiative privée seront-elles encouragées dans le secteur tertiaire. Dans ses relations avec l'étranger, Andropov se refuse, de façon même plus énergique que Brejnev, à subordonner les relations commerciales à des conditions politiques. Ainsi, l'Union soviétique a refusé d'acheter plus de blé américain que ne le prévoyait le modeste quota fixé dans le précédent accord ; elle a effectivement décliné la proposition de Reagan pour d'autres fournitures, et elle s'est de même refusée à acheter le surplus de beurre du Marché commun qui lui était offert à des conditions inférieures à celles proposées aux autres acheteurs. Voilà bien la preuve qu'Andropov suivra ou même renforcera l'attitude traditionnelle de l'Union soviétique. Il est en effet probable que le nouveau gouvernement s'efforce de réduire, dans l'ensemble, la quantité de biens achetée à l'étranger.

L'Union soviétique perd sans doute davantage de produits alimentaires par suite des faibles capacités de réfrigération et de stockage, du nombre insuffisant de wagons spéciaux et de camions réfrigérés, que ce qu'elle achète à l'étranger. Aussi le nouveau gouvernement chercha-t-il tout de suite à réduire sensiblement le gaspillage. Les journaux soviétiques cessèrent de décrire les hauts rendements des meilleurs kolkhoses (sous Brejnev, on pensait que de telles descriptions susciteraient l'émulation) et ils se mirent plutôt à critiquer les fermes peu productives et l'incompétence de l'industrie alimentaire. Ainsi, dans un seul numéro des *Izvestia* par exemple, il y avait trois articles de première page sur la perte des denrées dans le réseau commercial, dans le système des transports, provoquée par le manque de conditions adéquates de réfrigération et de stockage offertes par le ministère des Fruits et Légumes. Sur la seconde page, il y avait un très grand article sur les pertes de lait. Page trois, une lettre rédigée par un groupe de fermiers traitait du même sujet et citait des exemples de gaspillage d'autres produits laitiers[2]. La presse changeait manifestement de ton et son message était clair : si la population veut manger mieux, elle doit travailler plus.

Dès la fin des cérémonies commémorant le soixantième anniversaire de la création de l'Union soviétique, on perçut des signes de durcissement vis-à-vis des travailleurs et des paysans. Les journaux continuèrent à mener leur campagne pour une discipline accrue dans le travail et pour une amélioration même de l'éthique du travail ; pendant ce temps, la police et les autres services de surveillance lançaient une véritable offensive contre toutes les formes de travail au noir, d'« économie parallèle », ou encore d'« économie-bis ». Il existe certainement des cas où la « deuxième économie » de l'Union soviétique est étroitement liée à la corruption officielle, mais en général les personnes qui font à titre privé des réfections d'appartements, de la plomberie, des installations électriques, etc., ont bien besoin de cette source de revenus supplémentaire, en raison de leur maigre salaire officiel. En principe, les gens ne peuvent pas avoir leur voiture réparée rapidement et correctement dans des garages publics ; ils doivent attendre des années pour faire faire des travaux dans leur logement (et ceux-ci ont toutes les chances d'être mal faits) ; et ils ne peuvent pas faire construire des petits abris sur les « lopins de terre » officiellement autorisés. En province, tous ces services sont même moins bien assurés que dans les grands centres urbains, et la pénurie est comblée par des travaux au noir effectués à titre privé. Les usines et les fermes collectives recourent même souvent à de la main-d'œuvre officieuse pour réparer leurs machines. Il était donc prématuré de réprimer cette « économie-bis », et ce fut la première grave erreur du nouveau gouvernement. En effet, il est erroné et simpliste de croire que, si les ouvriers n'ont plus la possibilité d'exécuter des travaux au noir, ils travailleront davantage dans leurs usines de façon à gagner plus par des heures supplémentaires et à dépasser ainsi leurs quotas. C'est ce qu'avait essayé Staline en agriculture entre 1949 et 1952, mais sa politique échoua. Khrouchtchev obtint de meilleurs résultats avec ses réformes économiques entre 1953 et 1958 mais, quand il se mit à appliquer des mesures administratives et à exercer différentes pressions destinées à limiter l'agriculture privée (entre 1960 et 1964) — pensant que les paysans se consacreraient davantage à leurs kolkhoses —, il fit le plus grand tort à la fois à l'agriculture individuelle et à l'agriculture collective. La discipline dans le travail est faible non seulement en raison du manque de zèle administratif mais aussi à cause des faibles salaires : la rémunération moyenne d'un ouvrier est de 150 roubles par mois (100 livres), en F 900, et elle ne constitue donc pas une incitation suffisante. Ce n'est pas en enlevant aux gens la possibilité de pouvoir gagner plus dans une « économie parallèle » que l'on a des chances de les pousser à travailler pour obtenir des salaires insuffisants dans l'économie officielle.

Les mesures prises par le gouvernement soviétique au début de 1983 relevaient moins du modèle hongrois que de la loi martiale en Pologne. En effet, à la manière de la Pologne, le gouvernement décida d'augmenter les prix alimentaires, en développant rapidement le circuit coopératif, encore appelé « commercial ». Les magasins coopératifs fonctionnent à mi-chemin entre les marchés libres des fermes collectives et les magasins d'Etat ; et ceci est d'ailleurs reflété par leurs tarifs. Les personnes qui ne peuvent pas trouver une alimentation fortement subventionnée dans les simples magasins d'Etat, ou qui ne peuvent pas passer de nombreuses heures à faire la queue, peuvent acheter des produits de meilleure qualité dans des coopératives. Mais comme les systèmes de distribution et de production sur lesquels reposent ces magasins ne sont pas subventionnés, les prix sont deux ou trois fois plus élevés que dans les magasins ordinaires de l'Etat. Un nombre croissant de produits alimentaires ont été détournés vers ce système, et les articles des journaux essayent d'expliquer aux consommateurs inquiets leurs politiques financières[3]. Ces mesures ont obligé la population à acheter davantage de nourriture dans ces magasins et c'est là peut-être le premier pas vers une politique d'augmentation des prix alimentaires en général. Le gouvernement fait une campagne active pour convaincre le public que les prix des autres produits de première nécessité (prix qui sont restés inchangés depuis trente ans) sont trop bas. Alors qu'il est difficile, en termes économiques, de critiquer la thèse selon laquelle la nourriture est trop fortement subventionnée en Union soviétique, ajouter à cette critique une augmentation des prix, tout en condamnant les sources supplémentaires de revenu, peut difficilement réduire le mécontentement général qui a prévalu dans les dernières années du gouvernement Brejnev. En outre, cette série de mesures ne va vraisemblablement pas améliorer la rentabilité de l'économie soviétique dans son ensemble.

La rencontre largement annoncée d'Andropov avec les travailleurs et les ingénieurs d'une usine de machines-outils à Moscou, le 31 janvier 1983, fut relatée dans tous les journaux soviétiques du 1er février. Ce dernier a de nouveau insisté sur la nécessité d'améliorer la discipline, de mieux respecter le Plan et de réduire les pertes de temps causées par l'absentéisme, la lenteur dans le travail et les pauses cigarette, etc. Il n'a révélé aucune intention de réforme économique, si l'on excepte une allusion aux faiblesses du système des prix et à la nécessité d'en augmenter certains.

Dans les campagnes, on a également donné des consignes de discipline plus stricte. A cet effet, on a organisé des réunions entre les agriculteurs travaillant dans les fermes d'Etat ; ces réunions avaient aussi pour but d'effrayer les contrevenants en les menaçant d'amendes et de mesures administratives et juridiques. C'est peut-être la méthode la plus simple et la moins chère pour enrayer à court terme la baisse de la productivité, mais elle ne sera peut-être pas efficace à long terme sans de vraies mesures économiques incitatives. Une telle politique n'est acceptable que si elle est provisoire, conçue pour gagner du temps de façon à pouvoir réellement mettre en place et éprouver des réformes économiques, et remplacer les bureaucrates par de véritables experts. Mais si un renforcement de la discipline, assorti par des pressions administratives, est perçu comme le seul moyen de pallier les faiblesses de l'économie soviétique, il est difficile alors d'espérer des résultats positifs.

CHAPITRE XIV

LA LUTTE CONTRE LA CORRUPTION

En septembre 1980, le Comité central, sous le coup de l'effondrement du régime de Gierek en Pologne, adopta une série de mesures destinées à lutter contre la corruption dans les milieux officiels, qui furent communiquées aux organisations locales du Parti (la région et le district) sous forme de circulaire confidentielle. Elle ne fut jamais publiée. Ainsi le Comité central ne voulait pas lancer ouvertement une campagne ou prendre de mesures légales, seul moyen en fait d'appliquer efficacement cette nouvelle politique. L'équipe dirigeante se rendit clairement compte que le problème était généralisé et donc extrêmement épineux, et elle souhaita alors améliorer la situation sans causer de profonds embarras. Mais, dans de nombreuses républiques fédérales et autonomes, ainsi que dans quelques régions, le principe socialiste de la distribution de la richesse proportionnelle au travail était souvent gravement bafoué à l'échelon supérieur. Les petits fonctionnaires se contentaient seulement de suivre l'exemple des dignitaires ou étaient parfois impliqués dans un réseau de corruption couvert et même protégé par leurs supérieurs. Parfois cette activité illégale prenait la forme d'une action bien organisée, à la manière de la mafia ; dans d'autres cas, il s'agissait d'un abus flagrant des fonds d'Etat, de la propriété et de la main-d'œuvre exploitées à des fins personnelles. Ainsi il existait plusieurs grands réseaux bien organisés dont l'activité consistait à exporter clandestinement certains articles (des produits de luxe d'exportation soviétique tels que icônes, fourrures, caviar, vodka) et à introduire alors clandestinement des produits attractifs étrangers (chaînes hi-fi, jeans, peaux de mouton, manteaux, etc.). On remarque en effet depuis la fin des années soixante-dix que les citadins soviétiques ont absolument la même allure que les habitants de Londres, de Paris ou de toute autre capitale européenne, bien que les produits de consommation et les vêtements occidentaux ne soient pas vendus au grand public.

En Union soviétique, plusieurs organes sont chargés d'enquêter sur la corruption des fonctionnaires et sur les délits économiques, et ils sont habilités à mener des actions en justice : ce sont la police et les enquêteurs de la police, les services des procureurs publics qui disposent de leurs propres corps d'enquêteurs, et le KGB. En Occident, on pense en général que le KGB est le plus important. En fait, cet organisme traite de la dissidence politique et des crimes d'Etat graves tels que la trahison et l'espionnage, mais s'occupe peu de corruption ou de délits économiques. Il n'intervient en fait que lorsque ces délits semblent impliquer des étrangers ou des contacts avec des étrangers, ou des hauts fonctionnaires ayant accès aux secrets d'Etat, ou s'ils occasionnent de la violence entre les différentes minorités nationales. Il existe aussi un système séparé d'enquêteurs militaires et de tribunaux pour les forces armées. Cependant, certains crimes économiques peuvent facilement être détectés ou dépistés par l'un des organes mentionnés ci-dessus. Ainsi, si le directeur ou toute autre personnalité d'une grande entreprise ou d'un complexe industriel, qui n'est pas contrôlé localement mais fait partie d'un groupement industriel subordonné au ministère fédéral, sont accusés de détourner des matériaux de construction ou une partie de la recette, la procédure d'enquête amènera nécessairement à étudier des documents maintenus dans des bureaux du ministère moscovite. Il existe trois sortes de ministères en Union soviétique : les ministères fédéraux qui sont situés à Moscou et qui exercent leur juridiction sur l'ensemble de l'URSS ; les ministères fédéraux sont représentés dans les républiques fédérées ainsi qu'au ministère central à Moscou ; les ministères des républiques existent uniquement à l'échelon de la république. La poursuite de l'enquête nécessitera aussi une expertise financière dont ne disposent probablement ni la police locale ni le KGB, que ce soit à l'échelon central ou local. Il existe donc des services spécialisés au ministère des Affaires intérieures et dans le cabinet du procureur général de l'Union soviétique (ainsi que dans les bureaux ministériels des républiques de l'Union) chargés de traiter des affaires de ce genre. Le plus connu, le « département de lutte contre l'atteinte à la propriété socialiste » (*otdel po bor'bé s khistchéniyami sotsialistitcheskoï sobsvénnosti, ou OBKSS*) a une très grande expérience et emploie de bons détectives. Outre ces agences, le ministère des Finances ainsi que les autres ministères disposent de commissions financières spéciales consultées de temps à autre pour procéder à une vérification de toutes les diverses organisations d'Etat, depuis la plus petite boutique de barbier jusqu'au plus grand complexe industriel.

Malgré tous ces extraordinaires dispositifs mis en place pour lutter contre les délits économiques, la corruption est si répandue que presque tous les citoyens la connaissent sous une forme ou une autre, et sont en mesure de fournir des exemples tirés de leur expérience personnelle. Lorsque l'on s'attaque au problème, le plus difficile est de distinguer entre ses manifestations « légales » et « illégales ». Staline par exemple, institutionnalisa en secret un système de rémunération importante versée à tous les hauts fonctionnaires en plus de leur salaire, qu'il s'agisse du secrétaire du Parti, de l'obkom, ou d'individus mieux placés dans la hiérarchie politique. Les billets de banque étaient distribués dans des enveloppes spéciales, et ces paiements mensuels étaient censés être confidentiels : le bénéficiaire ne devait donc pas en parler. Etait-ce une forme de corruption ? Le but de la manœuvre était d'empêcher ces individus de compter sur un procédé classique de corruption ou sur d'autres sources illégales de revenu ; leur salaire moyen étant insuffisant pour leur permettre de mener un train de vie convenable, l'on présumait donc que ces individus étaient tout disposés à être corrompus. Ces paiements étaient, bien sûr, illégitimes. D'autre part ils avaient été institués par le gouvernement comme « une mesure extraordinaire » pendant la guerre et avaient été maintenus par la suite. Khrouchtchev les a abolis en 1956, mais il créa aussitôt d'autres systèmes de paiement par le biais de boutiques et distributeurs spécialisés où les hauts fonctionnaires pouvaient acheter ou se faire livrer des articles à très faible coût ou même gratuitement. Khrouchtchev recherchait ainsi à épargner le temps précieux des fonctionnaires qui, sans cela, aurait été gaspillé à faire la queue, à courir les magasins et à attendre. Mais la quantité des privilèges annexes ne tarda pas à augmenter rapidement.

Les hauts dignitaires du Parti se virent attribuer une résidence (datcha), et au moins deux s'ils occupaient un poste assez important, une non loin de leur domicile, pour les week-ends, et l'autre dans une région touristique telle que la Crimée, Sotchi, la Géorgie, ou au nord du Caucase. Les membres du Politburo bénéficiaient de résidences officielles à Moscou (des dizaines de maisons furent en effet construites sur les monts Lénine qui surplombent la Moskova), bien que celles-ci fussent théoriquement propriété du gouvernement et que les membres du Politburo aient conservé leurs appartements personnels. Ces résidences officielles étaient fournies avec du personnel salarié : gardiens, maîtres d'hôtel, cuisinières, domestiques, secrétaires, etc. A l'époque de Brejnev, les « domestiques, cuisinières et secrétaires » désignaient par euphémisme, des call-girls de luxe, employées pour le plaisir du secrétaire général lui-même ou pour ses invités. Les datchas ressemblaient de plus en plus à des palais comportant des piscines et des courts de tennis, tout cela construit aux frais de l'Etat. En outre, Brejnev accorda à tous les hauts fonctionnaires le droit d'avoir une réserve de chasse gardée et interdite aux simples chasseurs, non loin de Moscou ou ailleurs. Ainsi, à Borovsk, à une centaine de kilomètres de Moscou, où j'ai travaillé entre 1970 et 1972, l'une des belles forêts locales d'environ trois hectares devint une réserve de chasse pour D. S. Polianski, membre du Politburo. Il y avait là des animaux sauvages provenant des autres régions de l'Union soviétique. Tous ces privilèges devinrent institutionnalisés, « légaux », et la liste est loin d'être complète. Il n'est donc pas étonnant que d'autres fonctionnaires bénéficiant de moins d'indemnités supplémentaires essayent par tous les moyens possibles d'améliorer leur train de vie, en franchissant souvent les frontières de la légalité. Dans tous les cas, la ligne de séparation entre le légal et l'illégal n'était pas définie.

Le type de corruption officielle visée par la campagne entreprise en 1980 concernait ce niveau de vie excessivement luxueux dont jouissaient certains hauts fonctionnaires du Parti, ainsi que des activités ouvertement illégales auxquelles s'adonnaient d'autres personnes haut placées. Deux célèbres affaires, qui atteignirent les dimensions d'un scandale national, peuvent servir à illustrer l'ampleur du problème ainsi que le haut niveau de corruption ambiante.

Si les grandes datchas étaient légitimes, elles ne suffisaient pas à certains fonctionnaires qui souhaitaient en plus bénéficier de privilèges en accord avec leurs goûts, leur formation et leurs passe-temps. Certains « empruntèrent » des peintures classiques dans les réserves des musées locaux. Ainsi, au moment où j'écris cet ouvrage, un scandale notoire a valu à Grigori Romanov de perdre son poste de membre du Politburo. Romanov remplaça Tolstikov au poste de premier secrétaire de l'obkom de Leningrad en 1970 ; il possède un bon palmarès militaire et a toujours très bien servi le Parti. Cependant, il a aussi des goûts de luxe et, en 1979, il demanda qu'on lui apportât du musée de l'Ermitage le service de table de Catherine la Grande, car il souhaitait célébrer dans le faste le mariage de sa fille. Ce service comportait des centaines de pièces inestimables, fabriquées à la main, et toutes servirent au banquet des noces de la fille de Romanov. L'affaire aurait pu passer inaperçue si les invités en état d'ébriété ne s'étaient mis à respecter la tradition et à briser les verres impériaux. Romanov ne put donc renvoyer la collection intacte. Mais l'on ne connaît pas exactement l'ampleur des dégâts, car bien sûr l'incident ne fut pas considéré comme un crime. Une enquête ne fut même pas menée.

Le « grand scandale du caviar », découvert en 1979, durait déjà depuis plus de dix ans, et assurait ainsi à des centaines de fonctionnaires des millions de roubles et des devises fortes. En 1980, des détails sur cette affaire parurent dans quelques journaux et magazines occidentaux [1]. Un réseau criminel, œuvrant depuis Astrakhan, sur la mer Caspienne, était ainsi composé de capitaines de plusieurs bateaux de pêche et d'ouvriers travaillant dans une usine de conditionnement du caviar ; ces derniers mettaient secrètement en boîte du caviar noir de Russie dans des conserves de trois kilos portant l'étiquette « harengs ». Ces boîtes de « harengs » étaient distribuées à des restaurants spécialement sélectionnés de Sotchi et d'autres villes, et expédiées par bateau à l'étranger où la marchandise était reconditionnée dans de petites boîtes de caviar et vendue comme telle par des complices de ce réseau commercial soviétique à l'étranger. Dans les restaurants, ces boîtes de conserve renfermaient officiellement du hareng, mais elles étaient vendues pour du caviar et la différence de prix ne figurait sur aucun registre. Le ministère de la Pêche trempait dans cette affaire : le ministre, Alexandre Ichkov lui-même, était partiellement impliqué, et son suppléant était même à la tête de ce groupe. Toute cette opération illégale fut accidentellement découverte ; quelques boîtes de

« harengs » furent par mégarde expédiées et mises en vente sous le nom de harengs dans la grande poissonnerie de Moscou « Okéan », où un client, agent détective de la police, comprit qu'il s'agissait là d'une affaire frauduleuse. Ichkov partit immédiatement en retraite (il était âgé de soixante-treize ans et c'était un vieil ami de Kossyguine), son vice-ministre fut ultérieurement condamné à mort et d'autres membres de ce réseau reçurent des peines de prison. Le président du conseil municipal de Sotchi, V. A. Voronkov, étroitement impliqué dans cette affaire, s'occupait du compte bancaire étranger de cette organisation : il fut condamné à quatorze ans de prison. S'il échappa à la peine de mort, c'est parce qu'il collaborait étroitement avec les services d'enquête du KGB et de l'OBKSS, à qui il restituait de l'argent provenant de son compte étranger, et à qui il fournit les noms de hauts fonctionnaires de Moscou intégrés dans ce réseau.

Mais S. F. Medounov, secrétaire de l'obkom de Krasnodar, qui était aussi impliqué dans cette affaire (Sotchi et les autres villes du bord de la mer Noire où tous ces gens furent arrêtés appartiennent au « kraï » de Krasnodar) échappa à l'instruction. Les services du procureur général avaient pourtant un très grand nombre de preuves indiquant que le collaborateur de Medounov était étroitement impliqué, mais ce dernier ne permit pas au service local du KGB de perquisitionner l'appartement de celui-ci, et Brejnev intervint personnellement pour empêcher la poursuite de l'enquête sur son vieil ami, Medounov. Le vice-procureur général, qui avait signé le mandat d'arrêt, fut contraint de démissionner. Le procès débuta pendant l'été 1982, époque à laquelle le collaborateur de Medounov avait été arrêté, pour d'autres raisons que l'affaire du caviar. Plusieurs autres officiels de Krasnodar furent aussi arrêtés. Medounov commença par recevoir une autre affectation mais, en novembre 1982, il fut aussi placé en résidence surveillée. L'affaire le concernant fut différée à janvier 1983 ; sa vie politique est certainement révolue, mais une dénonciation sans motif d'un haut dignitaire du Parti suppose un consensus du Politburo, et il est possible que l'affaire soit secrètement classée.

La corruption existe à une échelle moindre dans presque tous les services s'occupant de l'organisation de voyages à l'étranger, de l'émigration, de l'inspection des douanes, etc. Je me rappelle par exemple que mes professeurs à la faculté Timiriazev, qui étaient autorisés à voyager à l'étranger, devaient rapporter des cadeaux aux chefs du département étranger du ministère de l'Agriculture. Le président de l'OVIR de Moscou (le département de l'émigration), Konstantin Zotov, était réputé pour avoir quelques « fiancées » juives afin de faciliter leurs permis d'émigration (équivalant à deux mille livres, en roubles), et certains membres de son personnel utilisait le même procédé. Lorsque le pouvoir du KGB s'accrut après la mort de Souslov et le suicide de Tsvigoun, Zotov fut arrêté et quelque dix-huit membres de l'OVIR de Moscou furent aussi inculpés ; l'OVIR fut fermé en mars 1982 pour quelques semaines, période nécessaire au choix de nouveaux officiels. Comme pour les autres procès impliquant de hauts fonctionnaires, la presse soviétique n'en dit mot, mais la communauté juive de Moscou était au courant et, des articles parurent dans la presse juive étrangère[2].

Après la mort de Brejnev, les journaux soviétiques commencèrent à évoquer la corruption des hauts fonctionnaires. Le 18 décembre 1982, les sanctions pour corruption, détournement de fonds et pots-de-vin furent renforcées. Le nouveau décret entra en application le 1er janvier 1983.

Afin d'expliquer qui soutenait ce nouveau mouvement de lutte contre la corruption, les journaux soviétiques publièrent un article inhabituel intitulé « Dans le Politburo du Comité central du PCUS », le 11 décembre 1982. Cet article indiquait que, lors de la réunion du Politburo, on avait discuté des nombreuses lettres émanant d'ouvriers et de paysans, mécontents de la dégradation du travail, de la falsification des statistiques, du gaspillage des matériaux, de l'affectation arbitraire des logements, des détournements de fonds, et autres violations de la légalité et de la justice. Cet article mentionnait que :

> « Le Politburo avait attiré l'attention du procureur général de l'URSS et du ministère des Affaires intérieures sur la nécessité de prendre des mesures appropriées pour améliorer la légalité socialiste dans les villes et les villages, tout en indiquant que ses problèmes font très souvent l'objet de lettres de réclamation, adressées aux organisations centrales du Parti[3]. »

En publiant ainsi dans tous les journaux le compte rendu de cette réunion du Politburo, ainsi que ses propositions (ce qui est exceptionnel, car sous Brejnev les réunions du Politburo n'étaient jamais relatées), Andropov, apparemment, avait l'intention d'accroître la campagne anticorruption et de la mener sérieusement. Les incidents survenus avant la mort de Brejnev auraient pu le laisser présager. En outre, certaines personnes sensibilisées au premier discours prononcé en novembre pensèrent que le temps était propice pour adresser des lettres de réclamation concernant des problèmes locaux. Ce phénomène est courant en Union soviétique. En effet, quand Staline mourut et que quelques semaines plus tard le gouvernement annonça que le complot « des médecins » était une machination de quelques officiels corrompus du service de sécurité, des millions de lettres affluèrent au Comité central, adressées à Khrouchtchev et à Beria. Après l'arrestation de Beria et de ses très proches collaborateurs, presque tous les parents de ceux qui étaient incarcérés dans les camps se mirent à bombarder le Comité central de lettres, de pétitions et d'appels, réclamant la réhabilitation des prisonniers, qu'ils fussent en vie ou non. A titre d'exemple personnel, mon père fut arrêté lors des purges de 1938 et mourut dans un camp de travail en Arctique quelques années plus tard. Nous savions qu'il était mort, mais ma mère, mon frère et moi, nous commençâmes à envoyer des lettres pour exiger sa réhabilitation en 1953. Il fut, de fait, réhabilité en 1956. Quand l'on songe au nombre de victimes des purges et à la taille du goulag en 1953, il est clair que le Comité central fut soudainement assailli de lettres de recours. Quand de telles lettres arrivent non par milliers mais par millions, cela a nécessairement un certain impact. Si quelques victimes de la terreur stalinienne ont été réhabilitées, c'est en partie grâce à l'audace de Khrouchtchev et au discours capital qu'il prononça au XXe Congrès du Parti en 1956. Et comment douter de l'énorme influence qu'a dû avoir ce flot ininterrompu de lettres de plus en plus insistantes adressées pendant plus de trois ans au secrétaire général lui-même, au Comité central, au gouvernement, au procureur général et à tous les autres dignitaires de l'Etat et du Parti imaginables et inimaginables (en plus des millions de lettres écrites par ceux qui étaient encore dans les camps : le goulag comptait en 1953 environ vingt-trois millions de personnes) ? Khrouchtchev, qui était lui-même impliqué dans la terreur, ne pouvait manifestement pas ignorer ce problème, et il pouvait même s'en servir pour accroître sa popularité nationale.

Après la mort de Brejnev et les premières allusions faites par Andropov concernant la politique du Parti à l'égard de la corruption, des lettres de réclamations diverses affluèrent apparemment par millions au Politburo, au Comité central et aux autres organisations. A nouveau, Andropov et ses proches collaborateurs ne pouvaient garder le silence. La corruption s'était généralisée à tous les niveaux, de façon telle que le grand public en était arrivé à croire que les pénuries de denrées et de biens de consommation étaient en fait fabriquées par des officiels qui, eux, s'approvisionnaient largement en produits de haute qualité par le biais des boutiques qui leur étaient exclusivement réservées, leur réseau de distribution et leurs relations personnelles, ne laissant à l'homme de la rue que sa ration de pain. Les Soviétiques de province qui se rendaient à Moscou pouvaient remarquer combien les Moscovites étaient bien habillés (et avec des vêtements étrangers). Ils voyaient à Moscou des biens qui n'existaient plus dans leurs propres villes depuis des années.

C'est pourquoi cette nouvelle initiative contre la corruption ne peut être entièrement attribuée à l'élite dirigeante. Elle résulte aussi d'une grande pression exprimée par la base dans du courrier : vague de fond similaire à celle qui engendra la création de « Solidarité » en Pologne si rapidement en août 1980 et qui expliqua ses dix millions de membres. En Union soviétique, le mécontentement de la masse ne peut encore s'exprimer aussi ouvertement. Cependant, les dirigeants furent obligés de tenir sérieusement compte des attentes et du climat social.

CHAPITRE XV

LES CHANGEMENTS DANS LA POLITIQUE INTERIEURE

Les divers groupes sociaux et nationaux qui composent la population soviétique s'attendent inévitablement à des mesures particulières, susceptibles d'améliorer leur situation, quand survient un changement de l'équipe dirigeante. Mais l'élaboration de réformes réclame temps et prudence. Les changements de gouvernement sont si rares en Union soviétique que la population les considère presque comme une révolution. Brejnev fut au pouvoir pendant dix-huit ans, ce qui signifie que presque la moitié de la population active (tous les individus âgés entre dix-huit et trente-huit ans) ont grandi ou vécu leur vie d'adulte à « l'ère Brejnev ». Ils ne se souviennent ni du stalinisme ni du gouvernement Khrouchtchev : l'arrivée au pouvoir d'Andropov constitue donc le premier changement politique auquel ils assistent réellement.

Tout le monde est conscient de la nécessité de faire de nombreuses réformes politiques et économiques en URSS, et c'est ce qui explique que si peu de gens se réjouissaient de l'arrivée éventuelle au pouvoir de Konstantin Tchernenko. Il était clair depuis longtemps que l'équipe dirigeante allait inévitablement changer puisque la télévision relatait ouvertement que l'état de santé du secrétaire général déclinait rapidement. De même, on ne pouvait ignorer que Brejnev avait jeté son dévolu sur Tchernenko comme seul successeur. Bien que ce dernier eût essayé de se présenter comme un individu libéral, tout le monde savait qu'il ne serait rien de plus que l'ombre de Brejnev. Ainsi, malgré une certaine appréhension suscitée par le fait d'être dirigé par l'ancien chef du KGB, il y eut un certain soulagement quand Andropov fut élu secrétaire général.

On parlait beaucoup des réformes introduites éventuellement par Andropov, et tout le monde attendait avec impatience le grand discours qu'il prononcerait à la réunion du Soviet suprême en décembre, lors de la cérémonie de commémoration du soixantième anniversaire de la fondation de l'URSS. Toute l'année 1982 fut une année de jubilé : les journaux n'ont cessé de le rappeler à leurs lecteurs quotidiennement, par des articles en première page et de larges rubriques consacrées aux jubilés. Une « compétition socialiste » commémorative fut ouverte dans toutes les branches de l'industrie et de l'agriculture en l'honneur de cet anniversaire, et, tous les jours, la liste des travailleurs gagnants (un dans chaque république) était publiée avec de petites photos. Cette compétition visait à susciter une augmentation de la productivité. Mais cette campagne eut peu d'effets. Si l'on en juge aux rendements de main-d'œuvre, à la croissance industrielle ou économique en général, 1982 fut la pire année dans toute l'histoire de l'URSS, avec un simple taux de croissance de 2,8 %. Ainsi le plan de 1982, qui avait envisagé une croissance économique de 4 %, était loin d'être réalisé. En 1981, la production industrielle avait augmenté de 3,4 %, alors que même dans l'agriculture la production de 1982 n'était que de 3 % supérieure à celle de 1981, année catastrophique en termes de récolte. Les chiffres de production de céréales en 1981 et 1982 ne furent pas publiés dans les statistiques annuelles, apparemment parce qu'ils étaient dramatiquement inférieurs à ceux de 1977-1978. Dans son discours adressé au plénum du Comité central du PCUS en novembre, Andropov émit des critiques sur l'industrie et l'agriculture mais, compte tenu du jubilé, son ton fut modéré, et il n'aborda que quelques secteurs de l'économie.

Dans son discours du soixantième anniversaire, Andropov devait faire un exposé sur les divers stades de développement historique de l'Union soviétique, et tirer quelques conclusions politiques générales. La situation était idéale pour évaluer le passé et envisager l'avenir ; or, tout le monde était sûr qu'il s'efforcerait d'en tirer le meilleur parti. Aussi son discours fut-il vivement attendu.

En l'occurrence, ces attentes furent déçues. Le discours, diffusé à la radio le 21 décembre et publié dans tous les journaux soviétiques le lendemain, était étonnamment court : il dura à peine une heure. Andropov ne fit aucune référence à l'histoire. Il ne mentionna ni Staline ni Khrouchtchev, et le nom de Brejnev ne fut prononcé qu'une seule fois. Cette étonnante absence d'analyse historique du système soviétique pouvait être interprétée de différentes manières. On pouvait y voir une intention de garder le silence sur des problèmes épineux du passé, un silence qui empêcha aussi l'évolution de la pensée à « l'ère de Brejnev ». Cela pouvait aussi indiquer qu'une nouvelle politique n'avait pas encore été élaborée et qu'il n'y avait toujours pas d'unanimité au Politburo ou au Comité central quant à la nécessité de réévaluer et, de conduire une analyse nouvelle de l'histoire de l'Union soviétique.

Dans son discours, Andropov a abordé deux sujets : les minorités nationales et la paix. J'évoquerai ses propos sur la politique étrangère dans le prochain chapitre. Il n'est en fait pas surprenant qu'il se soit concentré sur le problème des nationalités puisque, quelles que soient les assertions officielles depuis quelques années, cette question n'est nullement résolue. On a même souvent remarqué que le conflit des nationalités s'est accru dans les quelques dernières années, et il serait même à l'origine des nombreuses prédictions selon lesquelles « l'empire soviétique ne peut que se désintégrer ». La dissidence nationale a fait l'objet de nombreuses études académiques [1] ainsi que de déclarations individuelles de dirigeants étrangers, de personnalités aussi expérimentées que Henry Kissinger [2]. Bien que la presse occidentale exagère les éventuelles répercussions politiques de ce conflit, les problèmes existent réellement. Ainsi on sait par exemple que le taux de natalité dans les républiques soviétiques d'Asie centrale est beaucoup plus élevé qu'en Russie, Ukraine et Biélorussie. En conséquence, les minorités nationales de l'Asie centrale soviétique augmentent proportionnellement plus que la population générale, alors qu'ils émigrent peu à l'intérieur de l'Union soviétique. D'où un excès de main-d'œuvre dans certaines régions du pays. Ainsi, le pourcentage d'ouvriers dans l'industrie est plus élevé en Lettonie et en Estonie (respectivement 16,6 et 16,3 %), ainsi que dans la Fédération russe (15,5 %). Il est extrêmement faible en Turkménie, Ouzbékistan et Tadjikistan (4,1 et 4,4 %). Il faut donc stimuler les réserves de main-d'œuvre dans les régions musulmanes du pays ainsi que la migration à l'intérieur de l'Union soviétique. La population musulmane est naturellement stable, il faut donc créer de meilleures conditions pour l'inciter à bouger. Ainsi, presque tous les récents développements industriels de Sibérie ont pu être effectués grâce à la migration des ouvriers en provenance de parties européennes du pays et non de l'Asie centrale.

Les mouvements de main-d'œuvre ont créé de véritables motifs de mécontentement, et la politique de russification a changé. Si l'on peut étudier la langue russe dans tout le pays, le géorgien et le tadjik, pour ne citer qu'eux, ne sont enseignés respectivement qu'en Géorgie ou au Tadjikistan. Ainsi, les enfants nés dans une famille géorgienne ou tadjik qui a déménagé à Moscou, Riga, Novossibirsk ou Krasnoïarsk pour des raisons professionnelles ne peuvent continuer leur éducation dans leur langue maternelle, puisque les écoles locales n'offrent pas cette possibilité. A Novossibirsk, un Tadjik ne peut bien sûr pas trouver une école enseignant le tadjik à ses enfants; il n'existe en outre pas de Tadjiks à des positions clés ou à la direction locale du Parti susceptibles de comprendre ces problèmes. Aussi, pour certaines nationalités, déménager vers une autre république revient à émigrer. Cette situation a engendré des problèmes politiques graves et elle a aussi eu des conséquences économiques. La mobilité de la main-d'œuvre ne s'est pas effectuée comme prévu, puisque les gens sont réticents, ce qui à son tour réduit le développement économique du pays. En Ukraine, le Donbass, qui avait été un centre de l'industrie charbonnière pendant cent ans, est épuisé, et il serait donc logique de déplacer des centaines de milliers de mineurs (dans les nouveaux gisements de charbon de Sibérie). Mais l'ukrainien n'est pas parlé en Sibérie et la russification serait donc inévitable. De même il serait nécessaire de transplanter les ouvriers spécialisés du pétrole de l'Azerbaïdjan et de Bachkiria vers les gisements de pétrole de Sibérie. Mais ces travailleurs préfèrent souvent changer de profession pour pouvoir rester dans leurs propres républiques.

Andropov n'a bien sûr pas évoqué directement ces problèmes. En effet, les discours soviétiques, qu'ils soient prononcés à des occasions ordinaires ou lors de jubilés, ne sont traditionnellement pas des plates-formes de vifs débats. Mais il reconnu indirectement que la politique vis-à-vis des nationalités présentait quelques lacunes. Il a insisté sur la nécessité de promouvoir des cadres nationaux à des postes dirigeants dans des républiques autres que la leur, et il a demandé que les différentes nationalités soient représentées dans les organes dirigeants de l'Union soviétique et des républiques fédérées (puisque l'URSS, comme les républiques de l'Union, est multinationale). Cette proposition importante passa inaperçue dans la presse étrangère, mais elle fut certainement remarquée en URSS. Même si en principe les premiers secrétaires du Parti des républiques de l'Union sont membres du Comité central du PCUS, et même si les premiers secrétaires des républiques et des régions autonomes sont membres des comités centraux des républiques, le principe de la représentation égale des nationalités est encore ignoré au sein des organes exécutifs. Presque tous les ministres de l'URSS sont russes, à l'exception d'un petit nombre d'Ukrainiens et de Biélorusses. Il est à peine concevable qu'un Tadjik puisse devenir ministre. En Géorgie, 30 % de la population est arménienne et 10 % est constituée par des musulmans du Caucase (Abkhazes et Adjars), mais le gouvernement de Géorgie est composé de Géorgiens et de quelques Russes. Il en est de même au niveau régional : ainsi, dans les grandes régions telles que Tchélabinsk, Sverdlovsk ou Krasnoïarsk, la direction du Parti et de l'Etat est presque entièrement russe. Il n'est donc pas étonnant que les minorités nationales perçoivent ce phénomène comme une discrimination. Peut-être que les nouvelles directives politiques d'Andropov changeront la situation. Son objectif à long terme consiste à faciliter la migration de la population, afin de favoriser l'assimilation et de réduire les barrières nationales.

Le seul discours intéressant prononcé par Andropov fut celui des cérémonies du soixantième anniversaire. En revanche, les autres discours qu'il a faits à la session du Soviet suprême étaient aussi ennuyeux et formels que d'habitude. Le rituel traditionnel de clichés ennuyeux engendra l'indifférence.

On attendait aussi impatiemment la déclaration d'amnistie faite à nouveau en l'honneur du soixantième anniversaire de l'URSS. Une telle déclaration serait un indice de changement plus important que les discours de l'anniversaire, et la population soviétique comme les observateurs étrangers en attendait beaucoup. Selon Alexandre Soljénitsyne, il n'y a jamais eu d'amnistie politique en Union soviétique : ce n'est pas tout à fait exact. Khrouchtchev a déclaré une importante amnistie politique en 1955, en liaison avec l'établissement des relations diplomatiques avec l'Allemagne de l'Ouest et la visite du chancelier Adenauer à Moscou. A cette époque, il libéra en effet tous ceux qui avaient été accusés de collaborer avec les Allemands en territoire occupé, mais pas ceux qui avaient combattu aux côtés de l'armée allemande ou servi dans la police allemande. Mais on libéra ceux qui avaient seulement coopéré afin de survivre, tels que les anciens des villages, les interprètes ou ceux qui avaient travaillé civilement pour l'administration occupante. En 1956, il y eut une deuxième amnistie. Des centaines de camps de concentration furent fermés et des millions de victimes des purges de Staline furent réhabilités, alors que ceux qui ne pouvaient pas être réhabilités en raison du manque de pièces à conviction, bénéficièrent d'une amnistie. A l'époque de Brejnev, il y avait relativement peu de prisonniers politiques, mais il n'y eut aucune amnistie politique. Certains espéraient qu'Andropov étendrait son amnistie à des prisonniers politiques, peut-être pas à tous mais au moins à certains groupes, tels que ceux qui n'ont pas commis de « crimes d'Etat particulièrement dangereux ». J'ai déjà mentionné que, suivant l'article 70 du Code pénal, étaient très dangereux tous les crimes politiques : ce qui compliquait particulièrement le rapport avec les dissidents. Aussi, en 1966, le Soviet suprême adopta-t-il l'article 190-1, permettant de taxer de criminels politiques des individus qui n'avaient nullement l'intention de renverser le régime soviétique. Des délits de ce genre étaient désormais classés dans la catégorie hautement équivoque de « crimes contre l'ordre administratif », ce qui permettait un emprisonnement maximal de trois ans. Même les observateurs occidentaux s'attendaient à une amnistie généralisée. Ainsi *Newsweek* commentait :

> « Certains prisonniers de l'Union soviétique peuvent avoir de bonnes raisons de célébrer, le 30 décembre, le soixantième anniversaire de la création de l'Union des Républiques socialistes soviétiques. Il est de tradition d'accorder une amnistie à quelques prisonniers de droit commun, mais non politiques, les jours des grands anniversaires. A Moscou, un certain nombre d'observateurs du Kremlin croient que le nouveau chef du Parti communiste, Youri Andropov,

proclamera une amnistie inhabituellement généreuse ; ils pensent que l'ancien chef du KGB sera très disposé à montrer qu'il connaît la différence entre administrer un Etat et diriger la police secrète[3]. »

Malheureusement, toutes ces attentes furent vaines. Le décret d'amnistie du Praesidium du Soviet suprême, daté du 27 décembre 1982, était aussi sélectif que celui de 1972 et il ne concernait aucun prisonnier politique. « Guidée par les principes socialistes d'humanité », l'amnistie a accordé la liberté à quelques catégories de prisonniers qui avaient été condamnés à des peines allant jusqu'à cinq ans de prison, tels que les vétérans de guerre, des anciens médaillés et des femmes. D'autres groupes condamnés à des peines plus longues furent aussi libérés : des hommes âgés de plus de soixante ans (trop âgés pour travailler rentablement dans les camps), les femmes enceintes, les invalides, etc.[4]. Mais l'amnistie ne concernait aucun individu condamné pour des « crimes particulièrement dangereux contre l'Etat », et ce bien sûr excluait des individus tels que Youri Orlov, Sergueï Kovalev et d'autres membres bien connus du Groupe de surveillance des accords d'Helsinki qui avaient été condamnés en vertu de l'article 70. Mais certains crimes non dirigés contre l'Etat ne relevaient pas de l'article 190-191, intitulé « Divulgation volontaire d'informations calomnieuses diffamant l'Etat soviétique et l'ordre social ». Ainsi, l'amnistie ne s'appliquait pas aux dissidents, aux écrivains ou aux autres contestataires. Les dissidents religieux relevant des articles 142 et 227 furent aussi exclus. Ces articles concernaient « l'infraction aux lois sur la séparation de l'Eglise et de l'Etat, des écoles et de l'Eglise ». Ainsi étaient considérés comme dissidents religieux tous ceux qui souhaitaient donner une éducation religieuse à leurs enfants. De même ceux qui relevaient de l'article 190-2 relatif à une infraction politiquement aussi minime que « la violation des armes ou du drapeau », passible d'une amende ou d'un emprisonnement maximum de deux ans, ne furent pas couverts par l'amnistie. En vertu de l'article 190-3, « l'organisation ou la participation active à des groupes qui perturbent l'ordre public », utilisée contre ceux qui essayaient d'organiser de petites manifestations, ne rentrait pas non plus dans la sphère d'application de l'amnistie.

Ainsi cette amnistie ne s'avéra pas « inhabituellement généreuse », selon les mots de *Newsweek,* et elle déçut donc les espoirs des Soviétiques. Bien sûr, toute amnistie est une bonne chose, et l'on peut se réjouir de voir libérés toutes ces femmes enceintes et ces jeunes gens qui, par imprudence ou par excès de boisson, furent condamnés à la prison. La loi soviétique est très sévère et des infractions relativement mineures sont taxées d' « actes de délinquance », et passibles de peines variant entre trois et sept ans de prison. Beaucoup d'adolescents vont dans des camps pour avoir commis des « actes de délinquance ». Sur les trois millions d'individus que comptent les camps de redressement, cinq cent mille peuvent espérer être relâchés (bien que ce nombre n'ait jamais été publiquement annoncé.) Actuellement, les dissidents religieux et politiques constituent une proportion infime de la population des camps : ils sont environ un millier, soit moins de 1 %. Leur libération ne constituerait aucun danger pour l'Etat, et elle serait perçue à l'étranger comme un acte véritablement humain. Il est regrettable que la nouvelle équipe dirigeante n'ait pas saisi cette occasion.

Il est clair que les camps de redressement se rempliront de nouveau dès que reprendra la campagne contre la petite criminalité. En outre, cette campagne reflète de façon alarmante un durcissement de la surveillance nationale. Au début de janvier 1983, on procéda, comme jamais auparavant, à des arrestations pour « manquement à la discipline de travail ». En raison des problèmes d'approvisionnement dont souffrent particulièrement les provinces, certains résidents des régions viennent à Moscou pour faire leurs courses ; et comme beaucoup de magasins offrent plus de choix pendant les heures normales de travail que pendant les week-ends et les soirées, les Moscovites et les provinciaux quittent donc leur travail pour venir faire leurs courses. Au début janvier, la milice commença soudainement à s'intéresser aux queues qui se formaient devant les boutiques. Elle fit ainsi monter les gens des files d'attente dans un car de police et les emmena au poste le plus proche pour vérifier leur identité. Le directeur de l'usine ou le bureau du Parti étaient informés que M. Untel ne s'était pas rendu au travail, et pouvaient ainsi déduire cette absence de son salaire. Ceux qui ne pouvaient pas produire leurs papiers restaient même plus longuement au poste de police. Aussi les gens ont-ils désormais en permanence leurs papiers d'identité, et les provinciaux qui se rendent à Moscou doivent présenter un certificat attestant qu'ils ont obtenu une journée de congé ou qu'ils ne sont pas de service. La police a aussi effectué de nombreuses descentes dans les bains publics, où les Moscovites aiment passer leur temps en buvant de la bière après avoir pris le bain de vapeur traditionnel. Ces arrestations visent à améliorer la discipline dans le travail et à éliminer la petite criminalité, notamment dans les provinces ; elles ont eu aussi un impact sur le « marché noir » car la milice connaît depuis longtemps les endroits où s'effectuent différentes tractations « au noir », et s'est donc introduite dans ces lieux. Ainsi les camps, qui s'étaient légèrement vidés après l'amnistie de décembre, furent sans doute à nouveau pleins vers la fin du mois de janvier. Il n'était bien sûr pas dans l'intérêt des pouvoirs officiels de les dépeupler. Chaque camp de travail soviétique est en effet rattaché à une entreprise particulière, si bien que la réduction des effectifs de prisonniers entraînerait un recul du plan de production assuré par les camps de redressement. Ainsi, en 1971, lorsque mon fils âgé de dix-huit ans fut accusé d'actes de délinquance, il fut d'abord envoyé dans un « camp à régime modéré », dans lequel les prisonniers construisaient des routes. Comme ce camp était moyennement surveillé, mon fils décida de s'échapper. Il fut repris après trois semaines d'errance, et il fut envoyé cette fois dans un camp à régime strict, à Kalouga. Mais la chance l'épargna, car ce camp était rattaché à une usine de meubles, et il apprit donc un métier utile. D'habitude les camps sont affiliés à des industries moins attrayantes, notamment celles qui ont des difficultés pour recruter de la main-d'œuvre sur le marché libre.

Diverses fractions de l'intelligentsia s'attendent à un changement de politique vis-à-vis de la littérature, de l'art et de la science. Alors que Brejnev ne s'intéressait relativement pas à ces problèmes, se reposant en l'occurrence sur Souslov, Andropov veut manifestement maintenir la réputation d'intellectuel qu'il acquit lorsqu'il travailla dans l'appareil du Comité central. Même quand il était à la tête du KGB, il prétendait lors de conversations avec des artistes ou des scientifiques qu'il parlait en tant que membre du Politburo et non comme chef du KGB. Il voulait dire par là qu'il était uniquement le chef politique du KGB et non l'individu qui contrôlait les opérations courantes. Quand il fut élu au poste de secrétaire général, il somma Anatoli Alexandrov, président de l'Académie des sciences, de lui rendre visite à plusieurs occasions. Si l'on ne connaît pas le sujet de leur discussion, Georgi Markov, président de l'Union des écrivains soviétiques, a déclaré lors d'une réunion tenue à Moscou en janvier qu'il avait discuté avec Andropov sur le rôle de la littérature et du cinéma. Le jugement d'Andropov ne fut pas reçu avec beaucoup d'enthousiasme, car il critiqua le dernier écrivain extrêmement populaire, Youri Trifonov, en l'accusant de s'intéresser trop aux problèmes de la vie quotidienne. S'il a reconnu que les auteurs de talent doivent avoir une certaine liberté au niveau de leur attitude et du choix du sujet, il a parallèlement indiqué que la littérature se devait d'aider le Parti et l'Etat dans sa lutte pour l'ordre social. Ces slogans traditionnels ne sont guère encourageants pour l'intelligentsia soviétique.

Les quelques milliers d'individus qui ont fait une

demande d'émigration doivent aussi se demander si Andropov changera de politique. Si 1979 fut l'année de la plus forte émigration (cinquante mille personnes quittèrent l'Union soviétique), celle-ci était ensuite retombée au niveau de 1970, et en 1982 seulement deux mille six cent quatre-vingt-douze individus furent autorisés à quitter le pays (soit 4 % des effectifs de 1979). Je ne pense pas qu'il y aura des changements importants dans l'immédiat. En effet, la politique d'émigration est à l'image des événements internationaux et constitue donc un baromètre des relations entre l'Union soviétique et les Etats-Unis. Ainsi l'intervention d'Israël au Liban a rendu l'émigration juive plus difficile, et il n'y a guère eu d'amélioration dans les relations soviéto-américaines. En fait, les perspectives immédiates ne sont pas très favorables pour ceux qui attendent de quitter le pays. Selon les organisations juives internationales qui contrôlent le taux d'émigration, sur les deux mille six cent quatre-vingt douze personnes qui quittèrent l'Union soviétique en 1982, c'est le taux mensuel de décembre qui fut le plus bas, avec un effectif de cent soixante-seize émigrants. L'interdiction d'enseigner l'hébreu fut aussi maintenue entre décembre et janvier.

Les propos d'Andropov sur la littérature, le ralentissement de l'émigration et la portée limitée de l'amnistie indiquent clairement que les quelques dissidents restants ont peu de raisons d'être optimistes. Pourtant, selon l'un des dirigeants du mouvement pour la défense des droits de l'homme en Union soviétique, l'ancien général Piotr Grigorenko, qui vit actuellement à New York, Andropov aurait dû faire preuve d'un peu de libéralisme pour rassurer l'Occident et permettre par exemple à l'académicien Andreï Sakharov de quitter son exil de Gorki et de revenir à Moscou. Mais il n'en fut rien. Si l'on en juge par le mouvement général de lutte contre la corruption et le crime et l'attitude disciplinaire à l'égard des ouvriers et des employés, il est extrêmement peu probable que les dissidents jouissent d'une plus grande liberté d'action.

Par contre, les derniers petits vestiges de l'opposition démocratique seront plus certainement éliminés. Personne en Occident ou en URSS ne va prêter beaucoup d'attention à une intensification de la persécution des dissidents, lorsque l'on arrête des hauts dignitaires ou lorsque l'on remplace des ministres tels que celui des Affaires intérieures. Pendant le mois commémoratif de décembre, la situation était parfaitement calme, mais au début de 1983 un changement commença à se faire clairement sentir.

Georgi Vladimov, auteur du célèbre roman publié en URSS en 1969 et intitulé *Tri minuty moltchania (Trois Minutes de silence)*[5], ainsi que quelques autres romans publiés à l'étranger, notamment *Faithful Ruslan*[6], fut convoqué au bureau du procureur au début janvier. Il apprit qu'il avait été impliqué dans un procès mené contre deux membres de l'organisation antisoviétique NTS (Narodno-Troudvoï Soyouz, l'Union populaire de travail), dont le siège est à Munich. Plusieurs ouvrages de Vladimov furent publiés par Possev qui est étroitement associé au NTS. Pendant de nombreuses années, il a subi des pressions officielles pour l'obliger à émigrer, mais cette fois-ci il a reçu comme ultimatum soit de quitter le pays soit de passer en jugement. Il a donc fait une demande d'émigration dont il ne connaît pas encore la réponse et il n'est donc pas exclu qu'il comparaisse devant un tribunal. Le KGB préfère compromettre d'abord sérieusement les individus avant de leur permettre d'émigrer ; leur départ est alors perçu comme un acte d'indulgence.

Vers le 15 janvier 1983, on signifia à mon frère Roy que sa liberté d'écrire avait des limites. Il fut sommé de se présenter le mardi 18 janvier devant le vice-procureur général de l'Union soviétique, le camarade Soroka, ce que j'appris alors que je lui téléphonais le 16 janvier. Roy n'a pas l'habitude d'informer les correspondants étrangers ou même ses amis sur de tels événements, car il considère qu'une convocation devant le procureur est un risque professionnel que doit assumer tout écrivain indépendant en Union soviétique. Ce n'était pas la première fois que le KGB s'intéressait à lui : par deux fois déjà, en 1971 et 1976, son appartement avait été perquisitionné et de nombreux ouvrages et documents avaient été confisqués. Il reçut aussi un « avertissement » des autorités locales et une visite de la police, lui demandant de s'arranger pour trouver du travail (bien qu'aucune activité professionnelle ne lui fût offerte depuis 1971). En 1976, il fut sommé de se présenter chez le procureur de Moscou et mis en garde pour « ses écrits diffamatoires antisoviétiques » ; il pouvait donc recevoir un avertissement semblable cette fois-ci, mais émanant d'une autorité supérieure.

Après cette convocation, je ne pus réussir à joindre Roy par téléphone : à Moscou, l'opérateur disait que son téléphone était en dérangement. Le 19 janvier au matin, il fut rétabli, ce qui laisse supposer qu'on était en train de perquisitionner son appartement (en général on coupe le téléphone quand on procède à une activité de ce genre). Comme j'étais inquiet, je décidai de téléphoner à deux journalistes vivant à Moscou, et à plusieurs journaux américains et européens qui avaient publié des articles de Roy.

En conséquence, des correspondants occidentaux à Moscou se rendirent à l'appartement de Roy le mercredi 19 janvier. Il fallut un jour supplémentaire avant que son téléphone ne soit rebranché et j'appris par des journaux occidentaux ce qui s'était passé dans le bureau du procureur. Robert Kaiser, l'un des rédacteurs de la rubrique étrangère du *Washington Post*, et leur correspondant à Moscou (en poste entre 1972 et 1975) m'appelèrent de Washington le 19 janvier au soir pour me lire l'article qui devait paraître le lendemain. En voici un extrait :

> « Moscou, 19 janvier. L'historien soviétique Roy Medvedev, connu en Occident pour ses études sur le stalinisme, a été formellement prié soit de cesser ses “ activités antisoviétiques ”, soit d'admettre les accusations selon lesquelles il nuirait aux “ intérêts de l'Etat soviétique ”...

« ... Medvedev fut sommé de se présenter hier au bureau du procureur général de l'Union soviétique, magistrat suprême de la nation, et on lui remit une notification dans laquelle on reprochait à ses ouvrages et ses articles de " calomnier le système politique et social soviétique ".

« L'historien marxiste de 56 ans, dont les opinions et les activités indépendantes lui valaient d'être taxé d'anomalie politique, a déclaré aujourd'hui qu'il avait catégoriquement nié cette accusation. Dans une déclaration écrite adressée au procureur général, Medvedev accusa les services d'enquête d'avoir " grossièrement violé " la Constitution soviétique...

« ... Ce jour, Medvedev a déclaré dans une interview que le vice-procureur général, Oleg Soroka, lui avait dit " ou vous cessez d'écrire de tels articles et de tels ouvrages ou nous vous mettrons en prison ". Selon Medvedev, Soroka aurait dit que c'était un message de " l'équipe dirigeante " qui priait instamment l'historien de " s'engager dans des activités socialement utiles ".

« ... Medvedev déclara qu'il n'y avait eu aucune plainte particulière au sujet de ses écrits.

« ... Pour défendre sa position, Medvedev a déclaré que son seul objectif était de voir son pays vivre en paix et s'épanouir dans le socialisme et la démocratie. Mais il a aussi indiqué que la corruption et l'abus de pouvoir se sont infiltrés " récemment " dans l'équipe du Kremlin ainsi que dans le système judiciaire, le service du procureur et la politique secrète du KGB.

« " Dans un pays comme l'Union soviétique, dit-il, tout historien digne de ce nom " doit poursuivre son activité, qu'elle plaise ou non aux dirigeants. " Aussi je me soucie peu de l'appréciation que portent le procureur ou le KGB sur mon travail.

« " Tout historien honnête et indépendant ne doit se soucier que d'une seule chose, la recherche de la vérité. Je ne suis pas inquiété par une punition éventuelle et il est donc déplacé de me lancer des avertissements à ce sujet ou de recourir à des menaces indignes. "

« Il conclut : " Je considère que l'intrusion de votre collaborateur dans mon activité est injuste et illégale, et je demande à ce qu'on m'épargne à l'avenir de telles actions qui ne surviennent pas d'ailleurs pour la première fois[7]. " »

Il me semble que des mesures de durcissement menées à l'égard de quelques groupes politiques existants et des écrivains indépendants de Moscou et des autres villes participent d'une campagne plus générale contre toutes les formes de désobéissance, d'indiscipline et d'infraction à la loi. Or les lois soviétiques sont libellées de façon telle qu'il est très difficile de faire une distinction entre l'analyse critique du présent ou du passé et la propagande antisoviétique. Comme le régime au pouvoir a par définition toujours raison, toute critique relative aux intérêts des autorités officielles est systématiquement taxée de « diffamatoire » et passible des articles 70 ou 190-1 du Code pénal. En tout cas il n'est pas difficile de comprendre pourquoi les autorités officielles pourraient considérer la publication des livres et articles non censurés à l'étranger comme un « manquement à la discipline » ou comme un « acte antisoviétique ». Il se peut aussi que le pouvoir ait décidé qu'il est propice, au milieu d'une campagne menée contre la corruption et le crime, de mettre totalement fin à toutes les formes d'opposition politique et nationale, songeant ainsi au vieil adage soviétique bien connu : « Quand on coupe le bois, on perd aussi les copeaux » (ou un autre plus approprié : « On peut aussi bien être pendu pour un mouton que pour un agneau »).

Mais cette nouvelle « ligne dure » a sans aucun doute été une erreur. Il n'est en effet pas très prévoyant de commencer son mandat en réprimant l'intelligentsia et en exerçant des pressions sur les travailleurs. De plus, c'est une erreur politique grossière que d'ordonner des arrestations massives de gens qui font la queue pour des produits alimentaires. Contrôler les papiers de ceux qui vont au cinéma au milieu de la journée et envoyer au poste de police toute la file qui attend devant les guichets d'un théâtre populaire constitue non seulement une lourde erreur, mais aussi une violation de la loi. On peut sans doute y voir l'intervention de Fedortchouk, le nouveau ministre de l'Intérieur. Anciennement général du KGB, il ne sait peut-être pas que les méthodes de cet organisme ne peuvent être appliquées au ministère de l'Intérieur. Le KGB, de même que les services secrets de tous les pays, enfreint souvent la loi sous prétexte de défendre la sécurité nationale. Mais la milice doit agir conformément à la loi si elle veut la faire respecter. Cette arrestation massive d'individus qui manquent à leur travail, et le contrôle d'identité des clients des bains publics et des cinémas n'ont nullement contribué à améliorer la discipline dans le travail. Toutes ces mesures n'ont en fait réussi qu'à susciter l'indignation générale. Le Politburo a commencé à recevoir des milliers de lettres de réclamation sur les interventions illégitimes de la police, et comme le Politburo s'était engagé en décembre à répondre aux lettres des ouvriers, il fut obligé de reconsidérer sa propre tactique. En conséquence, le gouvernement reconnut implicitement qu'il était responsable des queues faites par la population pendant les heures de travail ; il est vrai que presque tous les magasins d'alimentation et les services en général ne sont ouverts en principe que de 9 heures à 16 ou 17 heures. Le 17 janvier, par une résolution du Conseil des ministres de l'Union soviétique, il fut décidé de changer les horaires du système commercial et des organismes du secteur tertiaire, et d'augmenter le nombre de magasins, d'ateliers, de coiffeurs, etc., « de service » le soir. On proposa aussi de réexaminer les heures d'ouverture des entreprises, des organismes, et des institutions du secteur tertiaire de façon telle qu'elles soient plus pratiques pour les travailleurs[8]. Vers la fin de janvier, les arrestations menées à Moscou et dans les autres villes cessèrent ou devinrent plus sélectives. Apparemment, la nouvelle équipe dirigeante, qui devait essentiellement son expérience à l'armée et au KGB (Andropov, Oustinov et Aliev forment en effet le haut « triumvirat »), doit encore apprendre à mener une tâche administrative dans un contexte civil. Si Aliev est magnifiquement parvenu à appliquer un contrôle de discipline strict en Azerbaïdjan, une telle attitude est évidemment déplacée à Moscou ou Leningrad.

Pendant ce temps, on prépara les procès contre les différents groupes de dissidents : un groupe religieux, un petit groupe du NTS, et quelques jeunes sociaux-démocrates comprenant A. Fadine, P. Koudikine et Y. Kagarlitzki, qui avaient essayé de remettre en question le socialisme soviétique qu'ils considéraient comme non démocratique. L'issue de ces procès révélera les intentions politiques du nouveau gouvernement.

CHAPITRE XVI

LES NOUVELLES ORIENTATIONS DE LA POLITIQUE ETRANGERE

Les nouvelles orientations de la politique étrangère soviétique ne se firent pas attendre : elles apparurent dès la réception organisée au Kremlin après les funérailles de Brejnev le 15 novembre 1982. La présence de tant de délégations étrangères de haut niveau constituait en soi un événement pour les dirigeants soviétiques : cela n'était, en fait, jamais arrivé. Peu d'étrangers avaient en effet assisté aux funérailles de Lénine en janvier 1924; il y en avait davantage pour celles de Staline, mais ils provenaient des pays socialistes. De plus, la nouvelle équipe qui succédait à Staline voulait par là montrer qu'elle était extrêmement affligée par ce deuil irréparable : personne d'ailleurs n'essaya de travailler à la suite de la réception. Quelques heures après la mort de Brejnev et bien avant ses funérailles, l'équipe dirigeante avait repris normalement ses activités, et la réception du Kremlin fut utilisée comme une occasion unique pour exercer une diplomatie personnalisée. Certains détails n'échappèrent pas : Andropov parla plus longuement et plus amicalement que d'habitude avec le ministre chinois des Affaires étrangères, M. Huang Hua, et il adressa des remarques encourageantes au président Zia du Pakistan. Il rencontra ensuite la délégation américaine dirigée par le vice-président Bush ainsi que d'autres délégations, mais ces négociations furent brèves et sans ordre du jour particulier. Ce qui néanmoins constituait une nouvelle attitude et reflétait même davantage la souplesse et l'intelligence d'Andropov. Brejnev n'aurait jamais été capable de mener spontanément des discussions sur une variété de sujets : cela aurait même simplement dépassé ses capacités. Or, en un seul jour, Andropov réussit à signifier à une centaine de délégations qu'il était vraiment responsable de la politique étrangère et qu'elles devaient s'attendre à des changements. La période de stagnation diplomatique était révolue.

Nouveaux développements sino-soviétiques

Dans ses discours de Tachkent en mars, et de Bakou en septembre 1982, Brejnev indiqua que le gouvernement avait décidé d'essayer d'améliorer les relations entre l'Union soviétique et la Chine. Certaines tentatives avaient déjà été faites et, en 1976, à la mort de Mao, on assista à une sorte de « démaoïsation ». Pour les Chinois, Mao était l'homologue de Lénine et de Staline et leurs nouveaux dirigeants avaient donc une tâche plus difficile que celle de Khrouchtchev entre 1956 et 1962. Ils ne devaient pas altérer le caractère léniniste de Mao, tout en détruisant son image stalinienne; et ils devaient faire la distinction entre le léninisme et le stalinisme confondus dans le « maoïsme ». La mort de Mao a eu un profond impact sur tout le monde communiste, et plusieurs partis communistes orientaux étaient scindés en deux fractions, l'une pro-soviétique et l'autre pro-chinoise. Mais, après deux ou trois ans, cette scission disparut, les fractions maoïstes cessèrent d'exister dans la plupart des partis communistes, alors que le nombre de groupes maoïstes connut aussi un certain déclin dans la « nouvelle gauche » des autres pays.

L'hostilité de l'Union soviétique, engendrée par les divergences idéologiques, isola le Parti communiste chinois. Les relations amicales avec les Etats-Unis et les autres pays occidentaux créèrent inévitablement un conflit avec l'Albanie, seul allié communiste de la Chine. Le régime pro-chinois de Pol-Pot au Cambodge fut si brutal et si barbare qu'il constituait plus un handicap qu'un atout. C'est dans un tel contexte que l'attitude de la Chine commença à devenir imperceptiblement plus souple à l'égard de l'Union soviétique. Les programmes diffusés en russe depuis la Chine révélaient que la critique du système soviétique devenait plus indulgente et qu'on ne faisait plus l'éloge de Staline et de Mao. L'URSS était maintenant qualifié de régime socialiste au sens économique du terme, bien qu' « avec des tendances hégémoniques ». La propagande chinoise cessa aussi de traiter de péché originel le « révisionnisme soviétique » ; les dirigeants chinois étaient eux-mêmes devenus extrêmement révisionnistes dans leurs rapports avec les Etats-Unis et les autres pays capitalistes. Il y avait encore de nombreux problèmes à résoudre, mais le processus de normalisation était amorcé.

Le rapprochement sino-soviétique fut différé par le conflit sino-vietnamien survenu à la fin de 1978 et au début de 1979, à la suite de l'occupation du Kampuchéa par le Vietnam. L'affrontement militaire fut court mais intense, et la Chine essaya de « donner une leçon au Vietnam ». On craignait même une intervention de l'Union soviétique dans cette guerre, si l'offensive chinoise s'était portée sur Hanoi. Heureusement, il n'en fut rien. Mais la nouvelle dimension militaire des conflits entre le Vietnam et le Kampuchéa, entre la Chine et le Vietnam, mit l'Union soviétique dans une position très difficile et contribua largement à la décision de Brejnev d'envahir l'Afghanistan à la fin de 1979. Ce pays était pauvre, semi-féodal, et personne ne s'attendait vraiment qu'il devienne un satellite américain si le régime Taraki-Amin s'était effondré. Mais on craignait néanmoins qu'il ne devienne un allié de la Chine qui pourrait ensuite former une alliance tripartite avec le Pakistan. Aussi l'invasion de l'Afghanistan en 1979 était-elle une façon de prévenir cet événement. C'est là une version simplifiée d'une politique régionale plutôt complexe, mais elle permet d'expliquer les conceptions de Brejnev. Il était réputé pour être farouchement antichinois, et il était personnellement responsable de cette décision peu judicieuse consistant à vouloir « donner une leçon » à la Chine lors du conflit frontalier de 1969. Ce fut donc Brejnev qui donna l'ordre à l'artillerie d'attaquer massivement les troupes chinoises, ce qui engendra la mort de plusieurs milliers de soldats chinois et un profond ressentiment de la Chine à l'égard de l'Union soviétique. Et cette offensive rendit très difficile un véritable rapprochement tant que Brejnev fut au pouvoir.

En 1981 et 1982, de nombreux facteurs politiques et économiques incitèrent à panser les vieilles plaies et à revenir au moins à une forme de dialogue. La politique de Reagan à Taiwan constituait la principale raison, car il était en effet difficile pour la propagande chinoise d'expliquer et de justifier une étroite relation avec les Etats-Unis. De plus, ce rapprochement fut aussi provoqué par le fait que la Chine n'avait pas réussi à réaliser cette rapide modernisation promise, en s'appuyant sur une technologie occidentale (et japonaise) élaborée. En outre, les emprunts et crédits contractés par la Chine auprès des pays étrangers s'avérèrent catastrophiques, car elle eut d'immenses difficultés à les rembourser. L'industrie lourde chinoise avait été organisée sur la base des projets soviétiques des années cinquante, et elle devait donc être remise au jour et modernisée. La Chine a d'énormes réserves de main-d'œuvre bon marché et elle n'a pas vraiment besoin d'une technologie aussi élaborée et aussi informatisée que la technologie japonaise. Pour parvenir au plein-emploi, mieux vaut sans doute s'inspirer des modèles soviétiques et européens (de l'Est) : ils sont aussi moins coûteux et plus faciles à gérer. L'URSS et la Chine avaient donc tout intérêt à se réconcilier. Bien que la campagne menée par Reagan contre le communisme ait été essentiellement dirigée contre l'Union soviétique, elle concernait aussi les fondements idéologiques de la Chine. Ce pays est communiste, dans tous les sens du terme, et, à l'époque de Mao, il se targuait d'être même plus communiste que son voisin « révisionniste » septentrional. Les dirigeants chinois ne sont pas insensibles à la « guerre froide » anticommuniste, même si leur pays n'est pas affecté.

La presse soviétique comportait moins d'articles critiquant la politique actuelle ou passée de la Chine et elle présentait même un certain nombre de comptes rendus positifs sur les événements culturels, artistiques et scientifiques chinois. Le conflit entre le Japon et la Chine à propos des livres d'histoire japonais qui, selon les Chinois, déformaient les événements de la dernière guerre, fut largement commenté dans les journaux soviétiques. Mais la critique politique et historique de la Chine ne cessa pas, malgré les tentatives de conciliation faites par Brejnev qui furent plutôt froidement accueillies en Chine. Les revues académiques continuaient néanmoins à publier des articles détaillés sur les erreurs des dirigeants chinois ainsi que sur leur politique offensive. En avril 1982, un excellent article de Fiodor Bourlatski, publié dans un numéro de *Novyi Mir*[1], attira beaucoup l'attention des intellectuels soviétiques. Il s'agissait moins d'une critique de l'équipe dirigeante chinoise que d'une fine analyse politique rarement menée par les universitaires soviétiques. En outre, il pouvait aussi être lu comme une parabole de l'histoire soviétique.

Certains diront que ce fut Brejnev qui fit des ouvertures vers la Chine. Mais on peut aussi penser que ce fut Andropov, à en juger par la conversation amicale qu'il eut avec le ministre des Affaires étrangères chinois. Il est possible qu'il ait amorcé quelques démarches quand il est devenu secrétaire chargé de l'Idéologie, et les Chinois le perçurent d'ailleurs. Entre octobre et novembre 1982, les articles critiques sur la Chine cessèrent de paraître en Union soviétique, et l'on renvoya soudainement aux intellectuels les écrits qu'ils avaient rédigés sous l'ancien régime idéologique et qui devaient être publiés. Les initiés comprenaient par là que la Chine était désormais assimilée aux autres pays socialistes et que l'on informait les censeurs à cet effet. Dans la presse soviétique, il est interdit de critiquer les dirigeants des pays socialistes amis. Pendant ce temps la Chine a continué à publier des documents antisoviétiques, mais leur volume a considérablement diminué.

A la fin de novembre 1982, une nouvelle loi sur « la frontière soviétique » fut élaborée et présentée à une session du Soviet suprême : elle entra en application le 1er mars 1983 [2]. Si une loi de cette importance (quarante articles) a dû être préparée à l'époque de Brejnev, l'initiative en revient à Vitali Fedortchouk, qui l'a présentée au Soviet suprême en qualité de président du KGB. La dernière loi sur les frontières avait été adoptée en 1960 [3]. Celle-ci comporte de nouvelles dispositions douanières, des changements dans la définition des pouvoirs des patrouilles frontalières, etc. Si l'on considère le conflit frontalier sino-soviétique, cette loi constitue une formule permettant d'éventuelles concessions soviétiques. Le conflit reposait essentiellement sur les mille deux cents kilomètres de frontière du fleuve Oussouri ; en vertu d'un accord signé il y a un siècle, tout ce fleuve appartient à la Russie et la frontière est située sur la rive chinoise. Ce qui est bien sûr injuste, car les deux pays ont besoin du fleuve pour la navigation, la pêche et autres activités. Habituellement, lorsqu'une frontière longe un fleuve, la ligne de partage passe soit au milieu du fleuve, soit au milieu du canal de navigation, de façon à accorder les mêmes droits de navigation aux deux pays. Ce principe a d'ailleurs été respecté dans la zone européenne de l'URSS, à la frontière avec la Roumanie et avec les autres pays. Mais ce ne fut pas le cas pour la frontière sino-soviétique et, pendant l'hiver 1969, il y eut des affrontements entre les soldats soviétiques et chinois à propos de petites îles situées sur la partie chinoise du fleuve et qui, en toute justice, devaient donc revenir à la Chine.

L'article 3 de la nouvelle loi stipule clairement que

« la frontière passe au milieu du canal de navigation sur les fleuves navigables », et au milieu des eaux si le fleuve ne l'est pas. Ce principe était déjà énoncé dans les lois précédentes, mais il n'était appliqué que s'il n'y avait aucun autre accord frontalier. Selon l'Union soviétique, le conflit avec la Chine repose toujours sur l'accord passé au XIXe siècle entre le gouvernement tsariste de l'Empire russe et la Chine impériale. L'attitude de cette dernière était plus logique dans la mesure où elle prétendait que la Révolution d'octobre avait annulé les traités signés par le gouvernement tsariste et qu'il fallait donc procéder à un nouvel accord. Ce qui fut apparemment fait. Selon l'article 2 de la nouvelle loi, la frontière ne peut être fixée que par un accord entre l'Union soviétique et les autres parties ; la réserve sur les traités précédents est supprimée. Ce qui bien sûr annule le vieux traité tsariste et laisse ouvert le conflit sur cette partie de la frontière. La Chine a d'autres revendications territoriales plus difficiles encore à résoudre, mais, dans ce cas particulier, l'Union soviétique a fait une concession qui lui était réclamée depuis longtemps. Plusieurs articles parus dans la presse étrangère ont indiqué que la tension dans cette zone frontalière n'avait pas vraiment disparu. La Chine réclame en outre une réduction du nombre des troupes soviétiques le long de la frontière ; il est vrai que les négociations sino-soviétiques pourraient atteindre un nouveau stade de compromis, si cette tension était véritablement réduite. La présence de quelque cinquante divisions soviétiques deviendrait alors superflue.

Les problèmes de l'Afghanistan et du Kampuchéa, dont la résolution conditionne l'amélioration des relations avec la Chine, sont plus complexes, mais des discussions pourraient certainement être entamées. La Chine n'est pas totalement innocente dans ces deux régions ; en effet, sans son aide économique et militaire, les forces armées de Pol-Pot auraient été exterminées depuis longtemps, alors qu'en Afghanistan les Chinois ont sans doute aggravé la guerre civile. Les difficultés économiques de la Chine et de l'URSS (et du Vietnam) révèlent qu'une politique de confrontation est nettement plus coûteuse, les dépenses dans chaque pays étant trop élevées pour une maigre compensation. Brejnev était atteint de « sinophobie », et il ne s'en cachait pas, même quand il parlait aux visiteurs étrangers. Pékin le savait parfaitement, et les seules paroles de sympathie adressées par la Chine à Brejnev furent celles du télégramme de condoléances qu'elle envoya à son décès. Les dirigeants trouvent beaucoup plus facile de négocier avec Andropov, et la disparition de cette animosité personnelle sera bien sûr un facteur important pour l'avenir des relations sino-soviétiques. Cependant, même si le processus de « normalisation » s'est accéléré après la mort de Brejnev, il ne peut pas être très rapide. L'hostilité entre ces deux pays a été cultivée pendant si longtemps qu'il faudra du temps avant d'enregistrer une réelle amélioration. Il s'agit là certainement d'une nouvelle orientation importante qui pourrait profondément se répercuter sur tous les autres aspects de la politique étrangère soviétique.

Le problème de l'Afghanistan

Quand il était à la tête du KGB, Andropov a dû certainement participer à la commission stratégique militaire chargée de planifier l'intervention en Afghanistan. Pourtant, d'après un article paru dans le *Time Magazine*, Vladimir Kouzichkine, un transfuge du KGB, avait émis de sérieuses réserves sur cette affaire[4]. Or c'était précisément sa mission de dresser un tableau complet de toutes les contingences, y compris les difficultés et les complications éventuelles, concernant notamment la gestion du pays après l'invasion. Mais les complications allaient être redoutables, même si la mission était parfaitement exécutée. Cependant il est difficile d'imaginer qu'Andropov se soit opposé à la décision finale ou se soit même abstenu ; il aurait été en effet obligé de démissionner de la présidence du KGB si l'on en juge par les pratiques administratives soviétiques traditionnelles.

L'Union soviétique a une longue histoire de relations amicales avec les dirigeants de l'Afghanistan, notamment avec la monarchie afghane. Pays largement féodal, multinational et multiracial, l'Afghanistan n'était manifestement pas prêt pour une révolution socialiste : il lui fallait se moderniser progressivement en développant son économie. La situation politique s'était détériorée en 1973, date à laquelle Mohamed Daoud avait renversé la monarchie. Il fut lui-même renversé lors de la « révolution d'avril » de 1978, conduite par les officiers pro-soviétiques, qui avaient été formés en Union soviétique[5]. Le nouveau gouvernement se déclara marxiste mais, lorsqu'il tenta de transformer l'Afghanistan en un pays socialiste, la guerre civile éclata. Ce phénomène est assez caractéristique d'une situation où le socialisme est imposé à une société féodale, sous-développée. Il n'est pas étonnant non plus que l'Union soviétique ait soutenu ce nouveau gouvernement socialiste, puisqu'elle avait été le partenaire économique principal de l'Afghanistan pendant des décennies. Cependant, la situation devint de plus en plus instable, et lorsque le président Mohamed Taraki, soutenu par Brejnev, fut assassiné, l'intervention soviétique était plus que probable. En fait, l'armée avait réclamé une invasion provisoire. Elle eut finalement lieu le 29 décembre 1979.

Cette invasion fut-elle une erreur ? Il est impossible de répondre à cette question sans connaître plus précisément la nature des objectifs et leur programmation. Si les rapports des services d'espionnage soviétiques étaient sérieux, la situation actuelle devait être prévisible. Ce qui signifie que le gouvernement soviétique sous Brejnev était disposé à payer le coût politique, militaire et économique de cette invasion. A la fin de 1979, la note politique n'était pas vraiment très élevée. Les relations avec les Etats-Unis étaient déjà sérieusement dégradées car le Sénat américain avait annoncé, dès septembre 1979, que l'accord Salt II ne serait pas ratifié. Le président Carter avait désespérément cherché un prétexte pour ajourner cet accord. Il finit par invoquer maladroitement la présence d'une « brigade de combat » soviétique à Cuba et exigea son retrait : cette brigade était en fait là depuis la « crise cubaine » de 1962. Le gouvernement soviétique ignora tout simplement cette demande. Les relations avec la Chine étaient à leur niveau le plus bas depuis des années, et l'invasion chinoise du Vietnam au début de 1979 multiplia les risques d'un affrontement militaire avec la Chine. La révolution en Iran ne fut pas bien accueillie en Union soviétique; ce fut en fait une insurrection religieuse fanatique qui mit fin aux bonnes relations provisoirement établies entre l'Union soviétique et la monarchie iranienne. La révolution de Khomeiny n'était pas uniquement antiaméricaine, elle était aussi antisoviétique. Aussi les stratèges militaires soviétiques n'écartèrent pas l'éventualité de troubles militaires supplémentaires sur les quelque trois mille kilomètres de frontière avec l'Afghanistan. Or cette frontière est particulièrement délicate parce que des deux côtés vivent des Tadjiks, des Turcs et des Ouzbeks, ainsi que d'autres groupes ethniques plus petits. Les Pathans vivent à l'est et au sud du pays et ne constituent pas vraiment une majorité. Les Hazaras de Mongolie et quelques groupes iraniens sont aussi largement représentés. Les frontières entre l'Afghanistan furent aussi artificiellement créées, sans tenir compte des différentes ethnies. Le seul facteur d'homogénéité entre les quelque vingt nations qui constituent l'Afghanistan est la religion : la majorité de la population est en effet constituée de musulmans sunnites.

Les experts militaires soviétiques auraient pu s'épargner bien des problèmes s'ils avaient lu les œuvres du professeur Nikolaï Vavilov, un remarquable savant soviétique et véritable héros dans la lutte pour l'instauration de principes scientifiques dans la génétique de l'Union soviétique. Vavilov était célèbre pour ses expéditions botanico-géographiques, dont les plus importantes se déroulèrent au Pakistan entre 1924 et 1926. Il visita de nombreuses parties de ce pays inconnu aux Européens et fut le premier géographe à établir des cartes de ces différentes zones. Il relata aussi son expédition, et il décrivit clairement l'hostilité dirigée tant contre lui que contre les autres villages et tribus. Vavilov fit une autre observation qui d'ailleurs s'applique aux problèmes actuels de l'Afghanistan : à l'époque, on cultivait une seule variété de pavot, le *Papaver somnipherum,* d'où l'on extrayait l'opium qui était ensuite exporté[6]. Or aujourd'hui on sait que la production de l'opium en Afghanistan a augmenté entre 1960 et 1980 : les villages éloignés des principales vallées, complètement indépendants du gouvernement central, pouvaient parfaitement mener une telle culture, qui se répandit aussi dans le nord du Pakistan où le contrôle gouvernemental était une fois de plus inexistant. L'invasion soviétique ne fut pas seulement un affront à l'orgueil national, elle perturba aussi le circuit commercial de l'opium et de l'héroïne. Le socialisme ne convenait pas aux vendeurs d'opium et, lorsque la guerre s'intensifia, les principaux centres de culture de pavot ainsi que le commerce de l'opium et de l'héroïne furent transférés au nord du Pakistan qui est sans doute aujourd'hui le plus grand centre de production d'héroïne du monde.

L'invasion soviétique a en fait suscité une augmentation de la production de l'opium et de la fabrication de l'héroïne dans le nord du Pakistan, ainsi que dans les zones frontalières de l'Afghanistan. En voici les principales raisons. Premièrement, la majorité des habitants des villages frontaliers sont maintenant bien armés et ne craignent pas une intervention. Deuxièmement, la guerre a engendré un véritable problème pour les réfugiés, mais en même temps (comme l'argent est nécessaire pour se nourrir et s'armer) elle a aussi fourni une main-d'œuvre bon marché aux producteurs de l'héroïne. Troisièmement, les nouveaux gouvernements islamiques ont pris des mesures draconiennes contre la culture du *Papaver somnipherum* en Turquie et en Iran, ce qui réduit donc sérieusement la production de drogue dans ces pays. L'héroïne provenant de la région de Herat en Afghanistan transitait normalement par l'Iran. Aujourd'hui, les trafiquants de drogue préfèrent passer par le Pakistan. Les mesures prises dans des pays comme la Thaïlande contre le trafic d'opium ont aussi été effectives, alors que les régions frontalières du Pakistan échappent à la surveillance du gouvernement et sont bien mieux armées pour faire face à une répression. L'héroïne et l'opium produits en Afghanistan commencèrent à pénétrer l'Asie centrale soviétique en 1970, et la drogue devint progressivement un problème (quoique moins sérieux qu'en Occident). Aujourd'hui, tout le trafic de drogue dans cette direction a été interrompu et le seul itinéraire possible est la route de l'Ouest. Les médias britanniques ont enregistré une augmentation de 230 % de la quantité d'héroïne saisie par les officiers de douane dans les deux dernières années et plus de 80 % provenaient du Pakistan[7].

Je me suis volontairement intéressé à cet aspect apparemment insignifiant de l'affaire afghane, car c'est probablement un secteur que les services d'espionnage soviétiques avaient sous-estimé : or il était dangereux pour l'armée soviétique de pénétrer les lieux bien organisés de production et de trafic de drogue. La guerre peut durer des années dans de tels endroits. Mais il est aussi vrai que le trafic de drogue aggrave les divisions et les conflits entre les différents groupes de la guérilla.

L'Afghanistan est souvent qualifié de « Vietnam soviétique ». Sur le plan militaire, le conflit afghan est en fait très différent de la guerre menée par les Etats-Unis en Asie du Sud-Est. Le seul point commun est que ces deux interventions militaires débutèrent pour essayer de prévenir une domination chinoise dans la région. L'Union soviétique n'a pas besoin de « victoire », ni d'un régime strictement communiste en Afghanistan. Il lui faut plutôt un gouvernement allié qui exerce vraiment son autorité sur tout le pays. Il est irréaliste de penser que l'Union soviétique pourrait tout simplement se retirer de l'Afghanistan, en laissant le gouvernement Karmal lutter et probablement se faire battre par les différents groupes militaires ennemis. De même que les Américains souhaitaient « vietnamiser » la guerre au Vietnam, de même l'Union soviétique aimerait certainement « afghaniser » la guerre civile en Afghanistan. Le problème principal d'Andropov (et ce fut aussi le problème principal de Brejnev) n'est pas de ne pas vouloir négocier une solution, mais de ne pas disposer d'un seul partenaire de négociation. Au Vietnam, les Etats-Unis purent réellement négocier avec le gouvernement nord-vietnamien, mais les guérilleros afghans ne sont pas unis et leurs différences nationales et tribales rendent cette unification encore plus improbable. En outre, aucun autre pays ne pourrait mener la négociation à sa place. Le Pakistan pourrait peut-être représenter les groupes de la guérilla, uniquement parce que c'est l'une des principales victimes d'une guerre qui occasionna l'arrivée de deux millions de réfugiés afghans. Il existe aussi une affinité nationale avec quelques groupes ethniques afghans. Mais les résistants des autres parties de l'Afghanistan, représentant d'autres tribus, n'accepteront vraisemblablement pas la médiation du Pakistan.

Que peut-on alors espérer d'Andropov dans de telles circonstances ? Il va sans doute proposer de négocier avec le général Zia du Pakistan, qui déclinera probablement cette offre. Zia sait que son gouvernement ne peut contrôler les Pathans et les Afghans, et qu'il aurait donc beaucoup moins d'influence sur les autres nations vivant en Afghanistan. Comme les Iraniens, il exigera un retrait préalable soviétique avant de mener toute négociation, ce qui serait absolument inacceptable pour les Soviétiques actuellement. En refusant de négocier, les Pakistanais réduiront le coût politique de la présence soviétique. En outre, la dépense militaire n'est pas très élevée. L'état-major soviétique n'est manifestement pas mécontent de cette guerre, et il n'existe dans le pays aucun mouvement largement hostile à la guerre. « L'afghanisation » du conflit fera apparemment l'objet de tentatives, mais ce processus sera lent et progressif. Les observateurs occidentaux rêvent en pensant qu'Andropov « interviendra pour réduire les pertes en Afghanistan puisque c'est encore la guerre de Brejnev, et non la sienne », et qu'il sera prêt à sacrifier Babrak Karmal, afin d' « aplanir les barrières dans le monde islamique en gardant surtout pour objectif l'Iran[8] ». Andropov est simplement incapable (et il n'a probablement nul désir) de le faire. Il misera sur le temps et s'efforcera par le biais de la propagande d'inciter le Pakistan à refuser de négocier pour le compte de la résistance afghane. A bien des égards, ce conflit ressemble à la longue guerre menée dans le Caucase dans la première moitié du XIXe siècle, ainsi qu'à celle qui eut lieu dans les régions tadjiks, ouzbèques et turques dans la seconde moitié du XIXe siècle, et à la guerre civile de l'Asie centrale soviétique entre 1919 et 1928. La soviétisation des régions musulmanes de l'Union soviétique fut très longue et continua jusqu'au début des années trente.

Babrak Karmal fut chaleureusement accueilli à Moscou à la fin de décembre 1982 et eut l'honneur de parler à la session de jubilé du Soviet suprême. Si Vladimir Kouzichkine a raison de penser que Karmal a collaboré avec le KGB pendant de nombreuses années, et de dire qu'Andropov a conseillé de soutenir non Taraki mais Karmal dès l'année 1978[9], ce dernier a alors toutes les chances d'être soutenu désormais par Andropov maintenant que celui-ci n'est plus conseiller de Brejnev mais secrétaire général du Parti.

La politique soviétique au Moyen-Orient et en Europe de l'Est

Les deux secteurs de la politique étrangère soviétique qui apparemment subirent le moins de changements sont le Moyen-Orient et l'Europe de l'Est.

L'engagement soviétique au Moyen-Orient, amorcé initialement par Khrouchtchev, a toujours été extrêmement coûteux et très peu positif. Les énormes investissements politiques et économiques faits en Egypte ont été vains, et l'Union soviétique n'a plus aujourd'hui que deux pays véritablement amis : la Syrie et le Yémen du Sud. Le Soudan, la Somalie, l'Irak et l'Algérie sont soit hostiles soit distants, alors que la Libye constitue davantage une gêne qu'un atout. Cette situation s'explique en partie par un changement historique de la politique soviétique, changement qui fut probablement une erreur. Staline s'intéressa davantage aux pays voisins qu'aux pays éloignés, et il préféra soutenir des partis plutôt que des individus. Il est impensable qu'il eût traité en ami Nasser ou les chefs du parti Baas en Irak et en Syrie, en leur accordant une aide généreuse tout en ignorant le fait que les partis communistes de ces pays étaient illégaux et que les communistes avaient été emprisonnés ou exécutés. L'Union soviétique n'avait bien sûr pas assez de ressources pour mener une politique mondiale, et c'est sans doute pourquoi elle a surtout veillé à maintenir des relations amicales et sûres avec les pays directement voisins. Il était naturel pour Khrouchtchev de chercher à élargir les intérêts soviétiques à l'étranger, mais ce fut catastrophique pour lui de placer sa confiance dans des dirigeants individuels, quelle que fût la nature des institutions politiques et sociales de leurs pays. Il entretint des relations amicales avec des hommes comme Nasser qui était à la fois pro-soviétique et anticommuniste. Expliquant pourquoi les intellectuels soviétiques n'ont pas soutenu la politique de leur pays au Moyen-Orient en 1967, Roy Medvedev écrivait anonymement dans son *Journal politique* :

> « Ce n'est un secret ni pour l'intelligentsia ni pour les travailleurs de ce pays que non pas des millions mais des milliards de roubles sont nécessaires pour armer la RAU, et pour construire le barrage d'Assouan à des milliers de kilomètres de la Russie, ainsi

que des dizaines d'autres entreprises. Notre aide à l'Egypte (militaire, financière et économique) excède celle que nous accordons à tout autre pays socialiste, et peut-être même à l'ensemble des pays socialistes. Etant donné les nombreux problèmes intérieurs non résolus, l'importance de cette aide à l'Egypte peut difficilement être considérée comme raisonnable. Les objections élevées contre une telle dépense sont d'autant plus fortes que très peu de membres de l'intelligentsia considèrent Nasser et ses amis comme des socialistes. On pense plus généralement qu'il est fasciste ou national-socialiste. En tout cas, il est bien connu qu'il n'existe pas de véritable démocratie en Egypte. Les communistes y sont sévèrement réprimés. A l'époque où nous avons entretenu des relations amicales avec l'Egypte, il y eut de nombreuses campagnes sanglantes contre les communistes. Ces derniers ont été emprisonnés, torturés et tués. Pendant la brève période où l'Egypte et la Syrie étaient unies, il y eut de sévères répressions exercées contre des communistes en Syrie également [10]. »

Ce lourd investissement politique et économique, justifié uniquement par des relations amicales nouées entre les dirigeants, revint à faire payer à l'Union soviétique un prix très élevé lorsque le président Sadate décida de changer l'orientation politique de l'Egypte à la mort de Nasser, en ayant d'abord soutiré tout ce qu'il pouvait à l'Union soviétique pour préparer la guerre du Kippour en 1973. Voici un seul exemple politique qui fut maintenu, avec quelques amendements, par Brejnev, et pour lequel ce dernier paya un prix politique similaire en Somalie et au Zimbabwe.

Les premiers signes de changement apparurent en 1980, après la déclaration de guerre entre l'Irak et l'Iran. En dépit d'un engagement important en Irak, accompagné par l'Union soviétique d'un traité d'amitié et de coopération, cette dernière décida de mener une politique de neutralité. Après les quelques milliards perdus en Egypte ainsi qu'en installations militaires en Somalie, l'Union soviétique changea aussi sa politique de vente d'armes dans la région. Désormais, l'armement n'est fourni que lorsqu'il est payé sur-le-champ, et l'Union soviétique n'accorde plus de crédits ni d'emprunts à long terme.

Le nouveau pouvoir sera sans doute moins généreux dans son assistance militaire et économique à des régimes pro-soviétiques mais instables et dictatoriaux (comme l'Ethiopie), sans exiger des changements structurels sous la forme d'un système de parti unique à la soviétique. L'Union soviétique cherchera sans doute à s'entourer de moins d'amis proches mais de partenaires plus fiables, dotés de systèmes sociaux stables et donc moins vulnérables aux coups d'Etat. L'engagement de l'Union soviétique en Syrie est trop important pour être supprimé, mais l'Irak sera abandonné et cessera sans doute de bénéficier de l'aide soviétique. En Israël, certains pensaient qu'Andropov pouvait adopter une politique plus équilibrée et moins pro-arabe. Ce qu'Israël peut tout au plus souhaiter d'Andropov est que ce dernier prenne des mesures pour réduire l'antisémitisme en Union soviétique. Cette politique réduirait à son tour les pressions exercées par la communauté juive soviétique pour émigrer. Il est possible aussi que l'Union soviétique modifie son attitude vis-à-vis des pays arabes les plus conservateurs et notamment l'Arabie saoudite, pour des raisons strictement économiques. Elle a l'intention d'accroître ses ventes de pétrole et de gaz pour obtenir plus de devises fortes et elle ne souhaite donc pas une chute importante des prix internationaux du pétrole. Pour y parvenir, elle aura besoin de coordonner sa politique internationale pétrolière avec les autres grands producteurs.

Apparemment, les principes qui sous-tendent la politique de l'Union soviétique en Europe de l'Est n'ont pas changé. Entre 1957 et 1967, Andropov fut le principal architecte de cette politique et, comme ses principaux collaborateurs au département du Comité central chargés de relations avec les pays socialistes n'ont pas changé (le nouveau directeur étant

K. G. Roussakov), on peut penser que cette politique se maintiendra. Andropov favorisera certainement l'intégration économique, mais il essayera aussi de tirer parti de l'expérience de l'Europe de l'Est sans obliger ces pays à accepter le modèle soviétique dans tous ses détails. Dans le discours qu'il prononça au plénum du Comité central le 22 novembre 1982, il souligna que l'Union soviétique devrait faire meilleur usage de l'expérience des pays socialistes amis. Ceci tend peut-être à suggérer que certains éléments du modèle socialiste hongrois seront introduits en Union soviétique. Mais cette conclusion est prématurée. Il serait plus positif de lever les restrictions actuelles sur les échanges entre les pays socialistes, et de faciliter notamment les voyages touristiques et professionnels entre l'Union soviétique et ses alliés de l'Europe de l'Est. Andropov semblait satisfait des récents développements en Pologne, et la situation polonaise n'est sans doute plus perçue comme une urgence par le pouvoir soviétique.

Les événements qui se dérouleront en Europe de l'Ouest auront sans doute beaucoup d'influence sur la politique soviétique en Europe de l'Est. Ainsi, si les Etats-Unis réussissent à déployer les missiles Pershing et Cruise en Allemagne et dans d'autres pays, l'Union soviétique installera certainement ses propres missiles Cruise en Allemagne de l'Est et en Tchécoslovaquie. Ce qui n'est pas une mince affaire, car ces pays n'ont aucun missile soviétique actuellement et leur installation risque de susciter un réel mouvement antinucléaire.

Les régimes des pays d'Europe de l'Est sont différents, et Andropov le comprend beaucoup mieux que Brejnev. Comme il a été ambassadeur en Hongrie et chef du Département étranger chargé des relations avec les pays socialistes ainsi que chef du KGB, il a dû entretenir avec les pays d'Europe de l'Est des rapports tels qu'il connaît bien leur situation spécifique. Avant que Brejnev ne devienne secrétaire général, il n'avait eu aucune expérience dans les affaires étrangères et d'ailleurs, par la suite, il s'intéressa essentiellement aux relations d'affaires avec les autres chefs d'Etat. Or, presque tous les pays d'Europe de l'Est sont confrontés à des problèmes économiques graves en raison de leur dette grandissante vis-à-vis de l'Occident. Grevés par les remboursements, ils ne pourront pas améliorer leur niveau de vie pendant plusieurs années : un tel contexte ne favorise pas la libération de la vie politique. Une intégration économique avec l'Union soviétique ne ferait qu'augmenter leur caractère de pays « satellites ». Avant 1981, il y avait des forces centrifuges à l'intérieur du bloc soviétique. Désormais, cette pression est centripète, et cette tendance va sans doute se maintenir. Je ne pense pas qu'Andropov soit trop généreux en accordant aux alliés soviétiques une aide économique, puisque ces derniers ne sont pas actuellement en mesure de s'offrir une indépendance politique. Même la Roumanie sera probablement moins réfractaire aux manœuvres diplomatiques, et elle s'alignera sans doute plus qu'auparavant.

Les Etats-Unis et l'Europe occidentale

Le changement de gouvernement à Moscou s'est déroulé plus rapidement et plus harmonieusement que ne l'avaient prévu les gouvernements américain et européens. En effet, le 12 novembre 1982 le *Wall Street Journal* annonça la mort de Brejnev en titrant : « La lutte pour la succession va sans doute compliquer encore les problèmes de l'Union soviétique. » Mais, au moment où ce journal paraissait, à la fin de l'après-midi, la succession à Moscou était déjà pratiquement assurée. Et les prévisions selon lesquelles ce gouvernement à court terme serait « réticent ou même incapable d'adopter une nouvelle politique » furent démenties le lendemain, lorsqu'on publia le compte rendu de la réunion du Comité central du 12 novembre ; de nets signes de changement s'amorcèrent dans la politique étrangère trois jours plus tard, lors de la réception organisée au Kremlin pour les dirigeants étrangers après les funérailles.

Le gouvernement américain était préparé à la mort de Brejnev, mais il était absolument non préparé à tout véritable changement de politique étrangère soviétique et il n'avait donc pas élaboré de stratégie en fonction des différentes possibilités. Aussi tous les changements qui intervinrent rapidement dans la politique de l'Union soviétique furent considérés aux Etats-Unis comme de la pure propagande. Ce n'est que quelques semaines plus tard que l'administration Reagan réalisa qu'elle devait engager un véritable dialogue et des discussions, mais elle avait déjà alors perdu l'initiative. Andropov, qui n'avait été au pouvoir que depuis deux semaines, semblait gagner la bataille diplomatique sur son homologue américain, déjà « au milieu de son mandat », puisqu'il avait occupé son poste pendant deux ans.

Andropov jouissait d'un grand avantage sur Reagan dès son arrivée au pouvoir. Il connaissait beaucoup mieux les Etats-Unis que Reagan ne connaissait l'Union soviétique. Il disposait de conseillers plus compétents sur les affaires américaines que Reagan sur l'Union soviétique. Ainsi le professeur Georgui Arbatov, directeur de l'Institut des études américaines et canadiennes, est un ami intime d'Andropov, et les académiciens de son institut sont pour la plupart extrêmement compétents dans leurs domaines. Le fils d'Andropov, Igor, aujourd'hui diplomate, y fut maître de recherche pendant plusieurs années. Or la Maison-Blanche ne disposait, à titre de spécialiste de l'Union soviétique, que du professeur Richard Pipes, plus connu comme historien de la Russie tsariste (ainsi que pour ses opinions antisoviétiques et son manque de tact). Il est maintenant retourné à Harvard. Mais Reagan ne manqua pas de conseils éclairés : ainsi le changement de direction à Moscou donna aux anciens présidents et aux anciens hommes politiques la chance d'exprimer en public leurs opinions à leur administration ainsi qu'aux dirigeants européens. Richard Nixon,

Jimmy Carter, Henry Kissinger, Zbigniew Brzezinski et bien d'autres accordèrent des interviews et écrivirent des articles sur la politique générale à suivre vis-à-vis de Moscou. Leurs recommandations furent en fait très peu pertinentes dans ce nouveau contexte, et aucun ne prédit précisément les orientations de la nouvelle politique soviétique vis-à-vis des Etats-Unis et de l'Europe occidentale.

Nixon, qui souhaitait que Reagan assiste aux funérailles de Brejnev, était le plus réaliste, pensant que l'Amérique était capable d'influencer la politique soviétique. Il avait conseillé de différer la réponse aux propositions d'Andropov en matière de désarmement, en organisant une réunion entre les dirigeants de l'Europe de l'Ouest, les Japonais et les Américains, avant le sommet soviéto-américain. Mais l'opinion de Nixon quant à l'influence de la personnalité du président ou des médias sur les décisions soviétiques paraît un peu irréaliste :

> « Nixon dit, entre autres : " Je veux que deux cent soixante-dix millions de Soviétiques voient le président Reagan à la télévision, se rendent compte qu'il n'est pas un monstre mais un chef d'Etat très acceptable et séduisant "[11]. »

Aucun Soviétique ne sera vraiment impressionné par l'image de Reagan à la télévision. Personne ne pense qu'il est un « monstre », il est plus ou moins exactement perçu comme un conservateur anticommuniste. La télévision soviétique n'a pas d'impact politique. Si « le socialisme à visage humain » est une abstraction, « le monétarisme à visage humain » est déplacé : les grands sourires à la télévision n'ont en effet aucune influence sur la réalité.

Selon Henry Kissinger, l'Union soviétique serait extrêmement lente et réticente à prendre de nouvelles initiatives, aussi les Etats-Unis avaient-ils désormais la chance de prendre l'avantage.

> « Mais si nous devançons le processus de négociation par un programme audacieux, nous avons une

> chance de dominer la diplomatie comme la discussion générale... Il nous faut saisir toutes les occasions pour leur formuler des propositions de négociations relatives à nos conceptions du véritable contrôle des armes, des bonnes relations économiques et d'une conduite internationale modérée. Il ne peut être que positif pour nous de leur imposer les thèmes de négociation[12]. »

Ces conseils étaient bons, mais la situation n'évolua pas dans ce sens : l'Amérique fut en fait prise de court, et soumise au calendrier de négociations établies par Andropov. Brzezinski fit fondamentalement les mêmes propositions. Les Américains « sont en mesure de le mener (Andropov) dans une direction ou de le pousser dans une autre... C'est nous qui définirons les sujets à débattre au lieu de leur laisser la chance de nous les imposer[13]. »

En fait, la délégation américaine qui négocia avec Andropov le 15 novembre 1982 ne perçut sans doute aucun signe d'amélioration dans les attitudes soviétiques. Apparemment, Andropov, comme son prédécesseur, accusa les Etats-Unis de détériorer ces relations, et il ne devait pas être le premier à faire des concessions.

Or, dès qu'Andropov prit le pouvoir, il apparut que sa nouvelle politique ne visait pas à plaire aux Américains, mais « à rivaliser avec les Etats-Unis dans les cœurs et les esprits des pays occidentaux (populations et gouvernements) ». Cette nouvelle politique reposerait bien sûr essentiellement sur le problème des armes nucléaires et conventionnelles. 1983 constitue une année décisive de succès ou d'échec, et j'étais absolument persuadé qu'Andropov ne perdrait pas de temps pour proposer ses nouvelles idées. Mais même ma prédiction quant à des essais rapides et énergiques visant à réduire la tension militaire en Europe[14], sous-estimait la politique qui fut rapidement baptisée « l'offensive de paix d'Andropov ». Il mena en effet une action si brillante et si inopinée qu'elle fera à elle seule l'objet d'un développement particulier.

Lors des administrations Carter et Reagan, la politique américaine vis-à-vis de l'Union soviétique a été inconsistante et imprévisible. La baisse de la détente commença véritablement après la démission de Nixon, quand le sénateur Henry Jackson fit adopter « l'amendement Jackson », projet de loi subordonnant la levée des restrictions commerciales à l'égard de l'Union soviétique à un quota de Juifs soviétiques autorisés à émigrer. (Cela se traduisit immédiatement par une réduction de l'émigration.) Quand Carter devint président, il adressa aussitôt une lettre au fameux dissident soviétique Andreï Sakharov en janvier 1977, avant d'écrire aux autorités soviétiques, et lorsqu'il fit de nouvelles propositions de désarmement au cours des négociations Salt II, il prouva qu'il ignorait totalement le mode de fonctionnement du système politique soviétique. Il commit plus tard l'erreur d'appliquer un « embargo sur les céréales » ; ainsi « l'embargo sur le gazoduc sibérien » et l'annulation par des entreprises américaines de plusieurs contrats commerciaux, assortie de l'embargo américain orienté contre les usines européennes qui avaient essayé d'honorer leurs accords, furent tous perçus comme des gestes unilatéraux (bien que reliés aux événements en Afghanistan et en Pologne) dans la « guerre commerciale » entre les Etats-Unis et l'Union soviétique. En novembre 1982, de nombreuses mesures avaient déjà été levées (sans aucune pression soviétique), puisqu'elles nuisaient à l'économie des Etats-Unis ainsi qu'aux relations de ce pays avec l'Europe. Les Américains s'étaient exagéré l'efficacité d'une telle pression économique et de la dépendance soviétique à l'égard de la technologie occidentale, mais leur rhétorique politique demeura essentiellement inchangée.

Néanmoins, la nécessité d'un sommet soviéto-américain fut évoquée alors que Brejnev était encore en vie, et le président Reagan semblait favorable à un tel projet. Un succès marqué par Reagan impressionnerait bien sûr Brejnev. C'est pourquoi les Soviétiques ne souhaitaient pas un tel sommet entre Brejnev et Reagan en 1982, uniquement parce qu'ils craignaient le comportement de Brejnev. Ce dernier aurait été certainement incapable de mener souplement la discussion, il se serait contenté de lire un discours déjà préparé. On avait donc parlé de l'éventualité d'un sommet, et le changement de direction à Moscou incitait à le tenir dès que possible, d'autant plus que les grands problèmes des relations Est-Ouest devaient être résolus en 1983. Il est vrai que, lorsque les Etats-Unis mettraient en œuvre leur programme de missiles MX et installeraient les missiles Cruise et Pershing en Europe, la discussion sur les autres sujets serait beaucoup plus difficile. Cependant, Reagan garda le silence, espérant sans doute que le Congrès prendrait une décision sur les MX. Aussi l'initiative revint à Andropov. Il aurait sans doute préféré répondre à une offre de Reagan, ce qui explique pourquoi il ne mentionna pas de conférence au sommet dans son discours adressé au Comité central, ou lors de celui qu'il fit à la session du Soviet suprême le 21 décembre 1982. Mais, à la fin décembre, il répondit à des questions posées « par le rédacteur en chef du groupe de presse Hearst, Joseph Kingsberry Smith, qui s'était adressé à l'ambassade soviétique à Washington ». Les réponses furent diffusées par l'agence Tass et publiées dans les journaux soviétiques le 31 décembre ; elles comportaient un message de bonne volonté à l'égard du peuple américain. Andropov esquissait un programme de désarmement pour 1983, proposait de geler le nucléaire et suggérait de réduire de 25 % tous les arsenaux nucléaires. Il répondait enfin positivement à « l'appel » de l'ancien président Nixon, et proposait donc un sommet à Reagan. Andropov souligna que les rencontres au sommet étaient toujours bienvenues, mais qu'elles devaient bien sûr être préparées à l'avance.

La première réaction de Washington fut négative. Allan Romberg, porte-parole du département d'Etat américain déclara qu'il ne savait pas que les Etats-

Unis avaient « activement l'intention de planifier ou d'organiser un sommet ». Il dit que l'administration américaine s'en tenait à la déclaration prononcée le mois dernier par Georges P. Shulz, selon lequel un sommet serait « prématuré »[15]. Apparemment, Reagan n'était pas prêt pour une rencontre au sommet, ou peut-être ne la souhaitait-il pas du tout. Avec le départ du professeur Pipes, la Maison-Blanche et le département d'Etat perdirent un conseiller qui avait une bonne connaissance de l'Union soviétique. Le président semblait être sur la défensive, en disant qu'il était d'accord sur le principe d'un sommet, mais que ce dernier devait être soigneusement préparé et comporter des garanties de résultats positifs. Cette réponse peu enthousiaste est peut-être due à une crainte : en paraissant à la télévision, Reagan ne ferait certes pas figure de monstre mais pourrait toutefois faire preuve d'incompétence en abordant les problèmes complexes du désarmement nucléaire et des affaires internationales ; il pourrait aussi laisser voir qu'il s'appuie davantage sur ses conseillers qu'Andropov, qui est plus professionnel.

A la fin de décembre 1982, la Central Intelligence Agency (CIA) déclassa soudainement son rapport de quatre cents pages sur l'Union soviétique qu'elle avait remis au Congrès à la fin novembre[16]. Le nouveau rapport de la CIA contredisait en effet complètement les opinions exprimées dans les médias américains sur l'économie soviétique, indiquant que celle-ci était sur le point de s'effondrer. Ce même rapport contredisait aussi certaines déclarations faites par le président Reagan sur l'Union soviétique, afin de justifier le blocus économique instauré en mesure de représailles pour les événements de Pologne. En dépit de certains problèmes et de certaines inégalités, l'économie soviétique, selon ce rapport, est en général en « bonne forme » et se développe plus rapidement que son homologue américain. Elle est aussi fondamentalement autarcique, et « l'économie soviétique a la capacité de rester viable sans apport de l'étranger, plus que toute autre voire toutes les autres économies industrialisées[17] ».

La détente soviéto-américaine négociée par Brejnev comportait un accord commercial bilatéral, élément de base de cette négociation. Mais les Etats-Unis ne purent tenir leur engagement de partenaire économique, car ils subordonnèrent leur commerce à des exigences politiques, et surestimèrent nettement la dépendance de l'Union soviétique à l'égard de la technologie américaine. Les milieux d'affaires américains comprirent ensuite que cette politique avait un effet plus nuisible sur leur propre pays que sur l'Union soviétique : en effet, en matière commerciale, c'est le producteur à qui on laisse des produits invendus qui souffre plus que l'acheteur qui, lui, n'a pas dépensé de devises. Andropov, dans ses discours ou dans ses déclarations à la presse soviétique, n'a nullement laissé entendre que le nouveau gouvernement souhaitait relancer les échanges soviéto-américains ou continuer à acheter de grandes quantités de grain aux Etats-Unis. L'Union soviétique a complètement ignoré la proposition faite par Reagan pour 1982-1983, avant la mort de Brejnev, concernant la vente de dix-sept millions de tonnes de céréales. Mais l'Union soviétique s'est engagée en septembre à prolonger d'une année l'accord commercial sur les céréales, et achètera donc encore six millions de tonnes aux Etats-Unis. Mais il est très peu probable que l'Union soviétique propose un nouvel accord ou prolonge celui qui est en cours. Son attitude vis-à-vis du Marché commun est similaire. En effet, elle a refusé en décembre dernier d'acheter le surplus du beurre européen offert à de moins bonnes conditions que d'habitude, en guise de « représailles » pour les événements d'Afghanistan et de Pologne. Le Marché commun a, en fait, perdu dans cette affaire.

La nouvelle équipe dirigeante ne contractera certainement pas d'accords commerciaux qui seraient subordonnés à d'autres liens. Khrouchtchev et Brejnev avaient tous les deux fait des promesses concernant la production alimentaire. Ils avaient en effet associé leur prestige aux réformes agricoles et pensaient créer une abondance de biens alimentaires. Mais, comme ces réformes n'aboutirent pas, il fallut acheter beaucoup de nourriture à l'étranger pour masquer les échecs et sauvegarder la réputation de ces dirigeants. Andropov, quant à lui, n'a pas lié son prestige à de telles promesses. Il préfère apparemment obliger les fermes collectives à travailler plus durement et plus efficacement, et non masquer la pénurie en achetant à l'étranger. Les achats de nourriture resteront certes nécessaires. Et les échanges commerciaux ne se feront qu'avec les pays considérés comme des partenaires « fiables ». Ils serviront à accroître l'influence soviétique et non sa vulnérabilité. Jusqu'à présent, les pays occidentaux, même ceux qui ont souhaité accroître les liens commerciaux avec l'Union soviétique, ont cherché à utiliser ces rapports économiques à des fins de propagande, afin de se glorifier au maximum en disant que le système socialiste ne peut fonctionner sans la technologie occidentale. Cette conception était fondamentalement erronée. Le commerce avec l'Occident ne constitue en effet que 5 % de l'économie soviétique et plus de 50 % des échanges concernent des pays voisins tels que la Finlande, l'Autriche, le Japon ou la Suède. La situation n'était pas la même avec la Pologne et la Hongrie, et c'est pourquoi la crise occidentale frappa si durement ces pays. Il me semble que le commerce avec l'Union soviétique à des fins de propagande ne sera pas aussi facile à l'avenir, et que seuls les partenaires économiques alliés peuvent escompter de grosses commandes de l'Union soviétique. Déjà, en décembre, la grande revue économique de l'Union soviétique *Ekonomitcheskaïa Gazeta (Le Journal économique)* a multiplié sérieusement ses publicités pour les produits industriels japonais, mais n'en fit aucune pour le matériel européen. Le Japon est depuis longtemps un partenaire commercial extrêmement fiable, car il ne mélange jamais les affaires et l'idéologie.

Les Etats-Unis ont réagi lentement et mal aux quelques grandes propositions soviétiques (traditionnellement rejetées comme « pure propagande »), ce qui a suscité le profond mécontentement des Européens. Or, en Europe même, les dirigeants avaient d'abord été aussi plutôt intransigeants, et ils essayèrent d'ignorer les initiatives soviétiques. Cependant, l'attitude du public européen vis-à-vis de l'Union soviétique est différente de celle des Etats-Unis. En effet, pour ces pays, la Russie est un pays voisin qui a, pendant des siècles, participé à l'équilibre traditionnel des forces. Les Européens savent que la Russie se préoccupe à juste titre de sa défense, car ce pays a été envahi deux fois par les Occidentaux, et une fois par les Japonais, au cours du seul XXe siècle. Les initiatives de paix d'Andropov et les idées sur la nécessité d'une sécurité européenne peuvent, bien sûr, être qualifiées de propagande. Mais celle-ci est très efficace et elle commence à modifier l'opinion publique conservatrice de pays aussi importants que la République fédérale d'Allemagne, la Grande-Bretagne, l'Italie et la Hollande. Seule la négociation permet de faire une distinction entre la propagande et les propositions réalistes et sérieuses ; or la réticence de l'administration américaine à entamer des négociations a suscité la consternation de certains chefs d'Etat européens. C'est le cas manifestement de l'Allemagne et de la Grande-Bretagne. Dans ces deux pays, en effet, les débats préélectoraux portèrent surtout sur ces questions. Et finalement, c'est l'Europe occidentale qui a fait réellement les frais de la rivalité soviéto-américaine ; or il est difficile d'ignorer trop longtemps l'initiative soviétique. Quand le sommet du Pacte de Varsovie se réunit à Prague au début de 1983, et adopta une « déclaration politique[18] » longue et détaillée, il devint enfin impossible de continuer à classer le problème. Les chefs d'Etat européens se mirent à faire des déclarations positives. L'Europe occidentale commença à faire quelques compromis avec le nouveau pouvoir soviétique, sans s'occuper des Etats-Unis. Reagan perdit son rôle de leader : il fit traîner les événements, tout en restant sur la défensive, critiqué par ses alliés, incertain de l'attitude à adopter et soulevant des objections déplacées.

En deux mois, le nouveau pouvoir soviétique put prendre l'initiative dans la bataille diplomatique et dans la propagande vis-à-vis de l'Europe occidentale. La politique de Reagan partait du principe que les Etats-Unis seraient en mesure d'exploiter à leur avantage une longue et difficile lutte pour le pouvoir au Kremlin, et ils n'avaient pas d'autre stratégie. Ce qui démontre avec clarté que la politique et la diplomatie demeurent un art où il est facile de distinguer les professionnels des amateurs. La situation de la mi-janvier fut bien illustrée par la caricature de la couverture de l'*Economist* (15-21 janvier), représentant une belle grosse colombe (au visage d'Andropov) écrasant de son pied un petit aigle confus au visage de Reagan. La tournée entreprise fin janvier (début février) par le vice-président Bush dans plusieurs capitales occidentales ne changea nullement la situation, car Bush ne présenta aucune idée véritablement nouvelle et ne fit aucune proposition constructive.

L'offensive de paix d'Andropov

A la fin novembre, plusieurs revues et journaux occidentaux écrivaient déjà sur l'offensive pacifique d'Andropov. Mais cette question devint sérieuse avec le discours prononcé à la session du jubilé du Soviet suprême le 21 décembre 1982, et fut maintenue telle quelle dans les semaines suivantes. Vers le milieu janvier 1983, l'Occident dut examiner environ vingt nouvelles propositions relatives aux différents secteurs militaires. Certaines n'étaient peut-être pas vraiment nouvelles, mais en 1983 leur impact était autre que dix ou vingt ans auparavant, lorsque la supériorité nucléaire occidentale signifiait que l'Union soviétique affichait une relative faiblesse. De plus, il y a dix ou vingt ans, l'Occident ne connaissait pas un tel mouvement pour le désarmement. Or, vers 1982-1983, il est devenu un réel facteur politique dans tous les pays démocratiques. L'enjeu principal de ces nouvelles propositions était, bien sûr, les missiles Cruise 572 et Pershing II, censés être opérationnels en Europe occidentale à la fin de 1983. La position des Deux Grands était claire depuis fin 1981. L'Union soviétique était prête à réduire le nombre de ses missiles nucléaires à moyenne portée dans les régions européennes du pays (les vieux SS 4 et SS 5 à tête unique, et les nouveaux SS 20, plus précis, et dotés chacun de trois têtes pouvant être indépendamment orientées) si les Américains s'engageaient à annuler leur projet d'installer de nouveaux missiles américains en Europe. Le président Reagan répondit avec « l'option zéro », cherchant ainsi à annuler l'installation des nouveaux missiles, au cas où l'URSS détruirait tout son arsenal de missiles à moyenne portée, dont ceux situés derrière les montagnes d'Oural et qui peuvent d'ailleurs théoriquement atteindre la Norvège, s'ils ne sont plus dirigés vers l'est de l'Europe. « L'option zéro » fut immédiatement rejetée et qualifiée d'irréaliste, car l'OTAN ne disposerait plus que des missiles français et britanniques de moyenne portée et des missiles stratégiques dirigés vers l'Union soviétique. Les négociations bilatérales confidentielles ont débuté à Genève, afin de sortir de cette impasse. Si les négociations n'aboutissent pas, les plans américains seront maintenus. En novembre 1982, aucun progrès ne semblait avoir été réalisé.

Dans son discours prononcé le 21 décembre 1982[19], Andropov fit une nouvelle proposition apparemment raisonnable et plus réaliste que « l'option zéro ». Son idée était très simple. L'Union soviétique ne conserverait en Europe « que le nombre de missiles nécessaires à la France et à la Grande-Bretagne, et pas un de plus ». Ce qui reviendrait à les réduire de trois quarts, soit cent cinquante au lieu de six cents. Dans des discussions ultérieures, il indiqua que les missiles excédentaires seraient détruits et non simplement transportés à l'Est. Cette proposition fut presque immédiatement rejetée par la France, la Grande-Bretagne et les USA, essentiellement parce que les nouveaux missiles américains étaient destinés à protéger l'Allemagne fédérale et les autres pays de l'OTAN, non dotés d'une force nucléaire nationale. Cet argument paraissait illogique : la Grande-Bretagne est un membre actif de l'OTAN, et la France, bien que ne participant pas à l'organisation militaire, se doit encore d'utiliser ses forces armées pour protéger l'Allemagne. D'ailleurs, des troupes anglaises et françaises sont stationnées en Allemagne fédérale et à Berlin-Ouest. Aussi, considérer les forces nucléaires britanniques et françaises comme des armes nucléaires dissuasives purement nationales va à l'encontre du sens et de l'objectif de l'alliance nord-atlantique. L'offre d'Andropov révéla que l'Angleterre avait l'intention de changer les missiles Polaris et de les remplacer par des Trident, ce qui augmenterait le nombre des missiles britanniques et celui des ogives ; mais ce changement serait accompagné d'un accroissement des missiles soviétiques orientés contre la Grande-Bretagne et l'Europe occidentale. « L'option zéro » de Reagan se voulait sans doute inacceptable, de façon que les plans de déploiement des missiles Pershing et Cruise puissent être maintenus. Andropov insista pour que les missiles britanniques et français fussent intégrés dans cet équilibre, ce qui détruirait totalement la viabilité de « l'option zéro ». Andropov décida aussi qu'il n'était pas dans l'intérêt des Soviétiques de mener les négociations de Genève à huis clos, puisque leur position était plus raisonnable que celle des Américains. Dans ces circonstances, le secret favoriserait uniquement les Etats-Unis. Selon plusieurs politiciens et commentateurs occidentaux, les nouvelles propositions soviétiques répondent à des objectifs de propagande et une pression supplémentaire peut obliger l'Union soviétique à admettre « l'option zéro », ou toute autre solution similaire. Mais cette interprétation laisse penser que l'Union soviétique a mal évalué ses priorités : ils veilleront sans doute à ne pas descendre au-dessous du nombre des missiles dont dispose l'Europe occidentale. Ils n'accepteront certainement jamais de détruire tous leurs missiles à moyenne portée.

La question des missiles de différentes portées suscita immédiatement des objections aux propositions faites par Andropov en décembre. En effet, les SS 20 soviétiques ont trois têtes alors que les missiles français n'en ont qu'une. Les missiles Polaris anglais ont aussi trois têtes, mais qui ne peuvent être différemment orientées. Cependant, le système Trident choisi par le gouvernement britannique est plus performant : chaque missile possède dix têtes nucléaires indépendamment orientées. Contrairement aux prévisions, les Soviétiques acceptèrent l'éventualité d'un accord basé sur la parité du nombre de têtes plutôt que sur celle des missiles.

Quelques jours plus tard, dans l'interview mentionnée précédemment avec Kingsburry Smith, Andropov suggéra de réduire de 25 % tous les missiles intercontinentaux de l'Union soviétique et des Etats-Unis. Cette offre fut à nouveau taxée de propagande ou totalement ignorée par l'Occident.

Les propositions de paix firent essentiellement l'objet de la réunion du pacte de Varsovie qui s'est tenue à Prague entre le 3 et le 5 janvier. La « déclaration politique » élaborée à cette réunion constituait un document sérieux sur le désarmement nucléaire, car elle ne visait pas simplement à réduire et à contrôler l'armement nucléaire. Elle prévoyait aussi une réduction des forces armées conventionnelles, une diminution du trafic d'armes, l'interdiction de mener tous les essais nucléaires et la suppression des armes radiologiques et de la bombe à neutrons. Cette déclaration indiquait aussi que :

> « L'OTAN et le Pacte de Varsovie devraient signer un traité par lequel ils renonceraient mutuellement à

utiliser la force; ce qui pourrait être par la suite étendu à d'autres pays. Les accords sur le contrôle d'armes devraient être correctement vérifiés, si nécessaire, par le biais des procédures internationales [20]. »

Cette déclaration recommandait aussi de réduire les forces navales, de limiter les dépenses militaires et de geler la fabrication de nouveaux dispositifs d'armement nucléaire. Elle comportait aussi des propositions pour la création de « zones nucléaires libres » : ainsi, tous les bateaux transportant des armes nucléaires pourraient être exclus de la Méditerranée. Et, pour répondre aux récents débats déplorant le coût très élevé de la course aux armements menée par les grandes puissances dans les pays en voie de développement, ainsi que le gaspillage de fonds pouvant être utilisés à des fins plus humanitaires, la déclaration indiquait que cette épargne financière et matérielle constituée grâce à la réduction des programmes militaires devrait être utilisée à des fins sociales et économiques ainsi que dans l'assistance au tiers monde.

Ce document fut aussi d'abord qualifié de propagande. Les chefs d'Etat occidentaux et la presse conservatrice réagirent immédiatement en indiquant que l'objectif des Soviétiques consistait plus à diviser l'Ouest qu'à faire la paix. Deux ou trois jours plus tard, le ton des commentaires changea : les dirigeants occidentaux se mirent progressivement à dire qu'ils étudieraient cette proposition sérieusement. La plus intéressante à cet égard est la réaction de l'Allemagne de l'Ouest, où, en effet, l'issue des élections du 6 mars 1983 pouvait être modifiée si les politiciens refusaient d'envisager une réduction de la course aux armements. En effet, les éléments les plus importants des nouveaux dispositifs des missiles américains (les missiles Pershing II capables d'atteindre Moscou en six minutes et conçus pour détruire les structures de commande soviétiques) doivent être mis en œuvre en Allemagne, lieu de distance le plus court par rapport à leurs éventuels objectifs.

Le 7 janvier, Francis Pym, le ministre des Affaires étrangères britannique, revint sur son scepticisme initial. Il déclara que la résolution de Prague :

> « ... était un “ document de grande importance ”... Tout en maintenant que l'option zéro pour la réduction d'armes était la meilleure solution possible pour l'Occident, il assouplit réellement la pensée européenne, en indiquant que le gouvernement britannique était certainement disposé à considérer ce qu'il appela “ la deuxième meilleure solution ”, consistant à réduire les missiles de part et d'autre de la ligne de partage Est-Ouest[21]. »

Un éditorial du *Sunday Telegraph* suggéra que :

> « Les dirigeants occidentaux ne doivent pas se contenter de réfuter brièvement les ouvertures proposées par M. Andropov. L'homme de la rue entend les propositions plausibles de paix émises par le nouveau chef d'une superpuissance; il s'attend donc au moins à entendre une réaction de la part de ses propres dirigeants[22]. »

Finalement, le président Reagan en personne a compris que sa réponse totalement négative pourrait lui valoir de ne pas pouvoir installer la nouvelle génération de missiles américains en Europe à la fin de l'année. Or ces missiles sont extrêmement importants pour la stratégie américaine : ils sont entièrement sous contrôle américain et permettent de réduire le temps nécessaire aux armes nucléaires américaines pour atteindre les objectifs soviétiques (passant désormais de trente-cinq à six minutes). Reagan était aussi totalement préoccupé de trouver un mode convenable de déploiement de ces nouveaux missiles stratégiques MX. Son mode, le « groupement serré », a été rejeté pour des raisons techniques, et tout le projet MX fut compromis. L'Union soviétique n'était pas, en fait, hostile au principe des missiles MX, dans la mesure où ils remplaceraient des missiles déjà déployés. Mais le

« groupement serré » viole une clause majeure des accords SALT I et SALT II, selon lesquels les deux blocs se sont engagés à ne pas constituer de nouvelles bases de lancement souterraines fixes[23]. Bien que l'administration Reagan indique que le « groupement serré » biaise cette clause au moyen d'une astuce technique, de nombreux esperts ne sont pas d'accord. Paul Warnke, « qui a mené pour les Etats-Unis les négociations SALT II, est violemment opposé à cette interprétation de l'administration Reagan. “ Le groupement serré viole le SALT I et le SALT II[24]. ” »

Ainsi les deux projets formulés par l'administration Reagan quant à ses plans militaires et stratégiques étaient en passe d'être rejetés. De plus, l'énorme déficit budgétaire nécessitait de réduire sérieusement les dépenses militaires. Au milieu de janvier, l'administration Reagan devait affronter la gravité de la situation, et à ce stade le président perdit complètement l'initiative. Sa première décision fut symbolique : il envoya le vice-président George Bush en Europe pour une soi-disant mission de reconnaissance et de propagande, mais en ayant en fait l'intention de faire pression sur les chefs d'Etat européens pour que ces derniers acceptent de poursuivre le programme Cruise et Pershing. Sa deuxième décision était irrationnelle : il renvoya soudainement Eugène Rostow, chef du service de Contrôle d'armes et de désarmement. Cette initiative fut immédiatement critiquée par les médias occidentaux comme tout à fait irréfléchie. Tout cela fut en effet mal programmé et peu habilement mené, et reflétait une certaine incohérence dans la politique de désarmement américaine.

Le nouveau chef nommé par Reagan, Kenneth Adelman, n'avait aucune expérience dans le contrôle d'armes ou dans le désarmement. Le Sénat refusa d'entériner cette nomination pour les raisons suivantes : les atermoiements peuvent durer des semaines et l'issue des négociations n'est en aucun cas certaine. Reagan voulait donc clairement différer ces négociations et s'est constitué des excuses. Le voyage en

Europe du vice-président Bush ne créa aucun nouveau développement, si ce n'est qu'il révéla de façon générale qu'il était disposé à éliminer tous les missiles à moyenne portée terre-air. Il était évident que la priorité des Américains était de lancer le programme de réarmement et de restaurer leur supériorité militaire. Après quelques mois de vaines discussions sur le désarmement, les Soviétiques firent soudain de nouvelles propositions négociables, séduisantes pour les Européens (la « deuxième meilleure solution ») et révélèrent que l'Union soviétique pourrait par la suite faire d'autres concessions moins « l'option zéro ». Ces propositions conviendraient à toutes les parties, sauf à Reagan et aux ultra-conservateurs qui ne désirent pas réellement un accord. Ils sont en effet déterminés à disloquer les missiles Pershing II et Cruise en Europe.

Reagan renvoya Rostow sans même consulter son secrétaire d'Etat ou tout autre gouvernement occidental. Le même jour, les pays de l'OTAN cherchèrent à savoir si ce limogeage influencerait directement les perspectives de négociation de Genève sur les armes nucléaires menées avec l'Union soviétique, qui reprendraient dans deux semaines[25]. Ces mêmes pays cherchaient en outre à évaluer une déclaration faite par le candidat allemand social-démocrate au poste de chancelier, M. Hans-Jochan Vogel, qui venait de rentrer de Moscou avec de nouvelles perspectives de négociation extrêmement séduisantes. Les médias européens se demandèrent si Reagan voulait vraiment un réel désarmement. Les gouvernements européens avaient accepté les nouveaux missiles américains si les négociations de Genève sur les réductions d'armes en Europe n'aboutissaient pas d'ici la fin 1983. On présumait que si, tel était le cas, ce serait en raison de l'inflexibilité des Soviétiques ; personne n'avait envisagé l'éventualité d'un blocage créé par les Américains. Avant la mort de Brejnev, les deux blocs étaient aussi inflexibles. Aujourd'hui, les Soviétiques ont soudainement commencé à proposer des compromis attrayants, si bien que les négociations n'auraient plus de sens à moins que les Américains ne soient disposés à renoncer à l'optique de « l'option zéro ». Rostow s'était montré assez souple : voilà pourquoi il dut quitter son poste.

Pour les Etats-Unis, les missiles Pershing II et Cruise stationnés en Europe signifient beaucoup plus que protéger l'Europe occidentale de l'armée soviétique. Ces missiles constituent en effet une bonne arme de « première frappe », et seraient aussi les premières armes américaines placées sur le continent sans double contrôle américano-européen (le pays d'accueil). Ils constituent aussi une nouvelle génération de missiles : l'Union soviétique ne possède pas encore de dispositif aussi précis et aussi invulnérable. Au sens technique du terme, ils représentent un nouveau stade qualitatif de course aux armements, et ils pourraient conférer aux Etats-Unis une supériorité qualitative. De plus, il est insensé de dire que les missiles MX (qui violent SALT I et SALT II) et cette nouvelle génération de « missiles européens » puissent contribuer au désarmement (« obliger les Russes à se retirer »). Ils alimentent en fait la spirale de la course aux armements, qui ne cesseront de devenir plus chers et plus dangereux.

Il serait plus facile pour l'Union soviétique que pour l'Occident d'imposer de nouveaux sacrifices à sa population si la course aux armements reprend sérieusement. Il n'existe tout d'abord pas de mouvements démocratiques pour la paix dans ce pays. En outre, il est extrêmement convaincant d'affirmer que les nouveaux missiles américains Pershing et Cruise, stationnés sur le territoire allemand, constitueraient une menace pour l'Union soviétique. La population de ce pays n'est pas concernée outre mesure par les forces nucléaires indépendantes françaises ou britanniques, car ces deux pays ne sont par perçus comme d'éventuels agresseurs de l'Union soviétique. Le cas de l'Allemagne est différent pour des raisons qu'il n'est pas nécessaire d'expliquer ici. En effet, comment penser qu'un gouvernement ouest-allemand (qu'il soit conservateur ou social-démocrate) envisage de maintenir la détente entre l'Union soviétique et l'Allemagne, quant aux relations commerciales ou politiques, si une nouvelle génération de missiles américains apparaît sur le sol allemand ? L'Allemagne de l'Ouest peut avoir ses missiles, mais cela signifie la fin de la détente et sans doute d'un certain nombre d'accords commerciaux. Les nouveaux missiles modifieraient aussi l'ambiance générale de l'Allemagne : en effet pour les justifier, il serait nécessaire d'accentuer la propagande antisoviétique et d'accepter de nombreux dispositifs supplémentaires pour alimenter la guerre froide. C'est une question de simple logique. Cette perspective pénétrera lentement les esprits de la population occidentale, et « l'offensive de paix d'Andropov » continuera à l'accentuer. Les Etats-Unis perdront certainement la bataille de la propagande. Et même s'ils réussissent à installer leurs nouveaux missiles en Europe, ils accroîtront la tension, susciteront le développement du mouvement pour la paix et un accroissement inévitable de l'antiaméricanisme et du « gauchisme ». En exerçant une pression sur l'Espagne pour que celle-ci devienne membre de l'OTAN, les Américains ont certes recherché à obtenir une victoire des socialistes en Espagne en 1982, alors que le problème des bases nucléaires américaines eut un effet similaire en Grèce. De nouveaux missiles ne sont pas un atout électoral pour les partis conservateurs britanniques ou allemands. En poursuivant aveuglément cette lutte pour une supériorité stratégique, les ultra-conservateurs américains risquent de perdre beaucoup plus que leurs quelques bases militaires en Europe.

CONCLUSIONS

En Union soviétique et, dans une moindre mesure dans le reste du monde, on se pose la question suivante : assistons-nous réellement au début d'une nouvelle ère de l'histoire soviétique ? Après la mort de Staline en 1953 la réponse était claire, c'était un oui « positif ». A sa façon, Staline fut un chef d'Etat brutal mais non sans succès, et un homme politique adroit. En effet, pendant son règne, l'industrie se développa rapidement, l'Union soviétique gagna une guerre dévastatrice et redressa rapidement son économie de l'après-guerre. Le pays devint une superpuissance, et un empire soviétique (ou « bloc socialiste », comme on l'appelle en URSS) est né. Si Beria, Malenkov ou Molotof (ces deux derniers sont encore en vie) avaient pris le pouvoir après Staline, et non Khrouchtchev, les principaux piliers du stalinisme, et ses méthodes de répression et de coercition se seraient sans doute maintenus un certain temps. Il y aurait encore de nombreux monuments à sa gloire. Aussi répressif et tyrannique que fut ce système, il était néanmoins viable et efficace à sa manière. Avec la Chine, le camp communiste devint extrêmement puissant et connut une expansion dans la partie orientale du monde. Les peuples sous régime communiste étaient très pauvres et démunis de droits civiques, mais le pouvoir de l'Etat était énorme. Sous Malenkov ou Molotov, le gouvernement et les partis auraient sans doute été moins brutaux, mais l'ère stalinienne, au sens historique du terme, aurait été maintenue. Heureusement pour l'Union soviétique, les choses évoluèrent autrement. Mais le « phénomène Khrouchtchev » était inévitable.

Ce dernier modifia mais ne transforma pas le stalinisme. Voilà pourquoi il n'est pas inutile, sur un plan historique, de parler de « l'ère Khrouchtchev » dans l'histoire soviétique. La situation était loin d'être parfaite, mais elle s'améliorait, et le monde dans son ensemble était plus sûr. Pendant le régime de Khrouchtchev, on assista à une restauration partielle de la légalité, à l'élimination de la terreur, et à la réhabilitation de millions de victimes. Il a certes pu commettre de nombreuses erreurs en économie et en agriculture mais, sur le plan politique, il a transformé l'Union soviétique en une société plus libérale et plus ouverte. Les onze années du régime de Khrouchtchev constituent certainement une période séparée, à un tel point que certains auteurs, comme Soljenitsyne, pensent que ce fut une aberration. Le pouvoir de l'Etat soviétique ne grandit plus aussi rapidement, l'empire soviétique fut sérieusement marqué par le conflit avec la Chine, mais les principaux groupes (à l'intérieur du pays), les travailleurs, les paysans et les intellectuels acquirent plus d'influence au sein de la société. En 1964, Khrouchtchev avait certainement de bonnes raisons de se retirer. S'il avait démissionné dans une société démocratique, les aspects positifs de ce régime auraient très certainement été préservés. Cependant, la fin brutale du régime de Khrouchtchev en 1964 marqua un tournant vers le conservatisme. En fait, il ne s'agit pas d'une victoire personnelle de Brejnev ou de Souslov, mais plutôt d'une victoire du Parti bureaucratique et de l'appareil d'Etat, qui détestaient Khrouchtchev pour ses réorganisations périodiques de l'administration.

Brejnev n'était pas un véritable chef en 1964, mais le représentant de la bureaucratie qui cherchait à vivre plus tranquillement et plus sûrement, tout en augmentant ses privilèges. Ses électeurs n'étaient autres que l'élite bureaucratique. A cet égard, Brejnev changea aussi le système, car il créa, plus que quiconque, les conditions d'épanouissement d'une véritable élite privilégiée, une réelle nomenklatura. Sur un plan politique, son gouvernement se définit par le renversement du processus libéral, par la recrudescence limitée de la répression, et l'arrêt complet de toutes les réhabilitations. Mais Brejnev apporta quelques éléments de stabilité à l'Union soviétique et des perspectives de croissance. Cette tendance fut relativement bien accueillie à l'intérieur du pays et à l'étranger. Mais, dès 1975-1976, cette stabilité n'était autre que de la stagnation, et l'élite bureaucratique, sécurisée et isolée, devenait âgée, corrompue et inefficace. Et de nouveau ce fut l'absence des processus démocratiques qui permirent au pouvoir de Brejnev de s'éterniser.

Les changements qui surviennent après la mort de Brejnev amorcent-ils une nouvelle ère politique dans l'histoire soviétique? Un changement de génération est certes inévitable mais cela implique-t-il nécessairement une véritable innovation politique susceptible de remodeler tout le système? La réponse n'est pas précise. Il y a certes eu un changement de style, et une tentative de meilleure gestion, des signes d'une plus grande souplesse face aux problèmes de politique étrangère. Mais la situation n'a pas encore suffisamment changé pour que l'on parle de réforme politique ou économique. La politique actuelle est sans doute mieux élaborée, mieux mise en œuvre, plus habilement présentée, mais c'est encore *la même politique conservatrice dénuée apparemment de caractère libéral ou démocratique.* Cependant, cette plus grande tolérance, cette meilleure efficacité, et ce plus grand esprit de décision peuvent encourager des réformes dès que l'expérience prouvera que cette exigence de discipline (le slogan du jour) ne suffit pas à engendrer des améliorations durables. Ce scénario est plutôt optimiste. Jusqu'à présent la direction n'est pas précisée, et différentes solutions restent possibles.

La situation ressemble plutôt aux périodes précédant une succession. Lorsque Lénine mourut en 1924, il n'y avait pas de véritables perspectives. Il aurait été possible de continuer la nouvelle politique économique (économie mixte capitaliste et socialiste) et de développer le pays sur le plan national. Il y avait aussi une autre solution plus radicale, celle de « la révolution permanente », visant donc à stimuler la révolution dans d'autres pays ainsi qu'à alimenter la révolution bolchevique en Russie. La première solution fut celle choisie par Staline, Boukharine et l'appareil du Parti, en quête de stabilité ; la seconde fut soutenue par Trotski et « l'opposition de gauche ». La fraction stalinienne plus modérée l'emporta, et cette issue était sans doute la meilleure pour les années vingt. Malheureusement, Staline lui-même changea de politique en 1929 ; il supprima la NEP, imposa brutalement la collectivisation de l'agriculture, augmenta largement le pouvoir des organes de sécurité, et finit par imposer sa propre dictature personnelle fondée sur la terreur. Son pouvoir dictatorial s'accrut pendant la guerre et dans la période qui suivit. Quand Staline mourut, Khrouchtchev hérita son appareil mais non son pouvoir personnel. Pendant les premières années de pouvoir, il dut travailler avec des cadres staliniens, avec des dirigeants qui étaient personnellement responsables de crimes innombrables. Il imposa assez lentement son pouvoir personnel et modifia la structure dirigeante. Mais il fallut encore plus de temps à Brejnev pour consolider sa position personnelle.

Comme politicien, Andropov est étroitement associé aux régimes de Khrouchtchev et de Brejnev. Il doit aussi souhaiter certainement une certaine liberté d'action qui lui permettra de marquer l'histoire soviétique. Mais dans le contexte politique conservateur et corrompu qu'il a hérité de Brejnev, ceci n'est pas facile, même s'il n'a nullement l'intention d'introduire des réformes libérales. Andropov doit s'entourer d'hommes nouveaux, de technocrates capables, s'il veut rendre le système soviétique plus efficace. Mais il ne peut pas procéder à des changements de personnel sans l'accord du Politburo, du Secrétariat et du Comité central. Dans les démocraties occidentales, un changement de dirigeant s'accompagne habituellement d'un transfert de pouvoir d'un parti à un autre. Un nouveau chef de gouvernement peut remplacer toute l'administration et introduire un programme politique, économique et social radicalement différent. En Union soviétique, un nouveau dirigeant a par exemple des contraintes plus sévères, puisqu'il n'a pas la garantie constitutionnelle de rester au pouvoir pendant un certain temps. Ainsi, si les actions d'Andropov rencontrent de sérieuses objections auprès des membres du Politburo et du Comité central, il pourrait être remplacé très rapidement. La période initiale de pouvoir d'un nouveau dirigeant soviétique n'est pas aussi indicative qu'elle pourrait l'être dans une démocratie occidentale. Il faut donc la juger à des détails minimes. Certains dissidents ont été arrêtés ou harcelés. Cela veut-il dire que l'on assiste à une recrudescence de la répression ? En janvier 1983, le premier numéro du journal théorique du parti *Komunist* mentionna trois fois le nom de Khrouchtchev, dans un contexte positif. Ce détail fut considéré comme un indice libéral important, qui n'aurait jamais eu lieu à l'époque de Brejnev. Même dans ses propres Mémoires sur le programme de défrichement des terres vierges, Brejnev ne mentionna pas Khrouchtchev bien que tous les citoyens adultes soviétiques sachent que ce fut lui l'architecte de ce programme. Entre 1965 et 1981, le nom de Khrouchtchev ne fut jamais mentionné dans la *Pravda* ou autres journaux centraux, en dehors des trois lignes de faire-part de décès, imprimées deux jours après sa mort. Si son nom a été mentionné dans *Komunist,* cela signifie-t-il un changement de politique ? Ce n'est qu'une hypothèse. Mais de tels indices ne sont jamais considérés comme accidentels à Moscou.

La vague d'anticorruption fut bien acceptée par le grand public, mais elle affecte directement trop de personnalités influentes hautement placées. Presque tous les grands dignitaires jouissent de privilèges et d'avantages qu'ils souhaiteraient vivement conserver. Aussi la politique d'Andropov s'est heurtée à une forte résistance, et la campagne anticorruption a été manifestement sérieusement ralentie. On peut dénoncer un directeur corrompu d'une ferme collective, ou un chef d'entreprise, mais pas un ministre ou un secrétaire d'obkom. Le culte de Brejnev semble disparaître peu à peu. Ses nombreux livres ne sont plus autant en vente, ses portraits ne sont pas reproduits, et son nom est à peine mentionné dans les journaux soviétiques. Mais ceci ne marque pas obligatoirement la fin de l'ère Brejnev, que l'on peut qualifier du régime de la bureaucratie conservatrice. On peut éviter les changements, ne serait-ce que par les pertes naturelles. La jeune génération de technocrates commencera à jouer un rôle plus important dans les deux ou trois prochaines années. Lorsque la vieille « mafia de Dniepropetrovsk » quittera la scène, et sera ainsi remplacée par des hommes personnellement choisis par Andropov, l'Union soviétique et le monde découvriront alors ce que signifie vraiment l'arrivée au pouvoir d'Andropov. Il est difficile de prévoir les grandes priorités qui caractériseront l'ère d'Andropov. C'est un homme certainement très intelligent et ambitieux. Mais, dans sa carrière politique antérieure, il se fixa des objectifs plutôt restreints, et semble avoir manqué de cette ouverture d'esprit propre aux dirigeants réellement populaires. Ses quelques discours et articles ne révèlent guère sa véritable philosophie politique, puisque ceci est en Union soviétique le privilège du chef de gouvernement ou des dissidents. Andropov a attendu trop longtemps le pouvoir suprême : s'il veut marquer l'histoire, il doit agir plus rapidement que ses prédécesseurs. Les premiers indices de son « règne » sont contradictoires, mais ils ont, en termes de politique étrangère, servi la cause de la paix mondiale. S'il réussit à améliorer le désarmement nucléaire, ce sera bien la première fois que, depuis la guerre, l'orientation de la politique internationale sera renversée. Mais un chef d'État intelligent doit s'efforcer de satisfaire les principales attentes de son peuple. Ceux qui, en Union soviétique, pensent à autre chose qu'à assouvir leurs besoins immédiats en biens de consommation souhaitent principalement avoir plus de droits civiques et au moins un niveau décent de démocratie politique. Or rien ne laisse penser que la politique intérieure d'Andropov s'oriente dans une telle direction. J'espère que le temps me prouvera que j'ai tort de penser ainsi.

NOTES ET REFERENCES

I. Le début de la lutte pour le pouvoir

1. *The Sunday Times,* 15 janvier 1978.
2. *The Guardian,* 5 juin 1979.
3. J. A. Medvedev, « Russia under Brejnev », *New Left Review,* n° 117, septembre 1979, p. 28.
4. *Time,* 15 mars 1982, p. 15.
5. *Time,* 12 avril 1982, p. 11.
6. *Newsweek,* 12 avril 1982, p. 11.
7. *Newsweek,* 28 juin 1982, p. 26.

II. Andropov, idéologue en chef

1. Boris Rabbot, « Detente, the Struggle within the Kremlin », *Washington Post,* 10 juillet 1977, et « A Letter to Brezhnev », *New York Times Magazine,* 6 novembre 1977.

III. Secrétaire général du Comité central

1. *Pravda,* 13 novembre 1982.

IV. Andropov avant 1957

1. *Pravda,* 13 novembre 1982 et autres journaux de la même date.
2. Voir édition anglaise, vol. 1.
3. *Pravda,* 13 novembre 1982.
4. *Smena,* nos 2, 3, 4, 1942.
5. *Komsomols'kaya Pravda,* 13 juin 1943.
6. « Partiiny control proizvodifelnusti truda v promyshlennosty » (« Contrôle du Parti sur les chaînes de production »), *Pravda,* 12 avril 1951.
7. Joseph Kraft, « Lettre de Moscou », *The New Yorker,* 31 janvier 1983, p. 104.

8. Kraft a, entre autres, indiqué à tort que Roy a écrit *Let History Judge,* en collaboration avec son frère jumeau, Jaurès. Il l'a en fait écrit seul, et ce livre fut publié en anglais par MacMillan et A. Knopf en 1971.

9. Roy Medvedev, *Khrushchev,* Blackwell et Doubleday, London et New York, 1982, p. 58.

10. John Barron, *KGB,* Reader's Digest Press, New York, 1974, p. 72.

11. Cf., par exemple, le *Times Diary* du 13 novembre 1982. Le *Times* ajoute même que « Maléter et ses collègues furent tués cette nuit-là ».

12. Bill Lomax, *Hongrie 1956,* Allison et Busby, London, 1976; « Andropov in Hungary », l'*Alternative* (prochainement); et « Andropov in Hungary », *The Times Educational Supplement,* 10 décembre 1982; Bela Kiraly, « From Death to Revolution », *Dissent,* novembre-décembre 1966, p. 276.

13. Lomax, *Hongrie 1956.*

14. Kiraly, *op. cit.,* p. 727.

15. L'infarctus d'Andropov fut relaté par Dev Murarka dans le *New Stateman,* 19 novembre 1982. Il n'existe aucune autre confirmation.

16. *Khrushchev Remembers,* Little Brown, New York, London, André Deutsch éd., 1971, pp. 378-392.

V. ANDROPOV, SECRÉTAIRE DU COMITÉ CENTRAL

1. Publié beaucoup plus tard à New York sous le titre *The Rise and Fall of T. D. Lysenko,* 1969.

2. *Pravda,* 23 avril 1964.

3. Yu. V. Andropov, *Izb rannye rechi i stat'yi,* Moscou, Politizdat, 1979, pp. 57-71.

4. Dix-neuf numéros, parus à des années différentes, furent ultérieurement publiés en russe : Roy Medvedev (éd.), *Politicheskii Dnevnik,* Herzen Foundation, Amsterdam, 1975. Certains articles extraits de numéros publiés et non publiés furent traduits et édités aux Etats-Unis en 1982 : S. F. Cohen (éd.), *And End to Silence. Uncensored Opinion in the Soviet Union. From Roy Medvedev's underground magazine, « Political Diary ».* Tous les numéros qui ne sont pas parus ont été déposés dans les collections slaves de la Firestone Library de Princeton University. L'essentiel de l'information fournie dans ce chapitre provient de cette source.

5. Cf., par exemple, les articles de Marshall I. Bagramyan dans *Literaturnaya Gazeta,* 17 avril 1965, par Troyanovsky dans *Sovetskaya Rossiya,* 20 avril 1965, et par Marshal I. Konev dans la *Pravda,* 19 avril 1965.

6. *Paix et Socialisme,* octobre 1964.

7. A. I. Soljenitsyne, *Le Chêne et le veau,* Seuil, 1975.

8. Le procès de Karyakine est relaté par Roy Medvedev, dans *Politicheskii Dnevnik,* vol. 2, Herzen Foundation, Amsterdam, 1975, p. 372. Le texte du discours de Karyakine n'a pas été édité, mais il

figure dans le *Political Diary,* n° 47, août 1968, dans la collection russe de Princeton University Library.

9. Soljenitsyne, *Le Chêne et le veau,* pp. 98-99. Les sources de Soljenitsyne sur les luttes de pouvoir étaient les mêmes que celles de Roy et que les miennes : comité d'édition de la revue libérale *Noviy Mir,* et son rédacteur, A. T. Tvardovsky, membre du Comité central. Youri Karyakine, dont le poste était menacé, avait des amis dans l'appareil du Parti et fournit aussi quelques éléments d'information.

10. Cf. *The Observer,* 2 décembre 1979.

11. Aucun compte rendu officiel ne fut publié à la suite de cette conférence. Roy Medvedev en a parlé dans *Politicheskii Dnevnik,* vol. 1, 1972, pp. 121-127.

VI. Andropov devient chef du KGB

1. *Political Diary,* n° 33, juin 1967.

VII. Le KGB sous Andropov

1. John Barron, *KGB,* Reader's Digest Press, New York, 1974; Brian Freemantle, *KGB,* Michael Joseph/Rainbird, Londres, 1982.

2. Dans le n° 59, août 1969, du *Political Diary* on trouve un peu d'information sur les changements en Azerbaïdjan. En outre, Zemzev donna beaucoup de détails à ce sujet dans *Partija ili Mafia,* (*Parti ou Mafia*), Les Éditeurs réunis, Paris, 1976. Zemzev, qui émigra en 1974, a travaillé comme sociologue en Azerbaïdjan.

3. Cf. *Politicheskii Dnevnik,* vol. 1, 1972, pp. 744-745.

4. Ces descriptions sont toutes extraites de *Newsweek* et du *Time* du 22 novembre 1982. Mais le *Washington Post, The Times, The New York Times, The Guardian, Die Zeit* et *Der Spiegel* publièrent des articles similaires.

5. *The Sun, The Daily Mail.*

6. *The Observer,* 12 décembre 1982.

VIII. Le KGB aux prises avec la dissidence

1. Le Code pénal des RSRSF, Moscou, 1963, 1964, et éditions ultérieures. Ce même article figure dans les codes pénaux de l'Ukraine, de la Géorgie et des autres républiques. Il n'existe pas de code pénal commun à toute l'URSS, car les comportements historiques vis-à-vis de certains crimes diffèrent suivant les républiques.

2. Ces discours furent longtemps diffusés dans le samizdat et furent ensuite inclus dans le livre de L. Labedz et de M. Hayward, *On Trial, the case of Sinyavsky (Tertz) and Daniel (Arzhak),* London, 1967.

3. Edition russe publiée à Amsterdam, Herzen Foundation, 1968.

4. Le journal fut essentiellement publié dans le samizdat jusqu'en 1973, quand il commença à paraître dans *Khronica Press,* New York.

Les premiers numéros du samizdat furent traduits et intégrés dans le livre de P. Reddaway, *Uncensored Russia,* American Heritage, New York, 1972.

5. *Izvestia,* 7 mai 1977.
6. *The Sunday Times,* 14 novembre 1982.
7. Discours de Brejnev au 26e Congrès des syndicats de l'Union, mars 1977.
8. Publié dans tous les grands journaux de Moscou, le 10 septembre 1977.
9. *Izvestia,* 10 septembre 1977.
10. *Ibid.*
11. P. G. Grigorenko, *Memoirs,* traduits par T. Witney, W. W. Norton, New York et London, 1982, pp. 348-349.
12. *International Herald Tribune,* 9 décembre 1982.

IX. Le KGB contre Brejnev

1. Robert Daniels, « The Two Faces of Brezhnev », *The New Leader,* 29 novembre 1982, p. 2.
2. *New York Post,* 5 novembre 1978.
3. Cf. Constantin M. Simis, *USSR : Secrets of a Corrupt Society,* Dent, London, 1982.
4. *Pravda,* 24 août 1982.

X. Le maréchal Oustinov et le soutien militaire à Andropov

1. Leonid Brezhnev, *Pages from his Life,* écrit sous la direction de l'Académie des sciences de l'URSS, Simon et Chustor, New York, 1978, p. 52.
2. Grigorenko, *Memoirs,* p. 183.
3. *Time,* 22 novembre 1982, pp. 25-26.
4. *Newsweek,* 12 avril 1982, p. 11.

XI. L'homme nouveau au sommet

1. *Wall Street Journal,* 12 novembre 1982.
2. *Ibid.*
3. Youri Andropov, *Izbrannye rechi i stat'yi,* Moscou, Politizdat, 1979.

XII. La constitution d'une équipe

1. Cf. *International Herald Tribune,* 30 novembre 1982.
2. Se référer, par exemple, à Roy Medvedev, « Changing of the Guard », *Baltimore Sun,* 25 juin 1982, « USSR after Brezhnev », *Marxism Today,* septembre 1982, pp. 18-25.
3. Medvedev, « Changing of the Guard ».
4. *Ibid.*

XIII. Le programme économique d'Andropov

1. *Newsweek,* 6 décembre 1962, p. 10.
2. *Izvestia,* 17 décembre 1982.
3. Cf., par exemple, V. Romanuk (« Comment sont fixés les prix dans le circuit coopératif ? »), *Izvestia,* 13 janvier 1983 ; M. Zarayev, « Komissionnyi kilogram » (« Comment sont établis les prix de la viande dans le circuit coopératif »), *Sel'skaya Zhizn',* 14 janvier 1983, et beaucoup d'autres articles similaires.

XIV. La lutte contre la corruption

1. Cf. par exemple, *Newsweek,* 18 avril 1980, p. 22 ; *The Observer,* 27 juillet 1980.
2. Cf. *Jews in the USSR,* Weekly Bulletin, London, vol. XI, n° 11, 11 mars 1982, p. 2.
3. *Pravda,* 11 décembre 1982.

XV. Les changements dans la politique intérieure

1. Cf., par exemple, Hélène Carrère d'Encausse, *L'Empire éclaté,* Flammarion, 1981, Paris.
2. Cf. *Newsweek,* 29 décembre 1982, pp. 12-15.
3. *Newsweek,* 13 décembre 1982, p. 7.
4. La liste exhaustive des catégories est parue dans le décret publié dans la *Pravda,* 28 décembre 1982.
5. *Novy Mir,* n°s 7, 8, 9 (1969). La version anglaise sera publiée par *Quartet,* en automne 1983.
6. Le plus connu est *Faithful Ruslan,* Jonathan Cape, London, 1979.
7. Dusko Doder, « Soviet Official gives Medvedev Formal Warning », *Washington Post,* 20 janvier 1983.
8. *Izvestia,* 18 janvier 1983.

XVI. Les nouvelles orientations de la politique étrangère

1. Fyodor Burlatskii, « Mezhdursarstviye ili khronika vremyon Den Syaopina » (« L'interrègne ou une chronique de l'époque de Deng Xiaoping »), *Noviy Mir,* avril 1982, pp. 205-228.
2. Publié dans tous les grands journaux du 26 novembre 1982.
3. Cf. *Vedomosti Verkhoymogo Soveta,* n° 34/1018, 30 août 1960.
4. Cf. *Time,* 22 novembre 1982, pp. 25-26.
5. Il existe plusieurs bons articles sur les événements qui ont précédé « La Révolution d'avril ». Cf., par exemple : Louis Duprée « Afghanistan under the Khalq », *Problems of Communism,* Washington juillet-août 1979 ; Selig Harrison, « The Shah, not Kremlin, Touched off Afghan Coup », *Washington Post,* 13 mai 1979 ; Fred Halliday, « Revolution in Afghanistan », *New Left Review,* n° 112,

1978 pp. 3-44, « War and Revolution in Afghanistan », *New Left Review*, n° 119, 1980, pp. 20-41.

6. N. I. Vavilov, *Izbrannye Trudy Zemledelcheskii Afghanistan* (*L'Afghanistan agricole*), vol. 1, Academy des sciences, USSR.

7. Conférence de presse de Mr. Peter Cutting, officier de douane en chef, relatée dans *The Guardian* et dans *The Daily Telegraph*, 6 janvier 1983.

8. *Newsweek*, 22 novembre 1982, p. 23.

9. *Ibid.*, p. 19.

10. Roy Medvedev, *Politicheskii Dnevnik*, Herzen Foundation, Amsterdam, 1972, pp. 246-247.

11. *Time*, 27 décembre 1982, p. 16.

12. *Newsweek*, 29 novembre 1982, p. 15.

13. *Newsweek*, 22 novembre 1982, p. 19.

14. J. A. Medvedev, « A Break with the Brezhnev Era », *Labour Weekly*, 19 novembre 1982, « Yuri Andropov and his Ways », Labour Focus on Eastern Europe, vol. 5, n°s 5-6, 1982, pp. 2-6.

15. *International Herald Tribune*, 1-2 janvier 1983.

16. Cf. B. Gwertzman, « New CIA Study shows Soviet Economic Gains », *International Herald Tribune*, 27 décembre 1982 ; ce rapport fut commenté dans plusieurs autres journaux au début de 1983.

17. *The Guardian*, 10 janvier 1983.

18. *Pravda*, *Izvestia*, 7 janvier 1983.

19. *Pravda*, 22 décembre 1982.

20. Publié par Tass, le 5 janvier et dans les journaux soviétiques, le 7 janvier 1983.

21. *The Guardian*, 8 janvier 1983.

22. *The Sunday Telegraph*, 9 janvier 1983.

23. Tass, 25 novembre 1982.

24. *Science*, vol. 218, 1982, p. 1100.

25. *The Guardian*, 14 janvier 1983.

APPENDICE

LE SYSTEME POLITIQUE SOVIETIQUE

Le Parti.

La structure actuelle du pouvoir soviétique a été établie au XXVIe Congrès du Parti communiste d'Union soviétique qui s'est tenu en mars 1981.

Les *Congrès* ont lieu tous les cinq ans pour discuter le Rapport du Comité central, le nouveau plan quinquennal, et les changements dans les directives et les programmes du Parti.

Le Congrès élit également les nouveaux organes du Parti. Ainsi, le XXVIe Congrès a élu un *Comité central* du PCUS, composé de 319 membres et 151 membres candidats (suppléants). Le Comité central se réunit en session plénière tous les trois ou quatre mois. Le Congrès élit également une *commission centrale de révision* composée de 75 membres.

Le Comité central, à son tour, élit le *Politburo,* composé de 14 membres et 8 candidats (voir plus haut), le *secrétaire général* Leonid Brejnev, remplacé par Youri Andropov à partir du 12 novembre 1982), le *Secrétariat* composé de 10 membres, et le *Comité de contrôle du Parti,* dont le président est A. Ya. Pel'she.

Le secrétaire général préside habituellement à la fois les réunions hebdomadaires du Politburo et celles hebdomadaires également (ou plus fréquentes si c'est nécessaire) du Secrétariat. Chaque secrétaire du

Comité central préside un ensemble de départements connexes et de sections de l'appareil permanent du Comité central.

L'appareil du Comité central se compose d'environ 25-26 départements (otdely) :

- Agriculture
- Industrie chimique
- Etranger (Pays socialistes)
- Etranger (Autres pays)
- Intérêt général
- Industrie lourde
- Industrie légère et alimentaire
- Culture
- Industrie de l'armement
- Administration du Parti
- Propagande
- Science et éducation
- Transport et communication

L'appareil du Comité central comprend également des sections qui s'occupent, à l'extérieur, de départements plus importants tels que certains Instituts de recherche (par exemple : l'Institut du marxisme-léninisme, l'Institut des mouvements ouvriers internationaux) et d'établissements d'enseignement (par exemple : l'Académie des sciences sociales, l'Ecole supérieure du Parti). Certaines sections traitent également de problèmes particuliers tels que la censure, les autorisations de voyages à l'étranger pour les citoyens soviétiques, etc.

Le Soviet suprême.

Le Soviet suprême est la version soviétique d'un parlement à deux Chambres. Il est élu tous les quatre ans et les Chambres, le *Conseil de l'union* et le *Conseil des nationalités* ont des pouvoirs égaux et habituellement tiennent des cessions communes.

Le Conseil de l'union se compose de députés provenant d'environ 900 circonscriptions (de 300 000 habitants chacune).

Le Conseil des nationalités se compose de députés

élus sur la base d'une représentation égale, par chaque république — 32 députés pour chaque république d'union ; 11 députés pour chaque république autonome ; 5 députés pour chaque région nationale autonome et 1 député pour chaque okrug national.

Le Soviet suprême est régulièrement convoqué deux fois par an et chaque session dure deux ou trois jours.

Au début de chaque terme de quatre ans, le Soviet suprême élit le *Praesidium,* le *président* et le *vice-président* du Praesidium, et le *Conseil des ministres.* Ces élections sont effectuées sur la base des recommandations officielles provenant du Comité central du Parti. Le secrétaire général propose normalement un candidat pour le poste de président du Conseil des ministres et le Premier ministre nouvellement élu propose une liste de ministres.

PRAESIDIUM DU SOVIET SUPRÊME	CONSEIL DES MINISTRES
Président (membre du Politburo)	Président (membre du Politburo)
1er vice-président (candidat du Politburo)	3-4 1er vice-présidents
15 présidents-députés (chacun provenant de chaque république soviétique)	12-13 présidents-députés
23 membres (certains d'entre eux sont aussi membres du Politburo ou du Comité central)	66 Ministres
	14 Présidents de Comités d'État avec rang ministériel
	8 présidents de Comités d'Etat sans rang ministériel.

Le Praesidium du Soviet suprême a plein pouvoir législatif pendant les périodes entre les sessions du Soviet suprême. Il peut démissionner et nommer ministres et ambassadeurs, promulguer des lois nouvelles et nommer des membres de la Cour suprême. Il travaille en collaboration avec « les commissions permanentes du Soviet suprême » (Affaires étrangères, Education, Environnement, en particulier) qui préparent les projets de lois nouvelles.

Lors des brèves sessions plénières du Soviet suprême, le budget annuel, le plan économique annuel et également les plans quinquennaux deviennent des lois. Le Soviet suprême peut amender la Constitution. Il confirme routinièrement les lois et les nominations déjà faites par le Praesidium du Soviet suprême. Toutes les décisions sont faites à main levée, il n'y a pas de scrutins secrets.

Intrication du Parti et des structures gouvernementales.

Les chefs de départements du Comité central sont normalement nommée par le Secrétariat (et confirmés par le Politburo). Chaque département est divisé en sections et sous-sections qui correspondent en général aux ministères et départements du gouvernement. Ainsi, la structure des départements et des sections change quand les structures du gouvernement changent. Par exemple, le département de l'Agriculture supervise le travail du ministère de l'Agriculture, tandis que les ministères apparentés (Tracteurs et machines agricoles, Achats, etc.) sont supervisés par une section parallèle à l'intérieur du département de l'Agriculture.

Chaque branche d'industrie et chaque grand domaine professionnel (enseignement supérieur, enseignement moyen, sports, santé, édition, etc.) est représenté dans l'appareil du Comité central soit par un département soit par une section de département. Toutes les nominations importantes (par exemple à l'Académie des sciences, à l'Union des écrivains, à la rédaction des journaux professionnels, des magazines, et des quotidiens, dans les ministères et dans la diplomatie) doivent être approuvées par les départements et les sections appropriées du Comité central.

Tous les postes qui requièrent cette approbation sont habituellement considérés comme des postes de la *Nomenklatura.*

Les mêmes règles s'appliquent au Congrès du Parti

de chaque république, aux comités centraux et aux gouvernements locaux.

L'intrication du Parti et de l'appareil gouvernemental se fonde sur des règles traditionnelles, non écrites, qui ne sont pas explicitées dans la Constitution. Le président du Soviet suprême et le Premier ministre doivent être membres du Politburo, certains ministres clés (Défense, et actuellement Affaires étrangères) sont aussi membres du Politburo. De nombreux autres ministres et présidents de comités d'Etat sont soit membres ou candidats du Comité central ou de la commission centrale de révision. Le degré d'ancienneté dans le Parti des ministres et présidents de Comités d'Etat reflète habituellement l'importance de leurs organisations dans les affaires nationales. Les présidents des commissions permanentes du Soviet suprême sont habituellement les chefs des départements ou de sections apparentées au Comité central. Les membres du Comité central sont habituellement députés du Soviet suprême, élus par les différentes circonscriptions.

Les décisions importantes sur les problèmes économiques et politiques courants sont généralement présentées comme des résolutions communes du Comité central et du Conseil des ministres. Entre les sessions plénières du Comité central, les décisions communes du Politburo et du Secrétariat sont habituellement présentées comme des décisions du Comité central. Entre les réunions du Conseil des ministres, les décisions du Praesidium du Conseil des ministres (président, premiers vice-présidents, présidents-députés) sont présentées comme des décisions du Conseil des ministres.

Les secrétaires régionaux du Parti sont normalement élus comme membres ou candidats du Comité central et comme députés du Soviet suprême de l'une des circonscriptions de leur région.

Dans le processus de décision soviétique, le Parti (par l'intermédiaire du Politburo et du Comité central) donne des *directives*. Le Soviet suprême (par l'intermédiaire du Praesidium) les formule en tant que *lois* et *nominations* et le Conseil des ministres les fait exécuter en tant que *mesures pratiques.* Les nominations et les problèmes internes au Parti sont traités par le Secrétariat.

Le Politburo et le Secrétariat élus au XXVIe Congrès, 1981.

POLITBURO	COMITÉ CENTRAL SECRÉTARIAT
Membres	
L. I. Brejnev (également président du Praesidium du Soviet suprême)	Secrétaire général
Yu. V. Andropov (également chef du KGB)	
K. U. Tchernenko	Secrétaire ayant la charge du Département général
M. S. Gorbatchev	Secrétaire chargé de l'Agriculture
V. V. Grishin (également premier secrétaire de l'obkom de Moscou)	
A. A. Gromyko (également ministre des Affaires étrangères)	
A. P. Kirilenko	Secrétaire chargé des Problèmes d'organisation
D. A. Kunaev (également premier secrétaire du Parti communiste du Kazakhstan)	
A. Ya. Pel'she (également président de la commission de contrôle du Parti).	
G. V. Romanov (également premier secrétaire de l'obkom de Leningrad)	

V. V. Chcherbitsky (également premier secrétaire du Parti communiste d'Ukraine).	
M. A. Souslov	Secrétaire chargé de l'Idéologie
N. A. Tikhonov (également président du Conseil des ministres d'URSS)	** V. I. Dolgikh : Industrie
D. F. Oustinov (également ministre de la Défense)	** I. V. Kapitonov : chargé de l'Organisation du travail du Parti
Membres candidats	** K. V. Rusakov : chargé du Département étranger (pays socialistes)
* G. A. Aliyev (également premier secrétaire du Parti communiste d'Azerbaïdjan)	** M. V. Zimyanin : assistant de Brejnev pour les Affaires étrangères.
P. N. Demichev (également ministre de la Culture)	
T. Ya. Kiselyev (également premier secrétaire du Parti communiste de Biélorussie)	
V. V. Kuznetsov (également président-député du Praesidium du Soviet suprême)	
B. N. Ponomarev	Secrétaire chargé du Département étranger (pays autres que socialistes)
Sh. R. Rashidov (également premier secrétaire du Parti communiste d'Ouzbekistan)	
E. A. Tchevarnadze (également premier secrétaire du Parti communiste de Géorgie)	
M. S. Solomentsev (également président du Conseil des ministres d'URSS)	

* Promu membre à part entière en novembre 1982.
** Secrétaires du Comité central mais non membres du Politburo.

GLOSSAIRE DES NOMS

Membres et candidats du Politburo et du Secrétariat du Comité central du Parti communiste de l'Union soviétique, élus au XXVIe Congrès du Parti, 1981.

POLITBURO

MEMBRES

L. I. Brejnev (aussi président du Soviet suprême)	secrétaire général.
Youri Andropov (aussi chef du KGB)	
K. U. Tchernenko	secrétaire du Département général.
M. S. Gorbotchev	Secrétaire chargé de l'Agriculture.
V. V. Grishin (aussi premier secrétaire de l'obkom de Moscou)	
A. A. Gromyko (aussi ministre des Affaires étrangères)	
A. P. Kirilenko	secrétaire à l'Organisation.
D. A. Kounaev (aussi premier secrétaire du parti communiste du Kazakhstan)	
A. Ya. Pelshe (aussi président de la Commission de contrôle du Parti)	
G. V. Romanov (aussi premier secrétaire de l'obkom de Leningrad)	* V. I. Dolgikh : industrie.
V. V. Chtcherbitsky (aussi premier secrétaire du Parti communiste de l'Ukraine)	

M. A. Souslov	secrétaire chargé de l'Idéologie.
N. A. Tikhonov (aussi président du Conseil des ministres de l'URSS)	
D. F. Oustinov (aussi ministre de la Défense)	

SUPPLÉANTS

* G. A. Aliev (aussi premier secrétaire du Parti communiste de l'Azerbaïdjan)	★ I. V. Kapitonov : chargé de l'organisation au sein du Parti.
P. N. Demichev (aussi ministre de la Culture)	★ K. V. Rousakov : chargé du département étranger (pays socialistes).
T. Ya. Kisilev (aussi premier secrétaire du Parti communiste de Biélorussie) V. V. Kauznetsov (aussi vice-président du Praesidium du Soviet suprême)	★ M. V. Zimyanin : collaborateur de Brejnev et assistant aux Affaires étrangères.
B. N. Ponomarev	secrétaire chargé du département étranger (pays capitalistes).
Sh. R. Rashidov (aussi premier secrétaire du Parti communiste de l'Ouzbékistan)	
E. A. Shevarnadze (aussi premier secrétaire du Parti communiste de Géorgie)	
M. S. Solomentsev (aussi président du Conseil des ministres de RSRSF).	

* Promu titulaire en novembre 1982.
★ Secrétaire du Comité central, mais non membre du Politburo.

GLOSSAIRE DES TERMES

Apparatchik : nom habituel donné à un fonctionnaire de « l'appareil » du Parti, c'est-à-dire à un chef de section ou de département.

Cadre : fonctionnaire salarié du Parti. Les membres des divers comités du Parti sont soit des permanents qui reçoivent un salaire, soit des délégués élus, qui maintiennent leur activité professionnelle, tout en étant au service du Parti.

CC du CPSU : Comité central du Parti communiste de l'Union soviétique.

Tcheka : nom donné à la police secrète (membres de la Commission extraordinaire de lutte contre la contre-révolution et le sabotage) avant que cette organisation ne soit dissoute en 1922.

Datcha : résidence secondaire, située à la campagne ou dans une région touristique. Les fonctionnaires du Parti se voient en général attribuer temporairement ou à vie une villa, propriété de l'Etat.

Gosplan : Comité de planification.

Goulag : abréviation de Glavonye upravleniye lagerei (Département de l'administration du camp, au sein du KGB et du MVD). Cette abréviation est un mot d'argot utilisé par les prisonniers et popularisé par Alexandre Soljenitsyne.

KGB : abréviation de Komitet gosudarstvennoi bezopasnosty (Comité de sécurité de l'Etat) ; nom donné au MGB, après la mort de Staline, en 1953.

Kolkhozes : fermes collectives.

Kolkhozniks : membres des fermes collectives.

Komsomol : abréviation de Kommunisticheskii soyuz molodezhi (Ligue des jeunes communistes), mouvement de masse auquel appartient la majorité des jeunes.

MGB : abréviation de Ministerstvo gosudarstvennoi (ministère de la Sécurité de l'Etat), qui a existé entre 1946 et 1953.

MVD : abréviation de Ministersvo vnutrennikh del (ministère des Affaires intérieures).

NKVD : abréviation de Narodny kommissariat vnutrennikh del (commissariat des Affaires internes du peuple). Jusqu'en 1946, tous les ministères étaient appelés commissariat du peuple.

Nomenklatura : liste des postes élevés du Parti et de l'appareil d'Etat, dont l'affectation nécessite l'approbation des organes supérieurs du Parti. Ce nom provient à l'origine de nomenklaturny rabotnik, signifiant fonctionnaire permanent du Parti et de l'appareil d'Etat. Certains individus sont nommés dans des comités importants pour la durée d'un seul mandat, afin d'attester de la démocratie populaire. D'autres membres de la nomenklatura sont des fonctionnaires du Parti ou de l'Etat qui sont en principe réélus ou promus à des postes similaires ou supérieurs dans d'autres parties du pays.

Obkom : abréviation de Oblastnoi komitet (comité régional du Parti).

OVIR : département des visas et de l'enregistrement du MVD. Il n'existe pas de service d'émigration ou d'immigration en URSS, mais ceci est assuré par l'OVIR qui s'occupe également d'organiser les voyages privés à l'étranger.

Politburo : bureau politique du Comité central du CPSU. C'est l'organe politique suprême de l'Union soviétique. Il fut appelé le Praesidium entre 1952 et 1966. Ses membres sont soit des titulaires dotés du droit de vote, soit des suppléants, présents aux réunions mais non pourvus du droit de vote.

Pravda : journal du Comité central du CPSU.

Samizdat : ouvrages de littérature, de politique..., reproduits par copies, photocopies ou dactylographiés, et distribués par des individus échappant à la censure officielle.

Secrétariat du CC : comité regroupant tous les secrétaires du CC.

Soviet suprême : parlement soviétique composé de députés élus dans les deux chambres. L'une représente les différentes nations, l'autre les circonscriptions électorales démographiques. Il n'existe en principe qu'un seul candidat (proposé habituellement par l'organisation locale du Parti) par siège. Les députés font office de législateurs uniquement pendant les sessions du Soviet suprême, qui ont lieu deux fois par an pendant deux ou trois jours. Le Soviet suprême tend à être l'organisation « tampon », entérinant les lois déjà adoptées par le Praesidium du Soviet suprême.

TABLE

TROISIÈME PARTIE : ANDROPOV AU POUVOIR

DÉJÀ PARUS

ABELLIO Raymond
▲▲▲ **Assomption de l'Europe.**
ADOUT Jacques
▲▲▲ **Les raisons de la folie.**
ALQUIÉ Ferdinand
▲ **Philosophie du surréalisme.**
ARAGON Louis
▲▲▲ **Je n'ai jamais appris à écrire ou les *Incipit*.**
ARNAUD Antoine, NICOLE Pierre
▲▲▲ **La logique ou l'art de penser.**
AXLINE Dr Virginia
▲▲ **Dibs.**
BADINTER Élisabeth
▲▲▲ **L'amour en plus.**
BARRACLOUGH Geoffrey
▲▲▲▲ **Tendances actuelles de l'histoire.**
BARTHES Roland
▲▲▲ **L'empire des signes.**
BASTIDE Roger
▲▲▲ **Sociologie des maladies mentales.**
BECCARIA Cesare
▲▲ **Des délits et des peines.** Préf. de Casamayor.
BIARDEAU Madeleine
▲▲ **L'hindouisme. Anthropologie d'une civilisation.**
BINET Alfred
▲▲ **Les idées modernes sur les enfants.** Préf. de Jean Piaget.
BOIS Paul
▲▲▲ **Paysans de l'Ouest.**
BONNEFOY Yves
▲▲▲▲ **L'Arrière-pays.**
BRAUDEL Fernand
▲▲▲ **Écrits sur l'histoire.**
BRILLAT-SAVARIN
▲▲▲▲ **Physiologie du goût.**
BROUÉ Pierre
▲ **La révolution espagnole (1931-1939).**
BURGUIÈRE André
▲▲▲ **Bretons de Piozévet.** Préf. de Robert Gessain.
BUTOR Michel
▲▲▲ **Les mots dans la peinture.**
CAILLOIS Roger
▲▲▲ **L'écriture des pierres.**
CARRÈRE D'ENCAUSSE Hélène
▲▲▲ **Lénine, la révolution et le pouvoir.**
▲▲▲ **Staline, l'ordre par la terreur.**
CASTEL Robert
▲▲▲ **Le psychanalysme.**
CHASTEL André
▲▲▲ **Éditoriaux de la Revue de l'art.**
CHAUNU Pierre
▲▲▲▲ **La civilisation de l'Europe des Lumières.**
CHEVÈNEMENT Jean-Pierre
▲▲▲ **Le vieux, la crise, le neuf.**
CHOMSKY Noam
▲▲▲ **Réflexions sur le langage.**
CLAVEL Maurice
▲▲▲ **Qui est aliéné?**
COHEN Jean
▲▲ **Structure du langage poétique.**
CONDOMINAS Georges
▲▲▲▲ **Nous avons mangé la forêt.**
CORBIN Alain
▲▲▲▲ **Les filles de noce.**
DAVY Marie-Madeleine
▲▲▲ **Initiation à la symbolique romane.**
DERRIDA Jacques
▲ **Éperons. Les styles de Nietzsche.**
▲▲▲ **La vérité en peinture.**
DETIENNE Marcel et VERNANT Jean-Pierre
▲▲ **Les ruses de l'intelligence. La métis des Grecs.**
DODDS E.R.
▲▲▲ **Les Grecs et l'irrationnel.**
DUBY Georges
L'économie rurale et la vie des campagnes dans l'Occident médiéval.
▲▲ Tome I.
▲▲ Tome II.
▲ **Saint-Bernard. L'art cistercien.**
ÉLIADE Mircéa
▲ **Forgerons et alchimistes.**
ERIKSON E.
▲▲▲ **Adolescence et crise.**
ESCARPIT Robert
▲▲ **Le littéraire et le social.**
▲▲ **Les états généraux de la philosophie.**
FABRA Paul
▲▲▲ **L'anticapitalisme.**
FERRO Marc
▲ **La révolution russe de 1917**
FINLEY Moses
▲ **Les premiers temps de la Grèce.**
FONTANIER Pierre
▲▲▲▲ **Les figures du discours.**
GENTIS Roger
▲▲ **Leçons du corps.**
GERNET Louis
▲▲▲ **Anthropologie de la Grèce antique.**
▲▲▲ **Droit et institutions en Grèce antique.**
GONCOURT E. et J. (de)
▲▲▲▲ **La femme au XVIIIe siècle.** Préface d'E. Badinter.
GOUBERT Pierre
▲▲▲ **100 000 provinciaux au XVIIe siècle.**
GREPH (Groupe de recherches sur l'enseignement philosophique)
▲▲ **Qui a peur de la philosophie?**
GRIMAL Pierre
▲▲▲▲ **La civilisation romaine.**
GUILLAUME Paul

▲▲ **La psychologie de la forme.**
GURVITCH Georges
▲▲ **Dialectique et sociologie.**
HEGEL G.W.F.
▲▲▲ **Esthétique.** Tome I. **Introduction à l'esthétique.**
▲▲▲ **Esthétique.** Tome II. **L'art symbolique. L'art classique. L'art romantique.**
▲▲▲ **Esthétique.** Tome III. **L'architecture; la sculpture; la peinture; la musique.**
▲▲▲ **Esthétique.** Tome IV. **La poésie.**
JAKOBSON Roman
▲ **Langage enfantin et aphasie.**
JANKÉLÉVITCH Vladimir
▲▲▲ **La mort.**
▲▲ **Le pur et l'impur.**
▲ **L'ironie.**
JANOV Arthur
▲▲▲ **L'amour et l'enfant.**
▲▲▲ **Le cri primal.**
KRIEGEL Annie
▲▲▲ **Aux origines du communisme français.**
KROPOTKINE Pierre
▲▲ **Paroles d'un révolté.**
LABORIT Henri
▲ **L'homme et la ville.**
LAPLANCHE Jean
▲▲ **Vie et mort en psychanalyse.**
LAPOUGE Gilles
▲▲ **Utopie et civilisations.**
LE GOFF Jacques
▲▲▲ **La civilisation de l'Occident médiéval.**
LEPRINCE-RINGUET Louis
▲ **Science et bonheur des hommes.**
LE ROY LADURIE Emmanuel
▲▲▲ **Les paysans de Languedoc.**
LOMBARD Maurice
▲▲▲ **L'Islam dans sa première grandeur.**
LORENZ Konrad
▲▲ **L'agression.**
MANDEL Ernest
▲▲▲ **La crise 1974-1982.**
MARIE Jean-Jacques
▲ **Le trotskysme.**
MICHELET Jules
▲ **Le peuple.**
▲▲▲▲ **La femme.**
MICHELS Robert
▲▲ **Les partis politiques.**
MOSCOVICI Serge
▲▲▲ **Essai sur l'histoire humaine de la nature.**
MOULÉMAN MARLOPRÉ
▲▲▲ **Que reste-il du désert?**
NOËL Bernard
▲▲ **Dictionnaire de la Commune.** Tome I.
▲▲ **Dictionnaire de la Commune.** Tome II.
ORIEUX Jean
Voltaire
▲▲▲ Tome I.
▲▲▲ Tome II.
PAZ Octavio
▲▲▲▲ **Le singe grammairien.**
POINCARÉ Henri
▲▲ **La science et l'hypothèse.**
PORCHNEV Boris
▲▲▲ **Les soulèvements populaires en France au XVIIe siècle.**
POULET Georges
▲▲▲ **Les métamorphoses du cercle.**
RENOU Louis
▲▲ **La civilisation de l'Inde ancienne d'après les textes sanskrits.**
RICARDO David
▲▲▲ **Des principes de l'économie politique et de l'impôt.**
RICHET Denis
▲ **La France moderne. L'esprit des institutions.**
SCHWALLER DE LUBICZ R.A.
▲▲ **Le miracle égyptien.**
▲▲▲▲ **Le roi de la théocratie pharaonique.**
SCHWALLER DE LUBICZ ISHA
▲▲▲▲ **Her-Bak, disciple.**
▲▲▲▲ **Her-Bak «Pois Chiches».**
SIMONIS Yvan
▲▲▲▲ **Claude Lévi-Strauss ou la «Passion de l'inceste».** Introduction au structuralisme.
STAROBINSKI Jean
▲▲▲ **1789. Les emblèmes de la raison.**
STOETZEL Jean
▲▲▲ **La psychologie sociale.**
STOLERU Lionel
▲▲ **Vaincre la pauvreté dans les pays riches.**
SUN TZU
▲▲ **L'art de la guerre.**
TAPIÉ Victor L.
▲▲▲▲ **La France de Louis XIII et de Richelieu.**
ULLMO Jean
▲▲▲ **La pensée scientifique moderne.**
VILAR Pierre
▲▲▲ **Or et monnaie dans l'histoire 1450-1920.**
WALLON Henri
▲▲ **De l'acte à la pensée.**

IMPRIMERIE BUSSIÈRE — Saint-Amand (Cher).
N° d'édit. : 9906. — N° d'imp. : 1172.
Dépôt légal : septembre 1983.
Imprimé en France.